맛있게 읽는 다문화 독서요리

초등 **저학년**

맛있게 읽는 다문화 독서요리 −초등 저학년−

초판 1쇄 인쇄   2017년 4월 10일
초판 1쇄 발행   2017년 4월 17일

지 은 이   안순선·오여진·김동엽·강동채·이명자·류지선 지음
펴 낸 이   정봉선
편 집 장   권이준
책임편집   강지영

펴 낸 곳   정인출판사
주   소   서울시 동대문구 천호대로 16가길 4
전   화   (02)922-1334
팩   스   (02)925-1334
홈페이지   www.pjbook.com
이 메 일   junginbook@naver.com
등   록   1999년 11월 20일 제303-1999-000058호

I S B N   979-11-88239-00-9 (73370)

* 책값은 뒤표지에 있습니다.
* 이 책에서 인용한 책들과 이미지의 원 저작자와 출판사의 사전 이용 허락을 얻지 못한 점 양해 부탁드립니다.
  추후에라도 저작권과 관련한 문의를 주시면 성실히 응하겠습니다.

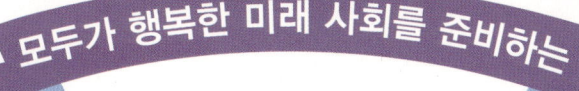

모두가 행복한 미래 사회를 준비하는

맛있게 읽는 다문화 독서요리

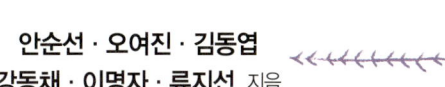

안순선 · 오여진 · 김동엽
강동채 · 이명자 · 류지선 지음

초등 저학년

정인출판사

다문화 시대를 대비하는 독서교육

　알파고와 4차 산업으로 대표되는 미래 사회는 지금과 많이 다를 것이며 교육현실도 상상이상으로 큰 변화가 예상된다. 2015 개정 교육과정이 창의융합을 키워드로 내세운 것도 이와 무관하지 않다. 우리 자녀들이 주인공이 되는 미래사회가 모두가 행복한 사회가 되기 위해 우리는 지금 무엇을 해야 할까?

　곧 현실화될 미래사회가 다문화사회라는 것은 부인하기 힘들다. 국가나 민간 단체 등에서 다문화사회를 준비하기 위해 매우 분주하다. 그럼에도 불구하고 진로교육처럼 다문화교육도 어딘가 조금 부족해 보인다. 바로 보여주기 위한 교육, 일회성 교육, 비교육적인 정책에서 연유된 것이 아닌가 한다. 연중 지속 가능하고 교육적인 다문화교육을 어떻게 학교 현장에서 실현할 수 있을까 하는 것이 우리 현장 교사들의 고민이었다.

　이러한 고민을 이번에 〈다문화 독서 지도의 방법과 실제〉라는 책으로 풀어보고자 했다. 그리고 워크북인 〈맛있게 읽는 다문화 독서 요리〉라는 책으로 연중 지속 가능한 다문화 교육을 독서교육을 통해 구현해 보았다. 다문화 독서 지도란 다문화적 역량 강화를 목표로 다문화 주제어에 대한 지식과 기능 및 태도를 이해한 후, 다문화 도서를 읽고 다양한 주제별 독서활동을 지도하는 것을 말한다. 다문화 독서 활동을 통해 타문화의 생활양식과 가치관을 학습하고 존중하는 것, 그리고 편견을 배제하여 의사소통 장애를 극복하는 것을 중요한 목표로 삼는다. 즉, 다문화 독서 교육은 상호 평등한 관계 속에서 다양성을 추구하는 다문화 교육의 목적을 달성하기 위해 다문화 도서를 선별하여 읽고, 지식뿐만 아니라 도서가 함축하고 있는 주요 덕목을 체득하는 과정이라고 할 수 있다.

　최근 다문화 교육에 대한 연구는 확산되고 있지만 다문화 독서 지도에 대한 관심은 비교적 낮다. 그래서 다문화 시대를 대비하기 위해 단편적인 다문화 교육에서 벗어나 다문화 교실에서 연중 지속 가능한 다문화 독서 지도가 필요하다는 의견이 제기되고 있다.

　우리는 다문화를 제대로 이해하기 위해 연구자들과의 토론을 통해 6가지의 주제어를 추출하였다. 인권, 관용, 평화, 문화교류, 세계시

민, 상호협력 등이 그것이다. 다문화 덕목 여섯 가지를 주제어로 추출하여 다문화 이해 교육을 디자인하였고, 그 방법으로 다문화 도서를 선정하여 맛있게 읽는 독서요리를 기획하게 되었다. 다문화 가정 아이들의 인권을 존중하고 다문화 가정과 문화에 대해 관용하는 교육을 독서활동을 통해 배울 수 있다. 다문화 시대가 되면서 우리는 다문화 가정을 포함한 우리 모두가 평화로운 세상을 꿈꾸게 되었고 이를 위해 우리 사회 다수자인 주류 사회가 소수자를 돕는 상호협력의 문화가 형성되어야 한다. 나아가 이질문화를 배경으로 한 다문화 가정과도 문화교류가 가능해야 하며, 우리 모두는 특정한 나라의 국적에서 벗어나 인류 공동체의 일원으로 세계 시민의 정체성으로 지구촌 문제 해결을 위해 협력하는 사람이 될 수 있을 것이다.

  다문화 주제어로 맛있게 요리하듯이 다양한 독서활동을 하다 보면 자신도 모르게 독서의 즐거움에 몰입하게 된다. 2015 개정 교육과정에서도 다문화 교육과 다문화 독서 지도가 강화되고 있다. 2015 개정 교육과정에서는 범교과학습 주제를 다문화교육을 포함한 10개의 범주로 통합·조정하여 학교 현장에서 다문화교육이 실제적으로 연중 지속 가능하게 개편되었다.

  미래사회를 예측하고 독서교육을 통해 우리 미래를 준비하는 프로그램으로 우리는 다문화 독서, 인성 독서, 진로 독서 프로그램을 기획하였다. 그리고 현장 교사들의 연구와 고민을 담아 학교 현장에서 연중 지속 가능한 다문화, 인성, 진로교육을 독서교육으로 풀어 보고자 하였다. 다문화 독서 지도 방법과 실제도 이런 교육적인 목적으로 기획되었고 맛있게 읽는 다문화 독서요리로 디자인되었다. 연중 지속 가능한 다문화 독서 지도를 통해 미래의 우리 사회 구성원 모두가 행복한 삶을 살 수 있기를 간절히 소망한다.

2017년 3월
(사)전국독서새물결모임 회장 임영규

차례

머리말 ● 4

맛있게 읽는 다문화 독서 지도 방법 ● 8

인권   국경을 넘어야 하나요? • 천사들의 행진

무엇을 먹을까요? ● 18
맛있게 읽어요 ● 22
후식을 즐겨요 ● 54

평화   다문화 친구 민이가 뿔났다 • 싸움 대장

무엇을 먹을까요? ● 60
맛있게 읽어요 ● 64
후식을 즐겨요 ● 96

관용   젓가락 달인 • 다를 뿐이지 이상한 게 아니야

무엇을 먹을까요? ● 102
맛있게 읽어요 ● 106
후식을 즐겨요 ● 138

상호협력   너랑 짝꿍하기 싫어! · 찬다 삼촌

무엇을 먹을까요? ● **144**

맛있게 읽어요 ● **148**

후식을 즐겨요 ● **180**

문화교류   우리 동네 마릴리 아줌마 · 너는 들창코 나는 발딱코

무엇을 먹을까요? ● **186**

맛있게 읽어요 ● **190**

후식을 즐겨요 ● **222**

세계시민   지구가 100명의 마을이라면 · 내가 라면을 먹을 때

무엇을 먹을까요? ● **228**

맛있게 읽어요 ● **232**

후식을 즐겨요 ● **264**

교사지도안 및 예시답안 ● **270**

맛있게 읽는 다문화 독서 지도 방법

1. 다문화 독서 지도의 이해

　다문화 독서 지도는 다문화적 역량(Cross-Cultural Competency) 강화를 목표로 다문화 도서를 선별하여 읽고, 그 주제를 바탕으로 다문화를 이해하는 다양한 독서활동을 지도하는 것을 말한다. 다문화적 역량이란, 문화적 차이를 가진 타자를 이해하고 공감하는 능력을 일컫는다. 오늘날 세계화와 더불어 다문화사회로의 진전이 가속화되고 있는 상황에서, 정체성을 찾고 문화적 차이를 유연하게 받아들일 수 있는 열린 감수성과 다른 문화에 대한 관용적 자세를 포괄하는 다문화적 감성과 역량은 새로운 다문화 환경에서 강조될 수 있는 시민적 자질이자 조직전문가의 중요한 역량 중 한 요소라고 볼 수 있다.

　교실 수업에서 교과서 및 기본 교재 외에 학생들의 눈높이에 맞는 도서를 교육 자료로 활용하는 것은 가장 일반적인 다문화 독서 지도 방법 중의 하나이다. 다문화 교육을 위해 활용되는 독서 자료는 아동 도서, 어린이 책, 아동 문학, 동화, 민간 서적, 상업 서적 등과 같은 다양한 용어로 불려진다. 그러나 각각의 용어들은 다문화 교육에서 활용하는 책의 특성을 명확하게 드러내 주지 못한다는 점에서 한계가 있다. 아동 도서나 어린이 책과 같은 용어는 도서를 사용하는데 적합한 연령 수준은 알려주지만 책의 내용이나 지향점과 같이 다문화 교육에 적합한 도서의 특성이 무엇인지를 드러내 주지는 못한다. 또한 동화나 아동 문학과 같은 용어는 다문화 교육을 위해 활용할 수 있는 도서의 선택 범위를 문학 장르로 제한할 우려가 있다. 물론 한주섭(1990)은 아동 문학이 단지 순수 문학뿐만 아니라 문학적인 표현 양식을 띠는 픽션과 논픽션을 모두 아우르는 폭넓은 개념이라고 설명한 바 있지만 문학 작품의 내용이 사실에 기반을 둔 것이든 창조된 것이든 등장인물과 스토리를 중심으로 한 문학적인 접근을 시도한다는 기본 특성은 공유한다.

　따라서 다문화 교육에서 활용하는 책을 문학 작품으로 규정할 경우 정보 전달을 목적으로 만들어진 다양한 책들을 포괄하지 못한다는 한계가 있다. 민간 서적이나 상업 서적과 같이 도서 개발 및 발행 주체에 초점을 맞추는 것 역시 정부 주도적으로 개발된 교과서에 비해 다양하다는 느낌은 전달되지만 다문화 교육에 적합한 도서로서 갖추어야 할 특성이 무엇인지를 뚜렷하게 드러내 주지는 못한다. 따라서 기존 용어들의 한계를 극복하고 다문화 교육에서 활용하는 도서의 성격이 무엇인지를 더 명확하게 드러내기 위해서 최근에는 다문화 도서(multicultural literature)라는 개념을 사용한다.

다문화 도서의 성격과 범위를 한마디로 정의하기는 쉽지 않다. 예를 들어, 해리스(Harris, 1992)는 다문화 도서를 미국 사회의 소수문화 집단인 아프리카계, 아시아계, 라틴계 미국인 등과 같은 유색인, 종교적 소수자, 장애가 있는 사람, 노년층에 초점을 맞춘 도서라고 정의한 바 있다(Au, 1993). 이 정의에서는 다문화 도서가 그 사회의 소수집단에 대한 내용을 다룬다는 점을 강조한다. 그러나 다문화 도서에서 더 중요한 것은 소수집단을 다루는 방식이다. 다문화 도서는 소수문화 및 그 집단 구성원의 삶을 문화 다양성의 관점에서 기술하여 특정 집단에 대한 편견과 고정관념을 해소할 수 있는 방식으로 그려낸다. 이와 같은 점을 강조하기 위해 박윤경(2007)은 다문화 도서를 '인종, 민족, 종교, 계층, 언어, 성, 장애, 연령, 가족 등과 관련하여 다양한 사회 집단의 문화를 다문화적인 관점에서 기술한 책'이라고 정의하였다. 와인바움(Weinbaum, 1999)도 다문화 교육을 위한 새로운 접근법으로 다문화 도서를 사용하는 것이 유익하다고 하였다. 왜냐하면 다문화 도서 속에는 다문화적 표현이 담긴 등장인물과 배경이 나타나기 때문에 다양한 문화를 지닌 다민족, 다인종의 사람들이 세상에 있다는 것을 쉽게 인정하고 받아들일 수 있게 하기 때문이다. 따라서 학생들은 다문화 도서를 자주 접해봄으로써 다양한 문화 속에 사는 다채로운 삶을 그들의 생각과 행동 속에 포함할 수 있는 기회를 가진다.

정리하자면, 다문화 도서는 내용 및 관점의 차원에서 크게 세 가지 특징을 가지고 있다. 첫째, 내용의 차원에서 다양한 집단 구성원의 삶과 문화, 혹은 문화 다양성을 주제 및 소재로 다루는 책이다. 둘째, 관점의 차원에서 다양한 문화가 공존하는 것의 장점과 가치를 기본 바탕으로 하는 책이다. 셋째, 세계화 시대에 다양한 인종과 문화 및 가치를 어떠한 관점에서 바라보고 대응해야 하는지를 담고 있는 책이다. 이에 다문화 도서에는 시나 소설과 같은 문학 작품은 물론 특정 주제를 중심으로 지식과 정보를 제공하는 정보 도서도 포함된다(박윤경, 2007).[1]

---

[1] 다문화 도서는 일반적으로는 문자 언어를 활용한 서책의 형태이지만, 최근에는 전자책, 또는 영화나 만화 등 시청각 매체로 표현되기도 한다. 박윤경(2007). "지식구성과 다문화 문식성". 『독서연구』, 18(2). PP.97~126.

한편, 오늘날 독서의 개념을 정립하는데 있어서 특히 주목되는 요소는 독서의 물리적 대상이 되어온 '책'의 형태적 변화이다. 이는 영상 매체 이용의 급증에 따른 변화로써, 예컨대 인터넷상 웹사이트 등의 전자출판물 등이 있다. 따라서 이때의 독서란 문자의 의미를 도출해 내는 문자해독이나 단순한 의미전달 행위로부터 변화하여 수많은 정보와 지식을 담고 있는 독서 자료를 분석, 종합, 추론, 판단하는 주도적이며 주체적인 사고과정(고수진, 1997)으로 정리된다. 요컨대 오늘날처럼 다매체가 공존하는 시대에는 출판매체의 독서 개념이 타매체에도 적용되어 텔레비전을 위시한 시·청각 매체의 수용에도 독서라는 용어를 사용하며, 지면 독서와 화면 독서 등 매체 해독의 개념으로 확산되고 있다.

따라서 독서활동이란 단지 문자로 이루어진 글 또는 그러한 글들이 일정한 분량으로 함께 묶여진 책을 대상으로 하는 것만이 아니라 인간이 접하는 모든 전달 매체들을 대상으로 정보와 지식, 생각과 느낌을 공유하고 키우는 행위라고 할 수 있다. 이런 맥락에서 독서는 책읽기만이 아니라 텔레비전과 인터넷, 비디오, 영화는 물론 앞으로 나올 미지의 전달 매체까지 수용하는 것을 뜻한다. 다문화 시대이자 정보 홍수의 시대인 요즘, 다양한 미디어들을 모두 활용할 수 있는 능력은 필수이고, 이와 관련된 능력이 바로 독서라는 사실을 새롭게 거듭 확인할 필요가 있다(백진현, 2004). 즉, 다문화 독서 지도란 다문화 도서 읽기는 물론 텔레비전 읽기, 영화 읽기, 인터넷 읽기 등 사람이 시각적으로 접할 수 있는 모든 자료의 해석과 처리 창출에까지 걸친 활용 행위를 말하며, 이를 통해 독자들로 하여금 문화적 차이를 가진 타자를 이해하고 공감하는 능력인 다문화적 역량을 개발할 수 있도록 지도하는 것이라 정의할 수 있다.

2. 주제별 다문화 독서 지도

우리 사회는 사실상 다문화사회로 변해가고 있다. 그리고 향후 그 전이 속도 또한 점차 빨라질 것이다. 따라서 민족이나 인종, 종교, 계층, 성적 지향성 등 여러 차원에서 날로 증대되고 있는 문화 및 정체성의 다양성을 공적으로 인정하고 통합함으로써 상호 이해와 배려, 협력과 공존의 사회문화적 풍토를 형성하고 평화적이고 조화로운 사회를 구성하려는 노력을 지속해야 한다. 결국 문제의 핵심은 특정 사회의 다문화적 상황에 적합한 제도 및 사회문화적 관행을 어떻게 정착시킬 것인가이다. 이는 곧 한 사회가 점차 이질적이고 다양해지는 문화적 배경과 정체성을 지닌 사회 구성원과 어떠한 방식으로 상호 협력 체제를 구축하고 어떠한 모습의 사회를 함께 설계해 나갈 것인지에 대한 비전과 선택의 문제로 귀결된다(차윤경 외, 2012).

사회적으로 인성교육의 필요성과 중요성이 강조되면서 건전하고 올바른 인성을 갖춘 시민 육성을 목적으로 한 인성교육진흥법[2]이 2014년 12월 제정되었다. 인성교육진흥법에서 말하는 인성교육의 핵심 가치와 덕목이란 인성교육의 목표가 되는 것으로 예(禮), 효(孝), 정직, 책임, 존중, 배려, 소통, 협동 등의 마음가짐이나 사람됨과 관련되는 핵심적인 가치 또는 덕목을 말한다. 그리고 핵심 역량이란 핵심 가치와 덕목을 적극적이고 능동적으로 실천 또는 실행하는 데 필요한 지식과 공감·소통하는 의사소통 능력이나 갈등해결 능력 등이 통합된 능력을 말한다.

그렇다면 다문화교육의 핵심 가치와 덕목에는 어떠한 것들이 있을까? 다문화교육의 선구적인 학자인 뱅크스(1993)는 '다문화교육은 교육철학이자 교육개혁으로 교육기관의 구조를 바꾸어 학생들에게 평등한 교육 기회를 제공하는 것이 중요한 목표'라고 정의하였다. 여기서 교육기관의 구조는 건물 등의 물리적인 구조가 아니라 사람들의 인식의 구조를 의미한다. 즉, 사람들의 인식의 구조를 변화시키기 위해서는 교육과정 개혁을 통한 종합적인 학교 개혁이 필요하다는 것이다.

한편, 골릭과 친(Gollnick & Chinn, 2009)은 '다문화교육은 교육에 평등성과 다양성을 포함시킨 개념'이라고 규정하며 평등교육을 강조하였다. 여기에서 평등성이란 모든 학생이 그들이 속한 집단에 상관없이 동등한 혜택을 보장받는 것을 의미한다고 설명한다. 또한 베넷(Bennett, 2011)은 다문화교육의 개념을 평등교육, 교육과정 개혁, 다문화적 능력, 사회 정의를 향한 교육의 네 가지 구성 요소로 설명한다. 그리고 차윤경·함승환(2012)은 다문화사회의 비전 설정과 관련된 핵심 가치와 사회문화적 원리를 '인권,

---

2 이 법은 「대한민국헌법」에 따른 인간으로서의 존엄과 가치를 보장하고 「교육기본법」에 따른 교육이념을 바탕으로 건전하고 올바른 인성(人性)을 갖춘 국민을 육성하여 국가사회의 발전에 이바지함을 목적으로 한다.

개인성, 사회정의, 민주주의'라고 밝힌 바 있다.

다문화교육 학자들의 주장에 근거한다면, 다문화사회를 이해하기 위한 다문화 독서 지도의 핵심 가치에는 어떠한 것들이 포함되어야 할까? 다문화 독서 지도의 목표는 독서를 통해 다문화적 역량(Cross-Cultural Competency)을 강화하는 데 있다고 할 수 있다. 다문화적 역량이란 문화적 차이를 가진 타자를 이해하고 공감하는 능력을 일컫는다. 오늘날 세계화와 더불어 다문화사회로의 진전이 가속화하고 있는 상황에서, 정체성을 찾고 문화적 차이를 유연하게 받아들일 수 있는 열린 감수성과 다른 문화에 대한 관용적 자세를 포괄하는 다문화적 감성과 역량은 매우 중요하다. 이는 새로운 다문화 환경에서 강조될 수 있는 시민적 자질이자 조직전문가의 중요한 역량 중 한 요소라고 볼 수 있다. 이와 같은 다문화적 역량을 강화하기 위해서는 인권, 관용, 평화, 상호협력, 문화교류, 세계시민 의식 등 6가지 영역을 우선적으로 지도할 필요가 있다.

요약하면 효과적인 다문화 교육을 위해 다문화 독서 지도가 필요하며, 앞서 언급한 6가지 주제어를 통해 다문화적 역량을 강화할 수 있다. 이에 먼저 6가지 주제어의 개념과 선정된 도서를 소개하고, 주제별 다문화 독서 지도의 방법에 대해 살펴보고자 한다.

다문화 독서 지도의 핵심 역량

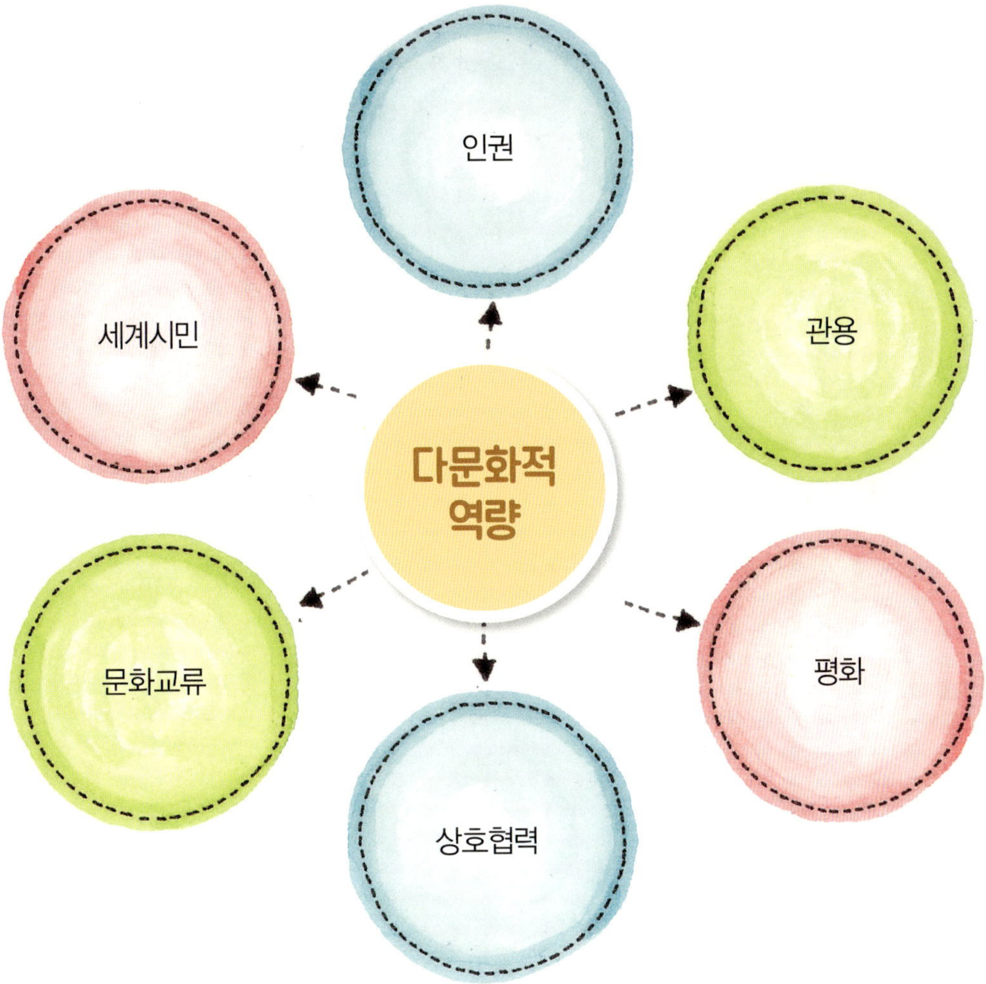

- 인권
- 관용
- 평화
- 상호협력
- 문화교류
- 세계시민

→ 다문화적 역량

핵심 역량별 다문화 독서 지도의 목표

주제	지식	기능 및 태도
인권	사람이 개인 또는 나라의 구성원으로서 마땅히 누리고 행사하는 기본적인 자유와 권리	인간의 기본권 존중 인권 보장 자유와 권리 실천
평화	평등을 바탕으로 모든 민족과 문화, 문명, 가치, 생활양식에 대한 이해와 존중	문화적 다양성 이해 인권 존중 환경 및 생태계 존중 전쟁 방지 국제 문제 해결 국제 관계 이해
관용	남의 잘못을 너그럽게 받아들이거나 용서하는 마음, 타인의 생각이나 행동을 인정하고 받아들이는 자세	다양성에 대한 존중 보편적 인권 존중 기본적 자유 인정
상호협력	상대가 되는 이쪽과 저쪽 모두 서로 돕는 마음으로 힘을 모음	상호 존중 국제개발협력 국제 평화와 안전 유지 국가 간 우호 증진
문화교류	이질문화를 배경으로 한 조직이나 국가 혹은 인간간의 접촉이나 교류	문화적 다양성 존중 불평등과 편견 전환 민족에 대한 이해와 존중 문화와 문명 이해 가치와 생활양식 이해와 존중
세계시민	특정한 나라의 국적에서 벗어나 인류 공동체의 일원으로서 세계 공동체 의식을 가지고 지구촌 문제 해결을 위해 협력하는 사람	전 지구적 문제 자국의 전통문화 유지 세계 공동체성

다문화 독서 지도 핵심 역량별 선정 도서

주제		선정 도서 (워크북 참고)
인권	초등 저학년	1. 국경을 넘어야 하나요? 2. 천사들의 행진
	초등 고학년	1. 까매서 안 더워? 2. 나는 달걀이야! 너는?
평화	초등 저학년	1. 다문화 친구 민이가 뿔났다 2. 싸움 대장
	초등 고학년	1. 자유의 노래 2. 커피우유과 소보로빵
관용	초등 저학년	1. 젓가락 달인 2. 다를 뿐이지 이상한 게 아니야
	초등 고학년	1. 벌집이 너무 좁아! 2. 베트남에서 온 우리 엄마
상호협력	초등 저학년	1. 너랑 짝꿍하기 싫어! 2. 찬다 삼촌
	초등 고학년	1. 이웃의 이웃에는 누가 살지? 2. 포기하지마! 롤러코스터
문화교류	초등 저학년	1. 우리 동네 마릴리 아줌마 2. 너는 들창코 나는 발딱코
	초등 고학년	1. 함께 사는 다문화 왜 중요할까요? 2. 우리 앞의 세계화 이야기
세계시민	초등 저학년	1. 지구가 100명의 마을이라면 2. 내가 라면을 먹을 때
	초등 고학년	1. 지구촌 곳곳에 너의 손길이 필요해 2. 노란 샌들 한 짝

3. 맛있게 읽는 다문화 독서 지도의 방법

프란시스 베이컨은 '독서는 완전한 인간을 만들고, 토론은 부드러운 인간을 만들며, 논술은 정확한 인간을 만든다'고 했다. 책은 읽는 사람에게 균형 감각을 가질 수 있도록 해주며, 책을 읽고 서로 이야기를 나누는 과정에서 다른 사람을 배려할 줄 아는 따스함을 지닐 수 있도록 해준다. 또한 책을 읽은 후 논리적으로 자신의 생각을 표현하기 위해서는 정확한 지식이 있어야 함을 시사하는 명언이다. 즉, 책을 읽는 사람은 그 자체로 참된 벗과 친절한 충고자를 만나게 되며, 유쾌한 반려자와 충실한 위안자의 결핍을 느끼지 않게 되는 것이다.

이 책은 다문화 관련 주제를 추출하고 관련 도서를 매개로 하여 다문화 교육을 어떻게 독서지도를 통해 행복하게 할 수 없을까 고민한 결과를 맛있는 요리와 접목시켜 디자인해 보았다. 다문화 독서요리는 다문화 관련 주제를 담고 있는 책을 읽고, 다양한 독서활동을 하면서 자연스레 다문화를 이해하고 모두가 행복한 다문화 시대를 준비하도록 크게 3단계로 디자인하였다.

먼저, 다문화 도서를 들여다보는 〈무엇을 먹을까요?〉이다. 이 단계에서는 다문화 핵심 주제 관련 이야기를 나누고 배경지식을 활성화하는 단계이다. 이 〈무엇을 먹을까요?〉 단계를 통해 다문화의 핵심 주제를 이해하고 목적을 가지고 대상 도서를 살펴볼 수 있다.

두 번째는 〈맛있게 읽어요〉 단계이다. 이제 다문화의 주제를 알고 대상 도서를 읽었으니 그 대상 도서를 요리하듯이 재미있고 맛있게 이해하는 단계이다. 두 번째는 다시 5단계를 거쳐 맛있게 요리된다.

제1단계 '미리 맛보기'는 마음을 여는 단계이다. 대상 도서가 어떤 맛인지 살짝 맛보는 단계이다. 도서의 내용과 관련된 읽을거리를 읽고, 자신의 경험 또는 배경지식을 묻는 문제 등을 해결하게 된다. 이런 문제를 해결하다 보면 다문화와 대상 도서에 대한 호기심이 커지고, 다문화에 대해 좀 더 폭넓은 시야도 갖게 된다.

제2단계 '차근차근 맛보기'는 내용을 이해하는 단계이다. 대상 도서의 내용을 중심으로 발문을 생성하고 도서를 꼼꼼히 읽었는지, 다문화에 대해 제대로 이해했는지를 확인한다. 이 과정을 통해 읽은 내용을 잘 정리하여 글로 표현할 줄 알고, 도서를 정독하는 습관을 갖게 되며, 책 읽기에 대한 흥미가 높아짐으로써 집중력이 길러진다.

제3단계 '다양한 맛 즐기기'는 내용을 넓고 깊게 생각하는 단계이다. 대상 도서와 다문화 주제를 좀 더 심화 확장하여 이해하는 활동을 하게 된다. 즉, 도서의 내용을 바탕으로 상상이나 추론, 분석을 할 수 있는 발문을 해결하게 된다. 이러한 발문을 해결함으로써 글의 내용을 단순히 이해하는 단계를 뛰어 넘어 깊은 창의적 사고력을 갖출 수 있다.

제4단계 '함께 맛 나누기'는 독서토론 단계이다. 책을 읽고 다문화 관련 주제를 추출하여 토의와 토론하는 활동으로 진행된다. 한쪽 입장을 선택하여 다양한 근거를 설정하거나, 문제점에 대한 해결 방안 및 대안을 마련하는 과정을 통해 비판력과 창의적 문제 해결력 그리고 공동체성을 기를 수 있다. 이 함께 맛 나누기 독서토론 활동을 통해 다문화에 대한 다양한 현실 문제에 대해 토론하며 다문화를 훨씬 잘 이해하게 될 것이다.

제5단계 '쓱싹 쓱싹 요리하기'는 재미있는 독서 글쓰기 단계이다. 독서토의나 토론 내용을 바탕으로 다문화 글쓰기를 하는 시간을 갖는다. 먼저 개요표를 작성한 후 타당한 근거를 들어 글쓰기를 하다보면 자신의 생각을 논리적으로 차근차근 표현하는 능력을 키울 수 있다. 따라서 이 과정을 통해 표현력과 논리적 사고력을 기를 수 있고 다문화 관련 글쓰기에 대한 자신감도 얻게 된다.

마지막 세 번째는 〈후식을 즐겨요〉 단계이다. 그동안 맛있게 요리한 다문화 독서요리를 일상생활에 적용하는 단계이다. 책을 읽고 여러 활동을 하느라 힘이 들기도 했지만, 한 단계씩 해결하면서 보람과 즐거움도 느꼈을 것이다. 후식을 즐기는 가벼운 마음으로 행복한 다문화를 경험하고 적용해 보기 바란다. 다문화 관련 이야기를 나눌 수도 있고, 다문화 관련 매체를 소개할 수도 있다. 행복한 다문화 이야기를 후식으로 맛있게 나눌 수 있기를 바란다.

1. 다문화 속 인권에 대해 알아보아요.

1 무엇을 하는 장면입니까?

2 어떤 사람들을 볼 수 있나요? 각 사람의 특징을 이야기해 보세요.

　이 그림은 조선시대 땅주인에게 대가를 주고 땅을 빌려 농사를 짓는 소작인들과 이들을 감독하는 마름을 주인공으로 삼아 그린 그림입니다. 마름이란 땅주인 대신 빌려준 땅을 관리하는 일을 맡은 사람을 말합니다.
　마름은 땅주인의 땅에 살면서 추수기의 작황을 조사하고 직접 소작인들로부터 소작료를 받아 땅주인에게 바치는 일을 합니다.
　소작인들은 알곡을 마름에게 바치고 나면 겨우 목숨을 연명할 수 있을 정도의 곡식밖에 가질 수 없었다고 합니다.

3 〈벼 타작〉 속과 같은 신분 사회에서 신분이 낮은 사람들은 사람답게 살기 어렵습니다. 어떤 점에서 사람답지 못한 생활을 했겠는지 이야기해 보세요.

그러면 신분이 없어진 지금 모든 사람들은 사람답게 잘 살고 있을까요? 사람이 사람답게 살 수 있는 권리를 '인권'이라고 말합니다. 먼저 인권의 의미를 자세히 살펴봅시다.

4 인권이란 무엇일까요?

5 신분이 없어진 지금은 모든 사람이 사람답게 살고 있다고 생각하나요? 이유를 들어 이야기해 보세요.

2. 다문화사회에 있어 '인권'은 왜 중요할까요?

1 생명을 위협받는 외국인 근로자 이야기

다음은 의정부외국인력지원센터의 이영 신부님이 들려준 외국인 근로자 이야기입니다.

"2007년경 공장에서 도색하는 일을 하던 외국인 근로자가 말기암 판정을 받고 자기 나라로 돌아갔습니다. 한국에서도 더 이상 치료할 방법이 없다고 하니 마지막 순간은 가족과 함께 있는 게 가장 좋은 선택이었지요. 결국 3개월 만에 사망했어요."

"이 친구가 일하던 공장은 근무환경이 너무 안 좋아 도색을 하면서도 마스크를 쓸 수 없는 상황이었어요. 기온이 40도를 넘는 공장에서 무더위를 견디며 마스크를 쓰라는 것이 말이 안되잖아요. 그 공장에서 일하던 여러 외국인 근로자들이 암과 뇌종양 등으로 사망했어요. 하지만 보상받았다는 얘기를 듣지 못했습니다."

"불법체류 상태로 일하다가 정부의 단속과정에서 건물에서 떨어진 외국인 근로자도 있어요. 병원으로 옮겨져 수술 등 치료를 다 받았지만 신체장애를 피할 수 없었지요. 이 친구가 휠체어를 타고 자기 나라로 돌아가는데 한 번도 눈을 마주치지 못했어요. 자신의 신체장애를 받아들이지 못하고 모국으로 돌아간 외국인 근로자들도 가슴에 남습니다."

2 다문화 가정 어린이의 학교폭력

"아들이 학교 폭력에 시달리다 못해 '고통 없이 죽는 방법을 알고 싶다'고 해요. 피눈물이 납니다. 아들 때문에 한국을 떠날까 생각하고 있습니다."

서울시 용산구에 사는 I군의 어머니가 눈물을 글썽이며 말했다. 초등학교 4학년인 I군은 아버지가 방글라데시 출신인 다문화 가정 아이다. 아이는 피부색이 다르다는 이유로 심한 학교 폭력에 시달리다 우울증으로 치료까지 받고 있다. 우울증 치료제를 복용하고 있는 I군은 자기 방에서 밖으로 나오려 하지도 않는다.

〈출처 : 조선일보. 2012. 1. 9〉

1. 인권을 위한 첫 번째 책을 만나요

관련 핵심역량

자료 정보 활용 역량, 공동체 역량,
심미적 감성역량, 문제해결능력,
도덕적 사고능력

타마르 베레트-제하비 · 로니 로젠틀 글 / 실비아 카비브 그림 /
초록개구리

어떻게 읽을까요?

1. 국경을 넘어야 하는 상황을 이해하며 읽어요.
2. 아프리카 북부 지역의 문화에 대해 살펴보며 읽어요.
3. 난민들이 보호받지 못하는 인권에 대해 생각해 보며 읽어요.

어떤 내용일까요?

  아프리카 북동쪽에 사는 물루와 차가이는 10살짜리 쌍둥이입니다. 어느 날 밤 옆 마을이 폭격당해 불에 타는 것을 보고 물루와 차카이 가족은 할아버지댁으로 피합니다. 얼마 안 있어 엄마는 물루와 차가이에게 단둘이 국경을 넘어 다른 나라에 살고 있는 삼촌 댁으로 가야 한다는 말을 듣습니다. 쌍둥이는 부모님과 떨어지기 싫었지만 엄마 말을 따를 수밖에 없음을 압니다. 주술사 할머니에게서 용기의 물약을 받아 먹고 위험할 때와 부모님이 그리울 때를 대비하여 작은 뼈와 돌, 씨앗을 받습니다. 단, 이 모든 물건을 한 번만 쓸 수 있으니 신중하게 써야 한다는 당부를 듣습니다. 닷새 넘게 걸으면서 맹수들도 만나고 국경의 군인들도 만났지만 아이들은 서로에게 의지하여 침착하게 위기를 넘긴 후 국경을 넘습니다. 여러 사람의 도움으로 드디어 난민촌에 도착합니다. 난민촌 생활을 하다가 삼촌과 연락이 닿은 물루와 차가이는 삼촌댁에 오게 되고, 부모님이 그리워 주술사 할머니가 주신 씨앗을 가슴에 올려놓고 잠이 듭니다.

 **미리 맛보기** 마음을 열어요

1 용기를 내어 힘들고 어렵거나 또는 무서운 일을 해낸 경험이 있으면 이야기해 보세요.

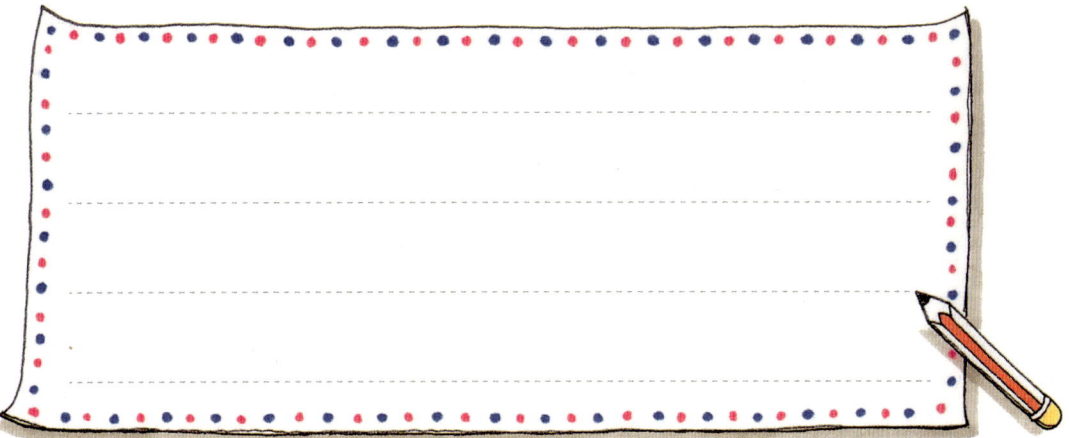

2-1 엄마, 아빠에 대한 안부를 알지 못한 채 오랜 시간동안 멀리 떨어져 살아야 한다면 어떤 생각이 들 것 같나요?

2-2 여러분이 사랑받고 보호받으며 안전하다고 느끼기 위해서 갖추어져야 할 것에는 어떤 것들이 있겠는지 이야기해 보세요.

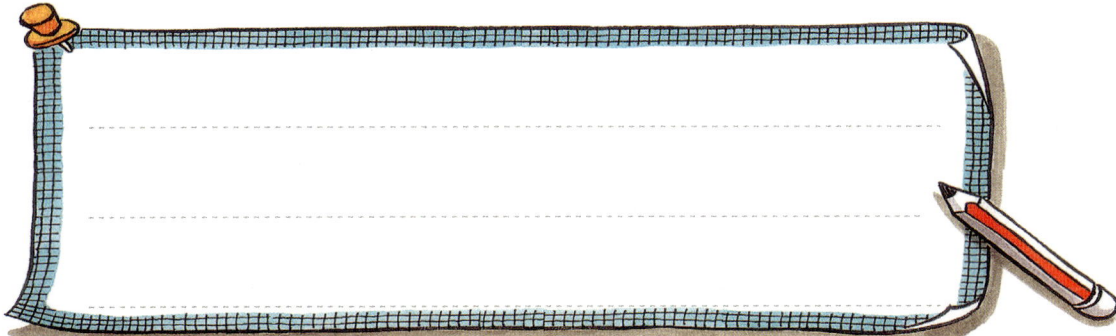

3 아래 지도에 칠해진 곳은 아프리카 북동쪽의 '에리트레아'라는 나라입니다.

1882년 이탈리아가 이 땅을 차지하여 지배하였으나 2차 세계대전 중인 1942년 이탈리아가 전쟁에서 패하여 물러나고 에티오피아가 지배하게 됩니다. 그러나 에리트리아는 에티오피아 정부에 불만을 갖게 되고 수십 년 간 전쟁과 해방운동을 벌이다 결국 1993년 따로 독립을 하게 됩니다.

그러나 독립 후 독재정치를 하는 대통령이 집권하게 되고 일체 외부 언론을 통제한 채 가난과 폭력 등으로 어려운 삶을 살고 있어 이 나라를 탈출하려는 난민 문제가 심각해지게 되었습니다.

에리트레아 국민들이 가장 무서워하는 것을 가혹한 군 생활입니다. 16세가 되면 남녀 구분 없이 군대에 가야하며 10년 이상 복무해야 하고 강제노동에 힘들게 동원된다고 합니다. 가혹한 형벌도 있어 정치범을 50도가 넘는 철로 된 컨테이너 상자에 가두거나 몸에 우유와 설탕을 발라 벌레의 공격을 받게 하기도 한다고 전해집니다. 이를 피해 국경을 넘는 난민들이 발생하고 이것이 적발되면 바로 총살을 당하는 것이 원칙이라 '아프리카의 북한'으로도 불립니다.

2013년 10월에는 몰래 이탈리아로 배를 타고 도주하려다 침몰한 366명의 에리트리레아 난민이 사망하기도 했습니다.

'에리트리아'라는 나라 이야기를 읽고 떠오르는 장면이나 이미지를 간단한 그림으로 표현해 보세요.

 **차근차근 맛보기**　　내용을 **이해해요**

1 쌍둥이 물루와 차가이가 주술사 할머니에게 '용기의 물약'을 받아 마셔야 하는 이유는 무엇입니까?

2 난민촌이란 어떤 곳이라고 하였나요?

3 물루와 차가이가 우여곡절 끝에 난민촌에 도착해서 있었던 일을 생각나는 대로 적어 보세요.

4-1 주술사 할머니가 준 네 가지 물건의 용도를 알맞게 연결 지어 보세요.

작은 뼈 ●   ● 길을 찾을 수 없을 때

작은 돌 ●   ● 엄마 아빠가 보고 싶을 때

작은 나뭇가지 ●   ● 나쁜 사람이 총이나 칼로 겁을 줄 때

씨앗 ●   ● 짐승이 공격할 때

4-2 위 물건들을 사용할 경우 정말 효과가 있다고 생각하나요? 이유를 들어 이야기해 보세요.

_____
_____
_____
_____

5 물루와 차가이가 국경 근처에서 군인들에게 들켰을 때 총살당할 위기를 어떤 방법으로 넘겼나요?

_____
_____
_____

 다양한 맛 즐기기 넓고 깊게 생각해요

1. 물루와 차가이가 집에서 나온 지 닷새가 더 지났고 까만 밤길을 걷는데 뒤에서 이상한 소리가 들립니다. 너무 깜깜해서 무엇인지 보이지도 않았지요. 날이 밝아 뒤를 보니 괴상한 웃음을 짓고 있는 하이에나였지요. 만약 하이에나가 말을 할 수 있다면 밤새 차가이와 물루를 따라온 이유를 뭐라고 설명했을 것 같나요? 여러분이 하이에나의 입장이 되어 이야기해 보세요.

2. 마르와리 삼촌 댁에 간 후 물루와 차가이의 생활이 어땠을지 예상하여 이야기해 보세요.

3 물루와 차가이가 삼촌 댁에서 엄마 아빠께 편지를 써서 보내기로 했습니다. 여러분이 물루와 차가이의 상황이라면 부모님께 어떤 글을 썼을지 잘 생각하여 편지를 써 보세요.

4 사실 먼 곳이 아닌 우리 가까운 곳에서도 물루와 차가이처럼 목숨을 걸고 국경을 넘는 사람들이 있습니다. 북한이탈주민도 그들 중 하나입니다. 그들은 힘들게 우리 땅에 와서도 적응의 어려움과 온갖 차별에 시달리고 있습니다. 북한이탈주민을 이해하고 따뜻하게 받아들이자는 뜻이 담긴 공익광고 포스터를 만들어 보세요.

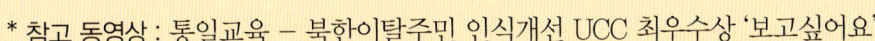

* 참고 동영상 : 통일교육 – 북한이탈주민 인식개선 UCC 최우수상 '보고싶어요'
* 1990년대 중반 이후 북한의 경제적 어려움으로 북한을 탈출하는 주민이 늘어나면서 '탈북자'라는 말이 사용되기 시작했어요. 1997년 1월 「북한이탈주민의 보호 및 정착지원에 관한 법률」이 제정되면서 북한을 떠난 후 아직 외국 국적을 얻지 않은 사람들을 '북한이탈주민'으로 정하였지요. 2005년 대한민국통일부는 탈북자라는 용어가 부정적인 인식을 심어줄 수 있다는 의미에서 탈북자를 '새터민'으로 바꾼다고 발표하였습니다. 그러나 탈북단체들이 '새터민'이라는 용어 사용에 대해 부정적인 입장을 보이는 등 용어 개념에 대한 문제제기가 잇따르자 2008년 11월 통일부는 가급적 '새터민'이라는 용어를 쓰지 않겠다고 발표했습니다. 이후 '북한이탈주민'이 탈북자의 공식적인 명칭으로 사용되고 있습니다.

5. 『국경을 넘어야 하나요?』는 아프리카에서 이스라엘로 온 난민들을 위한 히브리어 수업에서 나눈 실화를 바탕으로 쓰인 것입니다. 에리트레아와 수단에서 온 아이들 케세테, 가라메, 다니엘, 압두의 이야기를 합쳐 물루와 차가이의 이야기로 만든 것이지요. 여러분도 친구들 서너명이 팀을 이루어 주제를 하나 정하여 서로의 이야기를 나눈 뒤 하나의 이야기로 만들어 봅시다. 이야기를 만든 뒤, 친구들에게 읽어주거나 연극으로 만들어 발표해 보세요.

● 우리팀의 주제 :

● 서로 나눈 이야기 요약 :

이름	나눈 이야기

● 모아진 이야기 줄거리

 **함께 맛 나누기**　　독서 토론을 해요

1 이웃 마을의 폭격에 쌍둥이가 눈물을 흘리자 아버지는 아래와 같은 말씀을 하십니다. 여러분도 쌍둥이 아버지처럼 울면 제대로 생각할 수 없다는 데 동의하나요?

> "지금은 울 때가 아니야! 너희는 이제 어린아이가 아니잖아. 벌써 열 살이라고."
> 쌍둥이가 눈물을 닦자 아빠는 계속해서 말했어요.
> "눈물은 사람을 약하게 만든단다. 울면 제대로 생각할 수가 없어. 우는 사람은 자기 목숨조차 구할 수 없단다."

● **토론 주제** : 울면 제대로 생각할 수가 없나요?

찬성 : 울면 제대로 생각할 수가 없다.

반대 : 울면서도 생각할 수 있다.

〈토론 관련 팁 제공하기〉

흔히 눈물을 흘리고 울면 이성적 판단이 어려워 일을 그르친다고 생각합니다. 하지만 생화학자 윌리엄 프레이는 눈물은 우리 몸의 독소를 빼준다고 하였습니다. 또한 제리 버그만이라는 학자는 "스트레스를 유발하는 물질이 몸 밖으로 배출되면 사람들은 평온함을 느끼게 된다. 그래서 눈물을 흘리고 나면 스트레스가 풀린 듯한 느낌이 든다."라고 했다고 합니다. 울음을 참는 것보다 차라리 실컷 울고 나서 다시 차근차근 생각하는 것도 괜찮을 수 있을까요?

2 물루와 차가이 둘이서만 국경을 넘게 한 어머니의 행동은 옳았을까요?

> 물루와 차가이는 10살짜리 아이들입니다. 쌍둥이의 아빠는 마을을 지켜야 하고 엄마는 연로하신 할아버지 곁에 남기로 합니다. 여러분은 아이들만 보내기로 결정한 어머니의 행동에 대해 어떻게 생각하나요? 어쩔 수 없는 판단일까요, 할아버지를 모시지 못하더라도 아이들을 따라갔어야 한다는 생각이 드나요?

● **토론 주제** : 물루와 차가이 어머니 행동은 옳았을까요?

찬성 : 물루와 차가이 어머니의 행동은 옳다.

반대 : 물루와 차가이 어머니의 행동은 옳지 않다.

〈토론 관련 팁 제공하기〉

* 다음을 생각해 보아요.
1) 어머니가 그 먼 곳을 10살짜리 아이인 물루와 차가이 둘만 보낸 이유가 무엇일지 생각해 보고 근거를 마련해 보세요.
2) 10살짜리 아이들 둘이 위험한 길을 다니는 과정에서 일어날 수 있는 위험 요소를 생각해 보아요.
3) 목숨이 위협받는 어려운 환경이라도 부모님이 계시는 게 나을지 아니면 안전한 환경에서 부모님이 계시지 않는 게 나을지 생각해 보아요.
4) 국경을 넘고 나서 부모님 없이 살아갈 물루와 차가이 모습을 생각해 보아요.

〈난민을 모두 받아주어야 할까요?〉

가족들과 목숨을 걸고 탈출을 시도하다가 바닷가나 길가에서 비참하게 죽어간 어린 아이의 모습은 사람들에게 충격을 안겨줍니다. 돕고 싶은 마음이 들게 하지요.

프랑스의 경우 국민들이 안타까운 처지의 난민들을 받아들이자는 입장이었습니다. 그런데 2015년 이슬람국가 무장단체가 프랑스의 수도 파리에서 테러를 일으켜 수많은 사람이 죽은 일이 있었습니다. 게다가 수많은 이민자로 인해 많은 프랑스 자국민이 직업을 얻지 못하게 되지요. 그러면서 많은 프랑스 국민이 난민 받아들이기를 반대하고 있는 실정입니다.

프랑스 지도자들도 수많은 난민을 수용하기 어려운 데다가 국민의 안전이 위협받는 상황에서 점점 난민 받아들이기를 꺼려하고 있습니다.

프랑스 칼레의 난민촌 모습이다.(2016) 마치 정글 같은 난민촌 상황이 심각해지자 프랑스 정부는 난민촌을 폐쇄하고 난민들을 좀 더 나은 환경의 300개 거주지로 옮기게 하였다.

3 여러분이 프랑스 지도자라면 난민을 받아들이자고 하겠습니까? 난민 입국을 제한하려고 하겠습니까? 근거를 들어 여러분 입장을 이야기해 보세요.

난민을 받아들이겠다	난민 입국을 제한하겠다

 **쓱싹 쓱싹 요리하기**　　재미있는 독서 글을 써요

1 부모님, 선생님과 함께 다음 영화를 감상한 후 영화감상문을 써 봅시다.

뷰티풀라이, 필리프팔라도, 12세 이상 관람

　　1987년 수단, 내전으로 부모를 잃은 '테오', '마메르', '예레미아', '폴,' '아비탈'은 반군들을 피해 수천 마일 떨어진 케냐의 난민촌으로 향한다. 난민들을 뒤쫓던 반군들에게 아이들이 발각될 위험에 처하자, 형 '테오'가 기지를 발휘해 본인만 반군들에게 붙잡혀간다. 이것이 테오 형의 첫 번째 아름다운 거짓말이었다.
　　13년 뒤, 난민촌에서 벗어나 미국에 정착할 기회를 얻어 비행기에 오른 네 사람. 하지만 미국 공항에서 여동생 '아비탈'이 다른 주로 떠나며 그들은 이별하게 된다.
　　슬픔에 잠긴 세 사람 앞에 픽업 나온 직업 상담사 '캐리'가 나타나고, 그녀의 도움을 받아 낯선 미국 환경에 적응해 나간다. 그러던 어느 날 '마메르'는 케냐의 난민촌에서 온 편지를 받고 테오 형이 살아 있음을 알게 된다. 테오 형을 찾아 케냐 난만촌으로 나선 마메르는 아름다운 두 번째 거짓말을 하게 되는데……

　　무엇인가를 읽거나 보거나 들은 다음 그 느낌을 중심으로 쓰는 글을 감상문이라고 합니다. 감상문 가운데 여러분이 가장 많이 접해본 것이 독후감이지요. 영화 감상문을 책을 읽는 대신 영화를 보고 쓴 글이라고 할 수 있습니다. 영화 감상문을 다음의 두 가지 방법으로 쓸 수 있습니다. 〈뷰티풀라이〉를 보고 한 가지 방법을 선택하여 감상문을 써 보세요.

1) 영화 프로그램 제목이나 소재 등을 씁니다 → 간단한 줄거리를 씁니다 → 본 것에 대한 전체적인 느낌을 씁니다.

2) 영화 프로그램 제목이나 소재 등을 씁니다 → 줄거리의 일부를 써 나가며 자신의 생각을 곁들여 함께 적습니다 → 본 것에 대한 전체적인 느낌을 씁니다.

2 〈뷰티풀 라이〉라는 영화를 잘 감상했나요? 이 영화는 수단 난민 이야기를 배경으로 합니다. 수단의 난민 상황을 듣고 친구들과 이야기를 나누어 봅시다.

수단은 영국과 이집트의 지배를 받다가 1956년에 독립하였다. 그러나 수단은 독립 당시부터 여러 가지 어려움이 있었다. 북방에 위치한 아랍 강대국인 이집트가 수단에 간섭하여 자주 충돌하고 있었고, 국내 이슬람 종파 간에 세력 다툼이 벌어졌다. 또한 흑인계 주민인 니트로인이 이슬람을 믿는 아랍인들과 종교가 달라 오래전부터 관계가 좋지 않아 정부 활동을 심하게 반대하고 있었다. 그 주민들은 '수단인민해방군'을 만들어 자신들이 살고 있는 남부 3개 주의 독립을 요구하였으나, 수단 정부는 그들의 요구를 거부하여 나라 안 전쟁이 끊일 날이 없었다. 1972년 휴전에 합의하였으나 휴전 조건을 놓고 또 끊임없이 충돌해야했다.

새로운 정부가 들어설 때마다 수단 정부와 인민해방군의 관계는 악화되어만 갔다. 인민해방군이 살고 있는 수단 남부 3개 주 일대가 심각한 내전상태에 휩싸였다. 사태가 악화되자 결국 또다시 휴정협상에 임하게 되었으나 심각한 무력 충돌은 끊이지 않았다.

결국 2005년 1월, 150만명의 목숨을 앗아간 20년간의 내전을 끝내는 평화협정을 체결하면서 2011년 1월 수단남부 지역 주민을 대상으로 분리독립 국민투표를 실시하기로 합의하였다. 그러나 북부 수단 정부는 이 투표를 반대하였고, 1주일 동안 진행된 주민 투표 동안에도 죽고 죽이는 전쟁이 잇따라 벌어졌다.

남부 수단의 분리 독립을 정하기 위한 투표 자체는 2011년 1월 12일 대체로 순조롭게 진행되어 남부 수단은 6개월의 과도정부를 거쳐 공식적으로 7월 9일 정식 국가로 탄생하였다.

한편, 미국을 비롯한 서방 국가들은 국민투표를 통해 건국될 남부수단과의 관계를 정상화할 준비가 되어 있다고 밝혔다.

〈출처 : KIDA 세계분쟁 데이터 베이스, 한국국방연구원〉

〈계속되는 내전으로 집과 가족을 잃은 사람들, 전쟁을 하고 있는 인민해방군〉

2-1 수단 내부에서 끊임없이 전쟁이 일어나는 원인은 무엇입니까?

2-2 인권은 '사람답게 사는 것'을 말합니다. 위와 같은 전쟁이 일어났을 때 어떤 점에서 사람답게 살지 못하겠는지 그 고통들을 모두 이야기해 보세요.

2-3 길고 긴 끔찍한 전쟁으로 인해 기본적인 인권을 누리지 못하는 이들이 수단을 탈출하려고 하여 난민이 많이 발생하였습니다. 수단을 탈출한 난민들에게 위로와 용기의 쪽지 편지를 써 보세요.

인권 • 37

2. 인권을 위한 두 번째 책을 만나요

관련 핵심역량

대인관계역량, 공동체 역량,
심미적 감성역량, 문제해결능력,
음악적 감성 역량, 도덕적 사고능력

천사들의 행진 / 강무홍 / 양철북 / 2008

어떻게 읽을까요?

1. 어린이 인권이 무엇인지 생각하며 읽어요.
2. 야누슈 코르착에게 본받을 점을 생각하며 읽어요.
3. 유대인 학살의 역사, 문화적 배경을 생각하며 읽어요.

어떤 내용일까요?

폴란드의 촉망 받는 젊은 의사였던 주인공 야누슈 코르착은 의사보다 거리에 있는 버려진 아이들을 돌보는 것이 가치 있다고 생각하고 '고아들의 집'을 만들어 아이들을 돌보게 됩니다. 욕, 반항, 거짓, 도둑질을 일삼는 아이들을 진심으로 야단치고 돌보며 그들의 아버지가 됩니다.

그는 전심으로 아이를 돌보며 고아원 내 '어린이 공화국'을 세웠습니다. 그 공화국 안에서 아이들은 동등하고 평등한 사람으로 성장했습니다.

그러나 2차 대전이 일어나 본격적인 유대인 학살이 시작되고 고아원 아이들은 '게토'라는 지역으로 이동해야 했습니다. 할아버지가 된 야누슈 코르착은 그 와중에도 아이들이 두려워하지 않을 수 있도록 무던히 애를 씁니다. 먹을 것을 구하기 위해 구걸도 마다하지 않았던 그는 거리에서 마주치게 되는 새로운 고아들도 외면하지 않습니다. 아이들은 그들의 따뜻한 할아버지를 천사라고 불렀고, 야누슈 코르착은 그 아이들을 또 천사라고 불렀습니다.

결국 그들은 가스실로 가는 기차에 타게 되고 야누슈코르착은 피할 기회가 있었으나 "당신이라면 어떻게 하겠습니까? 당신의 아이가 아프고, 불행하고, 위험한 데 버리겠습니까?"라는 말을 남기고 아이들과 함께 기차에 탑니다. 1942년 8월 여름휴가를 가듯 기차에 탄 그들은 그렇게 생을 마감했습니다.

미리 맛보기 마음을 열어요

1 '천사'같은 사람이란 어떤 사람을 두고 하는 말이라고 생각하나요? 주변에 천사 같다고 부를만한 사람이 있다면 누구라고 생각하나요?

1-1 천사 같은 사람이란?

1-2 여러분 친구 중 천사 같은 친구는 누구일까요?

2 부모님이나 할머니 등 돌보아 줄 사람이 전혀 없는 고아를 떠올릴 때 생각나는 단어를 3가지 이상 말해 보세요.

3 '인권'이라고 하면 어떤 것들이 떠오르나요? 각자 떠올린 것을 경험과 연관지어 서로 이야기해 보세요.

4 사전이나 인터넷 검색을 통해 '홀로코스트'의 뜻을 찾아 이해한대로 적어보세요.

 **차근차근 맛보기** 　내용을 이해해요

1-1 촉망받는 의사인 야누슈 코르착이 의사의 길을 버린 이유는 무엇이라고 하였나요?

1-2 만약 여러분이 야누슈 코르착과 같이 실력 있는 의사인데, 가난을 치료하고 싶다는 생각이 들었다고 생각해 봅시다. 여러분은 어떤 선택을 할 것 같나요? 그와 같이 고아원을 지어 아이를 돌볼지, 그냥 의사생활을 할 지, 아니면 다른 방법을 선택하여 어려운 아이들을 도울지 자신만의 의견을 이야기해 보세요.

2 야누슈 코르착은 고아원을 운영하면서 아이들을 위해 어떤 일을 했나요?

_____

_____

_____

3 야누슈 코르착의 고아원에 생긴 '어린이공화국'이 무엇인지 아는대로 설명해 보세요.

_____

_____

_____

4 야누슈 코르착은 트레블링카로 가는 열차를 탈 때 아이들에게 가장 좋은 옷을 입히고 "자, 지금부터 여름휴가를 가는 거야. 가다가 길을 잃거나 흩어지지 않도록 줄을 잘 맞추어서 가도록 하자."라고 말했습니다. 왜 그렇게 하라고 했을까요?

_____

_____

_____

_____

 **넓고 깊게 생각해요**

1 야누슈 코르착처럼 아이를 귀하게 대하는 어른을 보거나 들은 적이 있으면 이야기해 보세요.

2 이 세상에서 유태인을 모두 없애 버리겠다는 히틀러의 학살은 집단의 폭력성과 잔인함에 대해 역사에 오래 남아 이야기되고 있습니다. 결국 그들은 유태인이라는 이유만으로 600만 명에 이르는 엄청난 수의 목숨을 앗아가게 되는데요. 이 사건 말고도 인간이 집단의 목숨을 앗아가는 일은 수차례 일어났으며 일어나고 있습니다. 자료를 찾거나 들어본 기억을 통해 집단 학살이 일어난 예를 이야기해 보고, 그런 일이 생기는 이유가 무엇일지 생각해 보세요.

3 다음은 '야누슈 코르착'의 〈아동 인권 대헌장〉의 핵심적 내용입니다. 여러분의 교실이나 동네에 어린이를 위한 인권 헌장이 필요하다면 어떻게 만들어져야 하는지 다음을 참고하여 인권 대헌장 5조를 만들어보세요.

야누슈 코르착의 아동 인권 대헌장

• 어린이는 사랑받을 권리가 있다.	• 어린이는 존중받을 권리가 있다.
• 어린이는 이상적인 환경에서 성장할 권리가 있다.	• 어린이는 지금 있는 그대로 존중받을 권리가 있다.
• 어린이는 현재의 자기 모습대로 살 권리가 있다.	• 어린이는 실수할 권리가 있다.
• 어린이는 실패할 권리가 있다.	• 어린이는 비밀을 가질 권리가 있다.
• 어린이는 진지하게 받아들여질 권리가 있다.	• 어린이는 그 모습 그대로 소중하게 생각될 권리가 있다.
• 어린이는 한 번 정도 거짓말하고, 속이고, 물건을 훔칠 권리가 있다.	• 어린이는 스스로 판결을 내리고 친구들에 의해 판결을 받는 어린이 법정을 이용할 권리가 있다.
• 어린이는 교육을 받을 권리가 있다.	• 어린이는 불의에 대항할 권리가 있다.
• 어린이는 아동 재판 제도에서 변호를 받을 권리가 있다.	• 어린이는 슬픔을 존중 받을 권리가 있다.
• 어린이는 신과 의사소통할 권리가 있다.	• 어린이는 어린 나이에 죽을 권리가 있다.

우리 교실 인권 대헌장

제1조 :

제2조 :

제3조 :

제4조 :

제5조 :

4 이 책은 아이들을 사랑한 야누스 코르착의 생애를 다룬 책으로 제2차 세계대전 당시 나치에 의해 죽음의 수용소로 향하는 아이들과 가스실로 동행한 그의 마지막 생을 다루고 있습니다. 이렇게 타인에 대한 사랑을 몸소 실천한 인물 중에서 생각 나는 다른 인물을 찾아 상장을 만들어 보세요.

- 내가 찾은 인물 : _____

- 그 인물이 실천한 사랑의 내용 : _____
  _____

- 상장 이름 : _____

상

위 사람은 _____
_____으로
이에 상장을 주어 칭찬합니다.
( )년 ( )월 ( )일
( )초등학교 ( )인

5 다음은 책 속에서 야누슈 코르착이 한 말입니다. 이 말을 읽고 물음에 답하세요.

> "비행소년도 소년입니다. 이 어린이는 자신을 포기한 것이 아니라 단지 자신이 누구인지 모를 뿐입니다. 가혹한 처벌은 아이가 자신의 미래를 보는 태도와 아이의 행동에 나쁜 영향을 줄 수 있습니다. 아이를 버려서 이렇게 행동하게 만든 것은 우리 사회입니다."

5-1 위의 말이 의미하는 것이 무엇인지 이야기를 나누어 보세요.

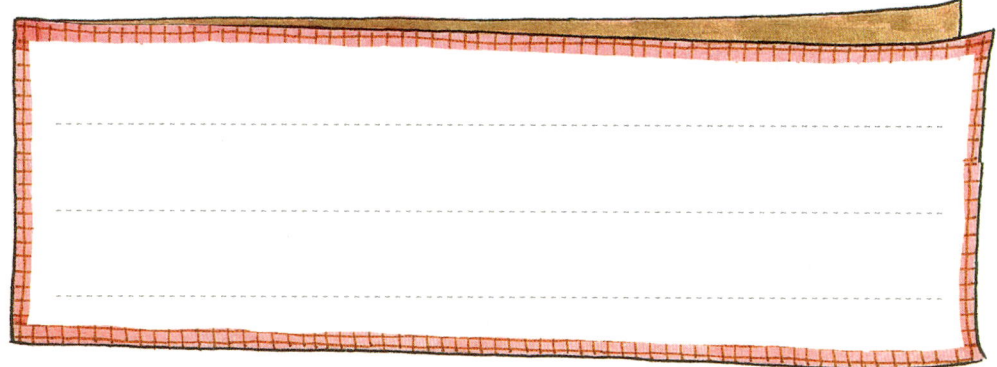

5-2 여러분은 비행소년이 잘못된 행동을 하는 것은 사회의 책임이라는 데 동의하나요? 아니면 잘못된 행동을 한 본인의 책임이라고 생각하나요? 모둠을 만들어 친구의 의견을 듣고 정리해 보세요.

사회의 책임이다		본인의 책임이다	
이름	의견	이름	의견

 **함께 맛 나누기** 독서 토론을 해요

1 아래 글을 읽고 여러분의 의견을 말해 보세요.

> 코르착은 살아남을 수 있었습니다. 주변의 만류에도 불구하고 다음과 같은 말을 남기고 아이들과 함께 죽는 길을 택했지요.
>
> "당신이라면 어떻게 하겠습니까. 당신의 아이가 아프고, 불행하고, 위험에 처해 있다면, 당신은 그 아이를 버리겠습니까? 그럴 수 없겠지요. 그런데 내가 어떻게 버릴 수 있겠습니까. 내가 어떻게 200명이나 되는 우리 아이들을 버릴 수 있겠습니까."
>
> 하지만 한편으로 살아남았다면 더 많은 아이들을 위해 무언가 할 수 있지 않았을까요? 코르착과 같이 아이들을 돌볼 수 있는 사람이 많지 않잖아요. 아이들과 함께 죽은 코르착의 선택에 대한 여러분의 의견을 이야기해 보세요.

● **토론 주제** : 아이들과 함께 죽음을 택한 코르착의 행동은 옳을까요?

찬성 : 아이들과 함께 죽음을 택한 코르착의 선택이 옳다.

반대 : 아이들과 함께 죽음을 택한 코르착의 선택이 옳지 않다.

2 야누슈 코르착의 행동에 대해 여러분의 생각을 말해 보세요.

> 책 속에 다음과 같은 구절이 나옵니다.
> "그는 먹을 것을 구하러 나갈 때면 어김없이 다른 고아들도 데리고 돌아왔습니다. 아이들이 많아질수록 나누어 줄 음식이 줄어들겠지만, 거리에서 굶주리고 헤매는 아이들을 못 본 척할 수는 없었습니다."
> 이와 같은 야누슈 코르착의 행동은 배고파 굶주리고 있는 자신의 아이들을 더 힘들게 만들 수 있습니다. 건물 크기도 정해있고, 음식은 구하기 어려우므로 끝도 없이 아이들을 받을 수도 없는 노릇이지요.
> 여러분은 이러한 야누슈 코르착의 행동에 대해 어떻게 생각하나요?

● **토론 주제** : 먹을 것이 없는데도 밖에서 굶주리는 아이들을 데려와야 할까요?

찬성 : 먹을 것이 없어도 다른 고아들을 데리고 와야 한다.

반대 : 먹을 것이 없으니 다른 고아들을 데려오면 안된다.

3 어린이 공화국에 대해 생각해 보세요.

〈어린이 공화국이 정말 좋아요?〉

야누슈 코르착의 고아원 안에는 어린이공화국이 있다고 하였습니다. 여기에서는 잘잘못을 가리고 벌을 주는 사람도 아이들 자신이라고 합니다. 아이들이 '법정'에서 스스로 정한 규칙에 따라 벌을 주는 것인데요.

최근에 우리도 여러 학교에서 학년이나 학급 구성원이 모여 스스로 규칙을 정하고 그에 따라 잘못을 가리고 벌을 주는 제도를 실시하고 있습니다.

〈서울 상원초 학년 다모임 장면〉

이는 '어린이공화국'처럼 재판을 통해 서로의 생각과 감정에 귀를 기울이고 서로를 존중하는 믿음의 공동체로 거듭나기 위함일텐데요. 실제로 이를 실시하는 과정이 생각만큼 쉽지 않은 경우도 많다고 합니다. 아이들이 스스로 정해 놓은 벌을 지키지 않는 경우, 규칙을 정하거나 의사결정을 하는 과정에 진지하게 참여하지 않는 경우, 함께 결정하는 모임에 전혀 관심이 없는 경우 등인데요. 그럴 경우 당연히 어린이공화국의 본 목적을 달성하기 쉽지 않습니다. 여러분은 '어린이공화국'이 여러분 교실에 실현될 경우 서로 존중하는 믿음의 공동체로 거듭날 것이라고 생각하나요, 오히려 더 혼란스러워질 것이라고 생각하나요? 입장을 정해 근거를 이야기해 보세요.

어린이 공화국이 생긴다면 우리 교실에 긍정적인 영향을 미칠 것이다.	어린이 공화국이 생긴다면 혼란스러운 점이 더 많을 것이다.

 **쓱싹 쓱싹 요리하기** 재미있는 독서 글을 써요

1-1 들려주는 세계 여러 나라의 노래 4곡을 순서대로 들어보세요.

나이지리아의 풍가 알라
피아: 태성 음악 교과서
http://www.umaks.kr/

이탈리아의 산타루치아 네이버
블로그 '즐감음악수업'
http://soldomi777.blog.
me/50032361994

멕시코의 라쿠카라차
풀잎동요마을
http://pullip.kebikids.com/

베트남의 연등놀이
비상교과서 비바샘
http://www.vivasam.com/

1-2 세계지도를 펼쳐 본 뒤, 다음 표를 보고 어떤 나라인지 찾아 첫 번째 칸에 적어보세요. 그리고 1번 문제의 노래 4곡이 각각 어떤 나라의 노래인지 나라 이름 옆에 노래 번호를 적어보세요.

① ● 아프리카 대륙에 위치한 나라
  ● 아프리카 서부, 기니만에 맞닿음
  ● 이 나라의 수도는 '아부자'

② ● 유럽 대륙에 위치한 나라
  ● 유럽 남부, 지중해에 맞닿아 있음
  ● 에리트레아를 약 60년간 통치하였음
  ● 이 나라의 수도는 '로마'

③ ● 북아메리카에 속한 나라
  ● 1985년 이 나라에 대규모의 지진이 발생함
  ● 이 나라의 수도는 '멕시코시티'

④ ● 우리나라와 국제결혼이 많이 이루어지고 있는 나라
  ● 동남아시아, 인도차이나 반도 동부에 위치함
  ● 이 나라의 수도는 '하노이'

1-3 다음은 나이지리아의 동요 '풍가 알라피아'의 가사입니다. 노래를 듣고 리듬을 치면서 불러 보세요. 노래가 익숙해지면 '아프리카 난민의 인권'을 주제로 가사를 바꾸어 보세요.

〈풍가 알라피아〉

| 풍가 알라 피아 | 아 셰 아 셰 | 풍가 알라 피아 | 아 셰 아 셰 |
| 풍가 알라 피아 | 아 셰 아 셰 | 풍가 알라 피아 | 아 셰 아 셰 |

| 어서 오세요 | 아 셰 아 셰 | 반갑 습니다 | 아 셰 아 셰 |
| 밤밤 밤밤 밤 | 아 셰 아 셰 | 밤밤 밤밤 밤 | 아 셰 아 셰 |

〈내가 바꾼 노래〉

제목: (　　　　　)

| 풍가 알라 피아 | 아 셰 아 셰 | 풍가 알라 피아 | 아 셰 아 셰 |
| 풍가 알라 피아 | 아 셰 아 셰 | 풍가 알라 피아 | 아 셰 아 셰 |

1-4 잘 바꾸었나요? 바꾼 가사로 노래를 불러 봅시다.

2 다음을 우리나라 농촌 길가에서 흔히 볼 수 있는 현수막 문구입니다. 신문기사를 읽고 이 현수막에서 발견된 문제점을 자유롭게 이야기한 후 적어보세요.

> "베트남 처녀랑 결혼하세요. 초. 재혼. 장애인 무료상담"
> "베트남 처녀랑 결혼하세요. 100% 후불제,
> 초혼, 재혼, 장애인, 자식 있으신 분"
> "베트남 처녀 절대로 도망가지 않습니다."

'베트남 처녀'. '베트남 결혼 010-○○○-××××' '착하고 예쁜 베트남 처녀 011-○○○-××××'. 시골에서 아주 익숙해져버린 현수막 문구입니다.

그러나 시골길에 차로 몇 분 달리지 않아 계속 매달려 있는 베트남 처녀 현수막을 보면 사랑에 대한 아름다움보다는 씁쓸함이 앞섭니다.

어느새 세계 11위로 경제 선진이 된 대한민국. 50살이 넘은 홀아비가 20살 된 처녀를 마음대로 골라올 수 있게 된 그 힘이 슬프게 느껴집니다. 국제결혼이라며 무슨 상품처럼 동영상으로 광고되는 어린 베트남 처녀들. 키 160, 몸무게 45……. 노예처럼 마구 공개되는 신체 치수와 가족관계, 건강에 대한 정보들이 슬픕니다.

사랑으로 맺어지는 인연도 많겠지만 결국엔 가난한 나라의 처녀들이 가족을 먹여살리기 위해 잘사는 나라로 시집가야 하는 슬픈 현실입니다. 이런 비극이 베트남에서만 일어나야 한다는 법이 있을까요? 만약 우리나라가 많이 어려운 상황에 처해 먹고 살기 위해 더 강한 어떤 나라의 농촌 노인에게 시집을 가야 한다면, 우리는 무슨 생각을 하게 될까요?

3 본인이 별로 원하지 않아도 부모님께서 공부하라고 말씀하신다면 자녀의 인권을 존중하지 않는 것일까요? 다음 글을 읽고 의견을 나누어 보세요.

우리나라 부모님께서 가장 많이 하시는 말씀이 있대요.
"공부해라. 숙제했니? 학원 가야지."
혹시 여러분의 부모님께서도 많이 하시나요? 때로는 "누가 뭐라 해도 너는 절대 상관 말고 공부만 해. 네가 해야 할 일만 하란 말이야. 알겠지?"라는 말도 하신다고 해요.

부모님께서 이런 말씀을 하시는 이유를 여러분은 잘 알고 있어요. 여러분이 커서 인정받는 사람이 되고 행복하게 살기를 바라는 마음이실 겁니다. 결국 나를 사랑하기 때문인 것이지요.

그런데 내가 그림을 그리고 싶거나 뛰어 놀고 싶을 때 열심히 공부하라고 하는 것도 내 인권을 존중하지 않는 거라고 하네요. 여러분은 부모님이 공부하라고 다그치는 것이 인권을 존중하지 않는 것이라고 생각하나요?

* 나의 의견 (둘 중에 하나를 골라 ○표를 해주세요.)

원하지 않는데 공부하라고 하는 것은 인권을 존중하지 않는 것이다.	
나를 존중하기 때문에 공부하라고 하는 것이다.	

* 이유

1.
2.
3.

후식을 즐겨요

1 '인권' 이야기를 더 알아보아요.

『베트남 설날 장대 이야기』

이 이야기는 베트남 동화입니다. 베트남은 음력 설날에 악마가 가까이 오지 못하도록 장대를 높이 세우는 풍습이 있습니다. 이 책은 그 이야기를 담고 있지요.

아주 먼 옛날 악마가 사람들을 다스리고 사람은 악마들의 논과 밭에서 소작인으로 일했지요. 김홍도의 〈벼 타작〉에서처럼 소작인은 죽도록 일하지만 본인이 얻는 것은 별로 없어요. 악마들이 갖은 수를 써서 다 가져갔거든요. 악마들은 자기들이 다 거두어가기 위해 "윗부분은 거두고 뿌리는 남겨둔다."라는 이상한 규칙을 만들기에 이르고 가엾은 인간을 보다 못한 부처님이 사람들이 농작물을 먹을 수 있도록 작물을 고구마, 쌀, 옥수수로 바꾸게 하지요. 농작물을 거둬들이지 못한 악마는 땅을 모두 차지하겠다고 합니다. 그 때 사람들은 부처님의 도움으로 스님 겉옷 자락이 만들어 내는 그림자 크기 만큼의 조그만 땅을 사게 해 달라고 합니다. 그런데 대나무 장대가 쑥쑥 자라더니 그림자가 넓어져 악마들은 바다로 쫓겨납니다. 악마는 부처님이 무서워하는 것을 알아내며 다시 땅에 들어오려고 애쓰지만 매번 실패하게 됩니다. 결국 부처님께 1년에 한 번만이라도 땅에 있는 조상의 무덤을 방문하게 해 달라고 허락을 받기에 이르고 부처님은 허락해 주지요.

그 뒤부터 사람들은 매년 음력 설날 축제가 열리면 악마가 땅으로 돌아오므로 가까이 오지 못하게 하기 위해 새해맞이 장대를 높이 세운다고 합니다.

1-1 악마가 빼앗은 인권의 내용은 어떤 것인지 이야기해 보세요.

1-2 악마는 사람들을 다스리는 리더입니다. 리더의 자질이 부족하면 이 이야기처럼 다스림을 받는 사람들이 고통을 받고, 하고자 하는 바를 제대로 할 수가 없습니다. 여러분이 생각하는 리더의 중요한 자질은 무엇인지 이야기해 보세요.

1-3 베트남에서 설날에 장대를 세워놓는 이유를 설명해 보세요.

1-4 베트남 뿐 아니라 많은 나라에서 악마나 나쁜 기운을 물리치기 위한 다양한 풍습이 남아 있습니다. 우리나라에도 많이 있는데요. 아는 대로 이야기해 보세요.

2 다양한 매체를 더 만나보아요.

〈와즈다〉

● 영화 이야기

십 대 소녀 와즈다는 여성이기 때문에 자전거를 탈 수 없습니다. 하지만 너무나 자전거를 타고 싶은 와즈다는 직접 자전거를 사기 위해 갖은 애를 씁니다. 팔찌를 만들어 팔고, 몰래 연애편지를 배달하고, 상금이 걸린 코란 암송대회에 출전을 결심하기도 합니다.

와즈다가 벌인 자전거 타기 프로젝트는 사우디에 반향을 일으키게 됩니다. 영화가 개봉되고 1년이 지나 여성도 밖에서 자전거를 타는 것이 가능해진 것입니다. 해맑고 순수한 어린이 눈으로 여성 인권 문제를 생각할 수 있게 하는 영화입니다.

하파 아라 만수르(2014).
전체관람가

● 사우디아라비아의 여성 인권

사우디아라비아는 많은 나라 중 여성 인권이 보장받지 못하기로 유명합니다. 여성이 직업을 갖는 데 제한이 있고, 교육도 제대로 받지 못하며, 공공장소나 작업장에 남성과 함께 있는 것에도 제한이 있습니다.

2015년 12월 건국 이래 최초로 여성의 투표와 출마가 허용되어 세계적으로 주목을 받은 바 있습니다.

※ 나의 여성 인권지수를 점검해 보아요! 빈 칸에 '예' 혹은 '아니오'라고 답해보세요.

1	중요한 책임자는 남자가 하는 것이 믿음직하다고 생각한다.	
2	여자는 예뻐야 한다는 데 어느 정도 동의한다.	
3	여자는 남편을 잘 만나는 것이 중요하다고 생각한다.	
4	여자는 적당한 애교와 내숭이 있어야 할 것 같다.	
5	남자는 괜찮은데 여자가 담배 피는 것은 옳지 않다.	
6	여자가 너무 힘이 세면 별로라고 생각한다.	
7	여자 아이돌 그룹은 섹시하거나 귀여운 것이 좋다.	
8	여자가 너무 똑똑한 것은 좋지 않다고 생각한다.	
9	노출이 심한 옷을 입고 다니는 것은 남성을 유혹하는 것이다.	
10	여자는 감성적이고 비이성적일 것 같은 생각이 든다.	

● 나의 점수 측정

* 예: (   )개,   * 아니오: (   )개
* '아니오'라고 답한 개수×10 = 100점 만점의 나의 인권 점수입니다. 몇 점인가요?
  (   )점

● 어때요? 만족스럽나요? 질문에 '예'라고 많이 답했다고 해서 여성 인권을 무시하는 사람이라고 단정지을 수는 없습니다. 경험에 의해 정말 그런 생각이 들 수 있는 것이고, 상황에 따라 다를 수 있는 부분이 있으니까요. 내 주변 사람과 나의 인식을 한번쯤 돌아보는 시간으로 생각하면 좋겠네요.

● 위 질문에 답해보면서 여러분 생각에 우리나라는 여성인권이 존중받는 곳이라고 생각하나요? 근거를 들어 이야기해 보세요.

3 이런 책들도 함께 읽으면 좋아요.

태국판 콩쥐팥쥐 이야기입니다. 고약한 과부 엄마가 착한 딸 피군의 인권을 짓밟습니다. 종일 일만 시키고 쉬지도 자지도 못하게 하고 심지어 마구 때리기도 합니다.

피군은 자신의 선행으로 말할 때마다 입에서 금꽃이 떨어지는 축복을 받게 됩니다. 그러나 과부 엄마에게 사랑받지만 못된 피군의 언니는 입에서 벌레가 뚝뚝 떨어지는 저주를 받게 됩니다. 결국 오랜 고난 끝에 피군은 왕자님을 만나 행복하게 살게 된다는 이야기입니다.

금피군꽃 / 박가비니 / 정인출판사 / 2012

9명의 평범한 아이들이 겪는 어려움을 들려주고 있습니다. 자신의 생각을 들어달라는 것, 공부가 하고 싶다는 것, 놀고 싶다는 것, 어린 나이에 결혼하고 싶지 않다는 것, 위험하지 않게 해 달라는 것, 배고프지 않게 해 달라는 것, 폭력에서 벗어나고 싶다는 것, 사람을 죽이고 싶지 않다는 것, 친구들과 함께하고 싶다는 것입니다. 너무도 당연한 요구인 듯한데 그것이 되지 않는 친구들 이야기를 보며 결국 그 친구의 이야기가 내 주변의 이야기임을 알고 관심을 갖는 시간이 되길 바랍니다.

우리를 사랑하고 보호해 주세요 / 서지원 / 소담주니어 / 2014

아이티의 평범한 씨엘네 가족 이야기입니다. 서로 사랑하는 평범한 가정인데 도저히 평범하게 살 수 없는 이야기가 담겨 있습니다. 집과 도로가 무너져 내리고 사랑하는 가족과 친구를 잃은 끔찍한 현실에서 희망을 갖고 살고자 진흙쿠키를 먹는 절절한 이야기입니다.

우리가 관심과 응원으로 지구촌의 수많은 씨엘이 생존의 걱정 없이 살아가게 되길 바랍니다.

진흙쿠키, 꿈과 희망을 구워요 / 노경실 / 담푸스 / 2013

축구공으로 이어진 두 명의 아이가 등장하는 인권동화입니다. 경쟁 사회에서 숨이 막혀가는 대한민국의 이경주와 가족의 생계를 위해 종일 축구공을 만드는 노동에 시달리는 9살짜리 라힘. 아이의 행복에 눈을 감은 채 성공과 이익에 급급한 어른의 모습도 보입니다. 『천사들의 행진』속 어린이 인권과 연계하여 읽어보고 이야기를 나눌 수 있는 도서입니다.

신나게 자유롭게 뻥! / 황선미 / 베틀북 / 2015

성남초등학교 5학년 박킬리는 한국인입니다. 그렇지만 케냐 어머니에게서 태어난 그는 아프리카의 흑인 모습을 하고 있습니다. 어린 시절부터 조금은 특별한 대우와 놀림을 받았던 그는 자신을 사랑하고자 하는 의지도, 삶을 살아가고자 하는 의욕도 없습니다. 그런 그가 선택한 케냐에서의 삶은 정체성의 혼란과 많은 가르침을 주었고 스스로 변화하기 시작합니다.

다문화 가정 어린이의 어려움과 차별을 느껴보며 지혜로운 극복의지를 안겨주는 도서입니다.

까만 한국인 / 권타오 / 사회복지공동모금회 / 2011

말 그대로 다문화 백과사전입니다. 다문화에 대한 다양한 정보를 주어 인권, 관용, 평화, 세계시민, 문화교류, 상호협력 등 다양한 주제를 통합적으로 이해하는 데 도움을 줍니다.

이 도서를 통해 어린이들이 다문화에 대한 개념을 체계적으로 형성해 나갈 수 있을 것입니다.

다문화 백과사전 / 채인선 / 한권의책 / 2012

1. 다문화 속 '평화'에 대해 알아보아요.

우리 것이야

무지개 연못에 작은 섬이 하나 있었다. 그 섬에는 툭하면 싸우는 개구리 셋이 살았는데 그들은 날이 샐 때부터 어두워질 때까지 옥신각신 말다툼을 했다.
"연못에 들어오지 마. 내 거야."
"그 선에서 나가! 이 땅은 내 거야."
"공중은 내 거야."
하루는 커다란 두꺼비가 나타나서
"너희들은 계속 다투는 소리가 들려와서 시끄럽구나. 언제까지나 이렇게 살 수는 없잖니?"
하며 풀숲으로 사라졌다.
　그러던 어느 날, 빗줄기가 세차게 내려 연못은 흙탕물이 되었다. 물이 불어나면서 섬은 점점 작아져 개구리들은 덜컥 겁이 났다. 거세게 출렁이는 물결 위에 하나의 바위밖에는 남아 있지 않았다. 개구리 셋은 그 바위 위에서 서로 손을 잡고 의지했다. 이제는 셋이서 함께 무서움을 이기고 희망을 나누고 있기에 마음이 든든했다.
　비가 보슬보슬 내리더니 완전히 멈추었고 물도 빠지기 시작했다. 그런데 그들은 구해 준 큰 바위는 바로 두꺼비였다.
"네가 우리를 구해 주었어."
맑은 햇살이 비치는 강에서 그들은 나란히 헤엄을 치며 전에 맛보지 못한 행동을 느꼈다.
"평화롭지 않니? 그리고 아름답지 않니?"

〈출처 : 서울 교육연구정보원〉

1 연못의 개구리가 세찬 빗속에서 두려움을 느끼지 않고 잘 견뎌낼 수 있었던 이유는 무엇인가요?

2 연못의 세 개구리가 세찬 비를 함께 이겨낸 후 받은 느낌은 무엇무엇인가요?

평화가 뭐야?

平 편안할 평   **和** 화목할 화   **평화** peace

평화란 : 편안하고(平) 화목한(和) 상태

Q 평화를 위해 활동하는 기구에는 어떤 것이 있나요?
A 전쟁 방지와 평화 유지를 위한 활동을 하는 '국제 연합(UN)'과 세계 여러 나라의 의료인들이 모여 비행기로 세계 각지를 돌며 환자를 치료하는 '오르비스', 전쟁, 기아, 자연재해 등으로 고통 받는 사람들을 구호해 주는 국제 민간 의료 단체인 '국경 없는 의사회' 등이 있어요.

Q 평화란 어떤 상태인가요?
A 평화는 전쟁, 분쟁 또는 일체의 갈등이 없이 평온한 상태를 말해요.

〈출처 : 어휘의 달인 사회 초 / 천재교육〉

2. 다문화사회에서 '평화'는 왜 중요할까요?

다문화 학생 4명 중 1명 "나는 외국인"

다문화 가정 학생 4명 중 1명은 자신을 완벽한 '한국인'이라고 생각하지 않는 것으로 나타났다.

이는 한국청소년정책연구원이 2011년 당시 초등학교 4학년이었던 다문화 학생 1334명을 대상으로 이들이 중학교 2학년이 된 2015년까지 매년 '한국인으로서의 정체성'을 조사해 최근 발표한 결과다.

조사 대상 학생들은 모두 국적이 '대한민국'인 엄연한 한국인. 하지만 '나 자신이 어느 나라 사람이라고 생각하느냐'는 질문에 '한국인인 동시에 외국인 부모님 나라 사람' 혹은 '외국인 부모님 나라 사람'이라고 응답한 학생이 2011년엔 25%, 2015년엔 25.4%였다. '나는 완벽한 한국인'이라고 생각하지 않는 다문화 가정 학생이 4명 중 1명이었던 것.

김현철 한국청소년정책연구원 선임연구원은 "친구관계를 중시하는 사춘기에 접어들수록 다문화 학생들은 친구들이 자신을 한국인으로 인정하지 않고 놀리는 것을 견디지 못 한다"면서 "다문화 학생을 진정한 친구로 받아들일 줄 알아야 한다"고 말했다.

〈출처 : 어린이동아〉

맛있게 읽어요

1. '평화'를 위한 첫 번째 책을 만나요

관련 핵심역량

자기관리역량, 심미적 감성 역량,
의사소통 역량, 공동체 역량

한화주 글 / 안경희 그림 / 팜파스 어린이

어떻게 읽을까요?

1. 다문화 친구 민이가 왜 뿔이 났는지 생각하며 읽어요.
2. 사람들의 편견에 대하여 생각하며 읽어요.
3. 차별받는 친구의 마음을 생각하며 읽어요.
4. 편견과 차별을 없애가며 교실의 평화를 어떻게 찾아가는지 생각하며 읽어요.

어떤 내용일까요?

　다문화 친구 민이는 왜 뿔이 났을까요?
　민이는 올해로 열한 살이고 베트남인 엄마와 한국인 아빠 사이에 태어났어요. 베트남으로 일하러 간 아빠는 그곳 회사에서 한국어 통역 일을 하는 엄마를 만나 결혼을 하게 되고, 두 사람의 사랑으로 민이가 태어났지요. 한국말을 잘 하는 엄마를 두어서 별 탈 없이 학교를 다니는데 민이가 다문화 가정 아이라는 것이 학교에 알려지면서 낯설고 불편한 일이 일어나요. 민이는 친구들의 은근한 차별에 꿋꿋이 맞섰어요. 하지만 달라진 친구들의 시선이 힘겹기만 해요.
　어느 날 민이네 반에 인도 엄마와 한국인 아빠 사이에 태어난 준호라는 친구가 전학을 옵니다. 민이를 놀리던 친구들은 얼굴색이 까맣고 우리와 조금 더 틀리게 생긴 준호를 놀림의 대상으로 바꾸게 됩니다. 준호는 전에 다니던 학교에서도 놀림이 심해 민이가 다니는 학교로 전학을 왔어요.
　자신의 상처를 혼자서 해결하려고 하는 준호가 안타까운 민이는 여러가지 작전을 세워 친구들로 부터 준호를 우뚝 설 수 있게 도와준답니다.

 **미리 맛보기**   마음을 열어요

1 친구를 놀리거나 놀림을 당하거나 혹은 목격한 경험을 떠올려 봅시다.

2 그 때의 마음은 어떠했나요?

3 내가 만약 미국에 간다면 백인인 친구가 나를 어떻게 대해 주길 원하나요?

4 그렇게 원하는 이유는 무엇인가요?

_____

_____

5 내가 원하는 데로 백인친구가 나를 대해준다면 어떤 마음이 들까요?

_____

_____

6 만약 백인친구가 나를 유색인종이라고 놀리고 차별한다면 나는 하루 하루는 어떠할까요?

_____

_____

7 **1**~**5**번을 바탕으로 생각해 볼 때, 평화롭고 행복한 삶을 살기 위해서 필요한 것은 무엇이라고 생각하나요?

_____

_____

8 평화로운 세상을 만들기 위해 노력할 점들을 생각나는 대로 써 보세요.

_____

_____

 **차근차근 맛보기**   내용을 이해해요

1 책을 통하여 알게 된 민이를 소개할 수 있는 마인드맵을 그려 보세요.

2 민이는 베트남 사람이라고 놀리는 현우의 말을 듣고 자신이 베트남 사람이 아니라 한국 사람이라는 것을 어떻게 설명했나요?

3 현우가 다문화 가정 아이를 미워하는 이유는 무엇인가요?

4 '다르다'라는 현우 말에 예민하게 굴던 민이가 '다르다'에 대한 생각이 바뀌게 된 계기는 무엇인가요?

5 민이 엄마는 차별을 극복하기 위하여 두 가지 노력을 해야 한다고 했습니다. 그 노력은 무엇 무엇인가요?

6 민이 엄마가 들려줄 빨강나라와 노랑나라 그리고 파랑나라의 이야기가 주는 교훈은 무엇인가요?

7 서로의 다양성을 인정해주고 존중해주면 학급 분위기는 어떻게 되나요?

 **다양한 맛 즐기기**　넓고 깊게 생각해요

1 다음 낱말의 반대말을 써 보세요.

틀리다	
나쁘다	
다르다	

2 다음 그림 속 인물의 의견을 상상해 보고, 말주머니 안에 정리하여 보세요.

3 내가 옆에 있었다면 무엇이라고 말해 주고 싶은가요?

4 이 세상 사람들은 서로 같은 점도 있지만 다른 점도 많습니다. 나와 내 친구의 같은 점과 다른 점을 찾아 써 보세요.

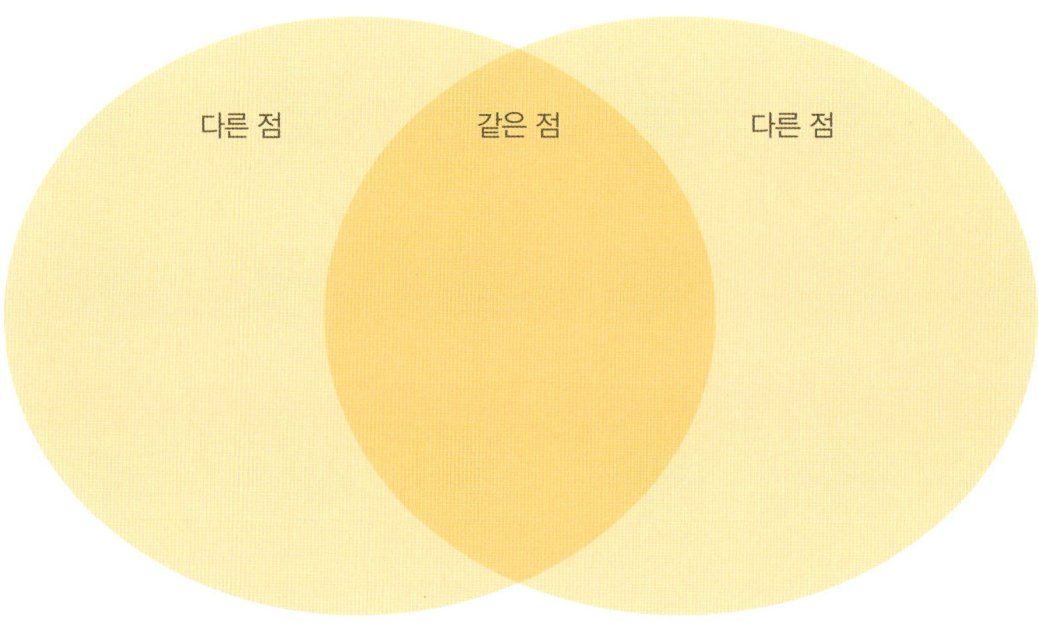

5 사람들은 자신과 다른 생각을 하거나 다른 것을 좋아하는 것을 불편해합니다. 나와 다르다는 이유만으로 가족이나 친구와 싸운 경험이 있나요? 있다면 어떤 내용인지 써 보세요.

6 1에서 4까지의 활동을 바탕으로 '다르다'에 대하여 나만의 개념을 한 줄로 정의해 보세요.

7 무지개는 일곱 색깔이 서로 다르기 때문에 아름답습니다. 우리 주변에서 서로 다름으로 인하여 아름답거나 좋았던 경험을 말해 보세요.

8 우리나라는 비교적 짧은 시간 안에 외국인이 많이 늘어나면서 다문화 가족도 많이 생겼습니다. 다문화 가족이 겪는 어려운 점 한 가지를 찾아 원인과 결과를 정리하여 보세요.

원인 :

어려운 점:

결과 :

9 다음 글을 읽고 자신의 생각을 정리하여 보세요.

우리가 아는 다문화 가정 출신 사람은?

얼마 전까지만 해도 우리나라에서 혼혈인들은 알게 모르게 차별을 많이 받아왔어. 하지만 지금은 점차 인식이 달라지고 있고 사회 각 분야에서 열심히 활동하고 있지. 미국의 슈퍼볼 스타인 하인스 워드도 우리나라 혼혈인 출신이고, 할리우드의 떠오르는 신예인 다니엘 헤니 역시 어머니가 한국인 출신의 입양아였대. 그리고 미국의 44대 대통령 버락 오바마도 다문화 가정 출신이야. 아버지는 케냐, 어머니는 미국 사람이라고 해. 피부색이 좀 다르다고 해서 더 이상 차별하는 일은 없었으면 좋겠어.

〈출처 : 네이버 지식백과, 다문화 사회〉

9-1 이 글을 읽고 주장하고 싶은 점은 무엇인가요?

_____

_____

9-2 우리나라는 다양한 문화와 인종, 언어가 공존하는 다문화국가입니다. 서로 다른 인종이 어울려서 평화롭게 살아가기 위해 노력할 점은 무엇인지 민이네 반의 현우파 친구들에게 편지를 써 보세요.

_____

_____

 **함께 맛 나누기**　　독서 토론을 해요

1 토론 주제 : 현우아빠와 현우의 생각은 옳은 생각인가?

> 현우가 다문화 가정 아이들을 미워하는 이유는 다음과 같습니다.
> 현우 아빠가 다른 나라 사람들이 자꾸 한국에 몰려와서 우리나라 사람들이 일자리를 뺏기고 있다고 말했기 때문입니다. 그래서 현우는 언제가는 우리나라를 외국 사람들이 다 차지하게 될지도 모른다고 생각합니다.

찬성 : 옳은 생각이다.

반대 : 옳지 않은 생각이다.

〈토론 관련 팁 제공하기〉
- 현우와 현우 아빠의 생각의 전제 조건은 다문화 가족을 한국 사람으로 보지 않은 것입니다. 다문화 가족의 사람들도 한국 사람입니다.
- 이 논제의 논쟁은 다문화 가족을 한국 사람으로 볼 것인가 말것인가가 서로 부딪히는 것입니다.

2 토론 주제 : 다문화 가정의 친구들이 자신의 상황을 꼭 인정해야만 하는가?

> 민이 엄마는 차별을 극복하기 위하여 두 가지 노력을 해야 한다고 했습니다.
> 첫째는 우리의 상황을 인정해야 한다.
> 둘째는 차별을 당연하게 받아들이거나 거기에 익숙해지지 않도록 해야 한다.

찬성 : 인정해야한다.

반대 : 인정하면 안 된다.

〈토론 관련 팁 제공하기〉

- 이 논제의 초점은 다문화 가족이라는 상황을 인정했을 경우와 인정하지 않았을 경우의 마음가짐이다.
- 눈에 보이는 생김새나 피부색은 분명히 다르다. 하지만 그것이 놀림의 대상이나 차별의 이유가 되어도 되는지를 생각해 보아야 한다.

〈불법체류자들에게 평화의 손을 내밀어야 할까요?〉

(가) '단일민족'이라는 단어가 사라질 정도로 다문화 가정이 증가했다. 2002년에는 50만 명에 불과했던 다문화 가정 사람들의 수가 2010년에 120만 명을 돌파하고 2050년에는 500만 명을 돌파할 예정이라고 한다. 머지않아 열 가구 중 한 가구는 다문화 가정일 것이라는 뜻이다.

(나) 국내 체류 외국인 200만명 돌파…2021년 300만 전망
 국내 체류 외국인 수가 200만명을 돌파했다. 2007년 100만명을 넘어선 이래 9년 만이다. 법무부는 지난달 30일 기준으로 국내 체류 외국인 수가 200만1천828명을 기록해 전체 인구의 3.9%를 차지했다고 27일 밝혔다. 법무부는 2011~2015년 체류외국인이 연평균 8%씩 증가한 것을 고려할 때 2021년 국내 체류외국인이 300만명을 넘어서 전체 인구의 5.82%가 될 것으로 예상했다. 이는 경제협력개발기구(OECD) 평균 5.7%를 웃도는 수치다.

〈연합뉴스 2016/07/27 10:43〉

(다) 다음 내용은 지난 미국 대선 후보자인 클린턴과 트럼프의 이민개혁과 불법체류에 대한 주장입니다.
- 클린턴 : 포괄적인 개혁을 통해 불법체류 중인 가족들이 함께 할 수 있고 시민권을 취득할 수 있는 방법을 만들어 한다.
- 트럼프 : 1,100만여 명에 달하는 불법체류자들을 추방하고 불법체류자들의 자녀들이 국내에서 출생해 취득한 시민권을 박탈해야 한다.

3 여러분이 지도자라면 불법체류자들을 어떻게 대할 것입니까? 근거를 들어 여러분의 입장을 정리하여 보세요.

불법체류 중인 가족들이 함께 할 수 있고 시민권을 취득할 수 있는 방법을 만들겠다.	불법체류자들을 추방하고 불법체류자들의 자녀들이 국내에서 출생해 취득한 시민권을 박탈하겠다.

쓱싹 쓱싹 요리하기 재미있는 독서 글을 써요

1 다음 이야기를 읽고 물음에 답하시오.

가난해도 나누면 행복- 가장 잘 나누는 나라는 '미얀마'

동남아시아의 나라 미얀마가 세계에서 가장 '가진 것을 잘 나누는 나라'라는 조사결과가 나왔다. 미얀마의 1인당 GDP(국내총생산)는 1268달러(약 143만 원)로, 우리나라 1인당 GDP의 21분의 1 수준. 아시아 나라 가운데 가장 가난한 나라에 속한다.

국제 자선재단인 영국 자선지원재단(CAF)은 세계 140개 나라를 조사한 '2016 세계 기부지수' 보고서를 최근 발표했다. 나라별로 1000명을 뽑아 면접한 후 △낯선 사람을 도와준 비율 △기부 경험이 있는 사람의 비율 △자원봉사 경험이 있는 사람의 비율을 집계해 평균을 낸 것. 그 결과 미얀마는 나눔을 실천한 사람의 비율이 70%로 가장 많았다. 2위는 미국(61%), 3위는 호주(60%). 우리나라는 75위(33%)였으며, 중국은 꼴찌인 140위(11%)였다.

미얀마는 2014년 이후 3년 연속으로 이 조사에서 1위를 차지했다. CAF는 "불교 신자가 많은 미얀마는 사람들이 작은 것이라도 자주 남과 나누는 것을 중요하게 생각한다"면서 "기부가 생활이기에 이런 결과가 나온 것"이라고 풀이했다.

▶'나보다 더 어려운 사람과 나눠야 한다'고 생각하는 사람은 많지만 이 생각을 실천하기란 쉽지 않아요. '빌 게이츠처럼 부자인 사람들이 하겠지' '조금 더 여유가 생기면 할래'라며 기부를 미루는 경우가 많지요.

3년 연속 '나눔 1위'를 기록한 미얀마의 사례는 '기부는 부자들의 몫'이라는 생각을 되돌아보게 합니다. 미얀마는 아시아에서 가장 가난한 나라 중 하나예요. 군부독재(군대가 국가 권력을 도맡아 강압적으로 다스리는 것)가 50년 넘게 계속돼 경제가 발전하지 못했거든요.

넉넉하지 못해도 미얀마 사람들은 처음 보는 사람에게도 선뜻 도움을 주고 어려운 이를 위해 지갑을 열기도 합니다. 이들에게는 나눔이 곧 생활이지요.

㉠ 기부. 어렵지 않아요. 일주일에 다섯 번 사 먹는 간식을 세 번으로 줄이고 그 돈을 모아 남을 돕는다거나, 많이 걸을수록 포인트가 쌓여 어려운 이웃에게 후원할 수 있는 애플리케이션을 휴대전화에 내려받아 매일 산책을 하는 방법도 있지요. 오늘부터라도 작은 나눔을 실천해 보아요.

〈출처 : 어린이동아〉

태풍 쓰레기 치운 '외국인 모녀' 자랑스러운 주민상

지난달 우리나라 남부지방을 덮친 태풍 '차바'로 인해 쓰레기로 뒤덮인 부산 광안리해수욕장을 스스로 청소해 화제가 된 '광안리 외국인 세 모녀'가 자랑스러운 주민상을 받았다.

부산 수영구청은 부산국제외국인학교(부산 기장군) 교사인 미국인 디아나 루퍼트 씨(38)와 두 딸 피오나(13), 스텔라(5)에게 '자랑스러운 외국인 주민상'을 최근 수여했다. 이 상은 수영구청이 매년 모범이 되는 주민에게 주는 '자랑스러운 구민상'과 비슷한 취지의 상. 이들의 봉사정신을 알리기 위해 이번에 만들었다.

'광안리 외국인 모녀'가 지난달 5일 광안리 해수욕장을 청소하고 있다.〈부산 수영구청 제공〉

이들은 지난달 5일 차바가 몰고 온 엄청난 쓰레기더미를 광안리해수욕장에서 우연히 발견했다. 큰딸 피오나가 "우리가 쓰레기를 청소하자"고 제안한 뒤 이들은 청소도구를 들고 와 4시간 동안 이곳을 청소했다. 세 모녀가 청소하는 모습을 지나가던 시민이 사진으로 찍어 인터넷에 올리자 삽시간에 소셜네트워크서비스(SNS)로 퍼졌다. 이 모습에 감동한 수많은 사람들이 청소도구를 들고 광안리해수욕장으로 나와 청소에 나섰다.

피오나 양은 "초등학교 2학년 수업시간에 배운 해양 환경오염의 심각성이 생각나서 광안리해수욕장 청소를 어머니에게 제안했다"고 말했다.

〈출처 : 어린이동아〉

1-1 세계에서 가장 '가진 것을 가장 잘 나누는 나라'는 어느 나라인가요?

1-2 밑줄 친 ㉠에서 기부는 어렵지 않다고 했습니다. 기부를 할 수 있는 방법을 세 가지 이상 써 보세요.

2-1 부산 수영구청이 피오나(13)가족에게 '자랑스러운 외국인 주민상'을 수여한 이유는 무엇인가요?

2-2 피오나가 엄마에게 청소를 제안한 까닭은 무엇인가요?

3 나눔을 생활처럼 하는 미얀마 국민이나 피오나의 가족에게서 느낀 점을 자유롭게 써 보세요.

4-1 사람을 일컬어 사회적인 존재라고 합니다. 즉 사람은 혼자서 살아갈 수 없는 존재라는 뜻입니다. 지구라는 하나의 행성 안에서 서로 어울려 나누고 배려하며 더불어 살아가야만 행복한 삶을 살 수 있는 것입니다. 더불어 살아가는 삶을 위해 노력할 점을 써 보세요. 개요 표 안의 질문에 대답하다보면 글을 쉽게 완성할 수 있습니다.

주제문	더불어 살아가는 행복한 삶
서론	1. 국제 자선재단인 영국 자선지원재단(CAF)의 세계 140개 나라를 조사한 '2016 세계 기부지수' 보고서에서 나눔을 가장 잘 실천하는 나라는 어느 나라인가요? 2. 미얀마의 나눔과 관련하여 알고 있는 내용은 무엇인가요? 3. 더불어 살아가는 삶을 살기 위해 필요한 덕목은 무엇인가요?
본론	※ 더불어 살아가는 삶을 위해 노력할 점을 알아봅시다. 1. 사람들이 모여 살아가면 여러 가지 문제가 발생합니다. 더불어 살아가기 위해서는 환경문제, 에너지문제, 질병 및 재해 문제 등은 누가 해결해야 하나요? 2. 더불어 살아가기 위해서 나눔은 언제 누가 해야 할까요? 3. 더불어 살아가기 위해서는 하나밖에 없는 지구가 건강해야 합니다. 지구 환경을 보호하기 위해서는 어떻게 해야 하나요?
결론	1. 평화롭고 행복한 세상을 만들기 위하여 나눔을 잘 실천할 때 가져야 할 마음가짐은 무엇인가요? 2. 나눔을 실천하면 좋은 점은 무엇인가요?

4-2 위에서 작성한 개요를 바탕으로 '더불어 살아가는 삶'이라는 주제로 간단히 융합논술을 써 봅시다.

주제문	더불어 살아가는 행복한 삶
서론	
본론	
결론	

2. '평화'를 위한 두 번째 책을 만나요

관련 핵심역량

대인관계역량, 공동체 역량, 심미적 감성역량, 음악적 감성 역량

박현숙 글 / 생각하는 책상

 **어떻게 읽을까요?**

1. 친구에게 상처 주는 행동은 어떤 것인지 생각하며 읽어요.
2. 친구의 소중함을 생각하며 읽어요.
3. 폭력을 당하는 친구의 입장을 생각하며 읽어요.
4. 싸움이 없는 평화로운 상태를 상상하며 읽어요.

 **어떤 내용일까요?**

    이 책에는 싸움과 관련하여 10가지 이야기가 나온답니다. 가장 행복해야 할 곳, 웃음소리가 끊이지 않아야 할 곳, 존경과 배움으로 가득해야 할 곳. 그곳이 바로 학교입니다. 그런데 많은 아이들이 학교 폭력의 그늘 아래서 신음하고 있습니다. 다문화 가정의 어린이들도 피부색이 다르다는 이유로 우리 말이 서툴다는 이유, 얼굴 생김새가 다르다는 이유로 여러 가지 차별과 폭력을 당합니다. 이 책 [싸움 대장]은 아이들에게 학교 폭력과 왕따의 고통에서 벗어날 수 있는 방법을 제시합니다. 피해자, 가해자, 방관자로 나누어 폭력의 종류에는 무엇이 있으며 그 폭력으로 인해 친구의 몸과 마음에 어떤 상처를 입히는지를 자세하게 알려 줍니다. 학교 폭력을 당하는 아이와 가하는 아이, 지켜보는 아이의 마음이 잘 표현되어 있으며, 상황을 어떻게 인식하고 대처해야 할지에 대한 방법이 담겨 있어 화해를 통해 평화의 아름다움을 느껴볼 수 있습니다.

 미리 맛보기   마음을 열어요

1 이 책의 제목은 《(친구에게 상처주는 행동) 싸움 대장》입니다. '싸움' 하면 떠오르는 생각을 마인드맵으로 나타내어 보세요.

2 친구에게 상처를 받은 적이 있나요? 친구가 어떤 말 혹은 어떤 행동을 했을 때 상처를 받았나요? 그 때의 기분은 어떠했나요?

3️⃣ 여러분들이 이 다음에 어른이 되었을 때 학교를 추억할 수 있는 것은 바로 함께 했던 '친구'가 있기 때문입니다. 나에게 친구가 없다면 학교생활이 어떠할까요? 상상하여 말해보세요.

4️⃣ 자랑하고 싶은 친구에 대하여 자랑해보세요. 그 친구의 어떤 점이 좋나요?

5️⃣ 우리 학급에 다문화 친구가 있나요? 그 친구는 졸업 후에 나를 어떤 사람으로 기억할지 상상하여 써 보세요.

 **차근차근 맛보기**　　내용을 이해해요

1 '싸움 대장'에서 나오는 친구들은 다음 세 가지 유형으로 나누어집니다. 알맞은 내용을 찾아 줄을 이어 보세요.

(1) 가해자　　　　　　　　㉠ 폭력을 행사하는 것이다, 폭력을 당하는 것을 보고도 못 본 척 하거나 그것을 방치하는 사람을 말합니다.

(2) 피해자　　　　　　　　㉡ 친구에게 언어, 육체 폭력을 당한 사람, 따돌림을 당하거나 폭력을 당한 사람을 말합니다.

(3) 방관자　　　　　　　　㉢ 친구에게 언어, 육체 폭력을 행사한 사람이나 친구를 따돌리거나 때리는 행위를 하는 행위자를 말합니다.

2 동수는 장민이에게 장난을 칩니다. 하지만 장민이는 그 장난이 굉장히 불쾌하고 속상하여 학교에 가기 싫을 정도입니다. 이럴 때 장민이는 어떻게 행동해야 할지 장민이에게 조언하는 내용으로 편지를 써 보세요.

※ 지혁이는 종수의 폭력을 보고도 모른척하고 지켜보고 있습니다. 종수는 화나고 짜증날 때 은식이에게 화풀이하고 심부름을 시키기도 하고 하루 종일 달달 볶습니다. 그리고 은식이 물건을 함부로 빼앗기도 하고 마음대로 쓰기도 합니다.

3 친구가 폭력을 당하는 것을 목격하면 신고를 해야 하나요?(찬반토론)

신고를 해야 한다	신고를 하지 않아도 된다

4 만약 내가 글 속의 '나'라면 보람이를 위하여 어떤 일을 해 줄 수 있을까요?

"요즘은 아주 먼 나라에서 무슨 일이 일어나는지 인터넷만 보면 단번에 알 수 있지요. 우리는 세계가 하나인 시대에 살고 있어요. 세계인이 어울려 살아요. 우리나라도 다문화 가정이 점점 늘어나고 있어요. 나라와 말은 달라도 서로 다름을 이해하고 어울려 사는 거지요."
선생님은 이렇게 말했어요. 세계인이 어울려 산다고요? 보람이는 아빠가 한국 사람인데도 순정이에게 외국 아이라고 불려요. 어울리기는커녕 놀림만 받아요. 선생님은 우리 반에서 일어나고 있는 일을 전혀 모르는가 봐요. 먼 나라에서 일어나는 일도 단번에 알 수 있다면서요. 선생님이 우리 반에서 일어나는 일도 단번에 알 수 있다면 얼마나 좋을까요. 나는 선생님에게 보람이 얘기를 해주고 싶은 마음이 불쑥 솟았어요.

다양한 맛 즐기기 넓고 깊게 생각해요

1 친구에게 괴롭힘이나 따돌림을 당하거나 목격한 경험을 떠올려 봅시다.

1-1 괴롭힘이나 따돌림을 당하거나 목격해 본 기억이 있나요? 그 때의 기분은 어떠했나요?

1-2 친구가 따돌림을 당하는 것을 목격한 적이 있나요? 그것을 지켜보면서 내가 아니라서 다행이라고 생각했나요? 아니면 그 친구를 도와주어야 한다고 생각했나요?

1-3 당하는 친구의 마음은 어떠할까요?

1-4 학교폭력을 목격하면 어떻게 해야 할까요?

1-5 내가 만약 친구에게 괴롭힘이나 따돌림을 당하면 어떻게 대처해야 하나요?

1-6 폭력이 없는 평화로운 학교를 만들기 위해 노력할 점을 써 보세요.

2 황보람이 아빠는 한국 사람이고 엄마는 필리핀 사람입니다. 우리나라에는 보람이와 같은 다문화 가정의 친구들이 많이 늘어나고 있습니다. 2016년 현재 전국 초등생 중 다문화 가정 학생 비율이 2%를 넘어섰습니다.

2-1 다문화가정의 학생들은 한국인인가요? 그렇게 생각하는 까닭은 무엇인가요?

2-2 다문화가정의 어린이들이 한국인이 아니라고 생각하는 사람들의 이유는 무엇일까요?

2-3 다문화 가정의 친구들이 학교생활에서 가장 힘들어 하는 것은 무엇일까요?

3 우리는 모두 대한민국의 국민이고 소중한 인격체입니다. 다문화가정의 어린이들도 마찬가지입니다. 옆 사람과 비교해보세요. 눈 크기, 코 모양이 다르고 피부색도 조금씩 다릅니다. 다문화 학생들과 우리의 차이도 결국 이와 같습니다. 그렇기 때문에 우리가 노력해야 할 점은 무엇인가요?

4 다음 그래프를 통해 알게 된 내용을 정리하여 보세요.

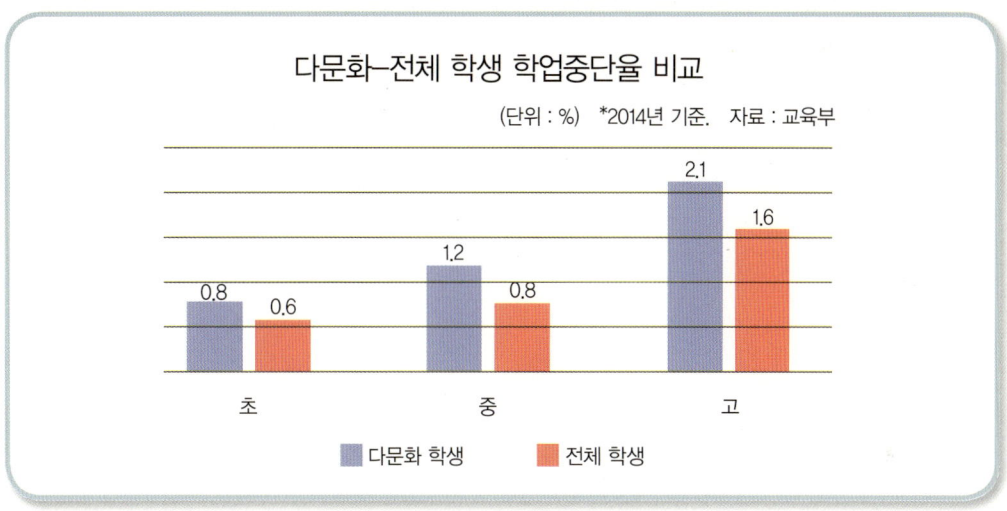

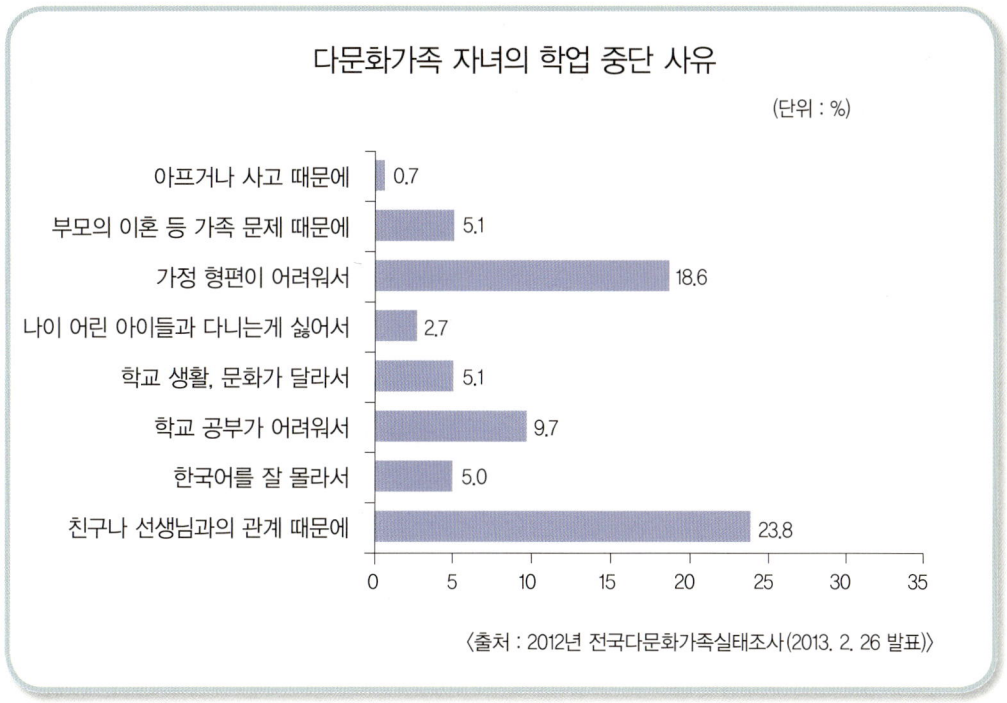

5 다문화 청소년들이 즐겁게 학교에 다닐 수 있도록 도와주기 위해 필요한 도움에는 어떤 것들이 있을지 써 보세요.

6 다문화 청소년들이 평화로움을 느끼게 해 주기 위해 바뀌어야 할 우리 사회의 시선에는 어떤 것들이 있는지 자신의 생각을 정리하여 보세요.

7 새 학년이 되어 다문화 친구가 내 짝꿍이 되었다고 상상해 봅시다. 먼저 어떻게 다가갈지 말과 행동을 어떻게 할지 자신의 생각을 써 보세요.

 함께 맛 나누기   독서 토론을 해요

1 나라가 하나의 민족으로만 구성되는 시대는 과연 지난 것일까?

지구상에는 수많은 나라가 있고 그와 더불어 여러 민족이 살고 있어요. 머리카락이나 눈의 색도 다르고 각각 다른 말을 쓰고 있지요. 또 같은 민족이라고 하더라도 똑같은 외모에 같은 목소리를 가진 사람은 존재하지 않아요. 모두 조금씩 다르지요. 심지어 쌍둥이들도 약간은 다르게 태어나잖아요.

'세계는 하나'라는 말을 들어 봤을 거예요. 인터넷의 발달로 지구 어디에서 어떤 일이 일어나고 있는지 바로 알 수 있는 시대지요. 여러 민족이 한 나라에 모여 사는 일도 점점 많아지고요.

우리나라도 마찬가지예요. 일자리를 찾아, 결혼으로 우리나라에서 살게 되는 외국인은 해마다 늘어나고 있어요. 반대로 외국으로 이민을 가는 사람도 많고요. 이제 하나의 민족이 한 나라의 구성원이 되는 시대는 지난 거지요. 그런데 외모와 말이 다르다고 따돌리고 무시하며 괴롭히는 일이 아주 많아요. 한데 어울려 살려면 서로 다름을 인정하고 존중해야 해요.

찬성 : 하나의 민족으로만 나라를 구성하는 시대는 지났다.

반대 : 하나의 민족으로만 나라를 구성할 수 있다.

〈토론 관련 팁 제공하기〉

토론의 쟁점은 인터넷의 발달로 실시간으로 세계 소식을 접할 수 있고 국제사회간의 긴밀한 협조와 교류를 하는 이 시대에 단일 민족으로만 나라를 구성하는 것이 과연 가능한 것인가이다.

2 보람이가 역할극을 하는 동안 멍청하게 서 있었던 것은 잘못한 일인가요?

> 선생님은 우리 모둠을 제일 먼저 시켰어요.
> 우리가 역할극을 하는 동안 보람이는 멍청하게 서 있었어요.
> 역할극이 끝나고 아무것도 모르는 선생님은 보람이에게 뭐라고 했어요.
> 아무리 어렵더라도 친구들이랑 어울려야 한다고 말이에요.
> 보람이가 고개를 푹 숙이고 선생님 말씀을 듣고 있는데 순정이가 손으로 입을 가리고 웃었어요. 보람이는 점심도 먹지 않았어요. 책상에 엎드려 꼼짝도 하지 않았어요.
> 보람이과 순정이는 역할극 활동에서 한 모둠이 되었어요. 순정이는 모둠의 대장처럼 굴면서 보람이에게 "너는 우리나라 말도 잘 못하잖아. 우리나라 숲 속 동물 역할극을 할 건데 너는 외국 사람이라 안 돼."라고 말을 했지요. 그것을 모르는 선생님은 아무리 어렵더라도 친구들이랑 어울려야 한다고 말했습니다.

찬성 : 잘못한 일이다.

반대 : 잘못한 일이 아니다.

〈토론 관련 팁 제공하기〉
보람이가 역할극을 참여하지 않은 이유에 대하여 생각해 본다. 그리고 참여하지 않은 행동에 대하여 보람이 개인적인 입장과 담임교사의 입장 혹은 친구들의 입장, 교육적인 입장 등 사회적인 입장에서 알맞은 근거를 찾아야 한다.

3 다음 글을 읽고 토론을 해 보세요.

다문화가정 A학생은 다문화체험행사에 참여하기 위해 수업에 빠지면서 눈총을 받았습니다. 다문화 학생의 특권으로 보는 시선을 느끼고 마음이 불편하였습니다.

※ 다문화 학생을 위한 문화체험행사는 특혜일까요? 아래의 입장에서 동의하는 곳에 ○하고 의견을 써 보세요.

다문화 학생을 위한 문화체험행사는 특혜이다 (　　)	다문화 학생을 위한 문화체험행사는 특혜가 아니다 (　　)

 **쓱싹 쓱싹 요리하기**   재미있는 독서 글을 써요

'내 이익'보다 소중한 '모두의 이익' 영남권 신공항 두고 지역 간 갈등

　14일 부산에서는 3만여 명이 '가덕신공항 유치 기원 궐기대회'에 참가해 "가덕도에 공항이 지어져야 한다"고 주장했다. 반면 "경남 밀양에 신공항이 지어져야 한다"고 주장하는 영남권의 대구, 울산, 경상북도, 경상남도 등 4개 시·도지사는 이날 급히 만나 대국민 호소문을 발표했다. 이렇게 신공항을 두고 뜨거운 갈등이 생기는 것은 자기 지역에 신공항이 들어서면 일자리가 생기고 지역경제가 발전하는 등 긍정적인 효과들이 예상되기 때문. 하지만 지역 간 갈등의 골이 날이 갈수록 깊어지자 "지나친 핌피현상"이라는 비판적 목소리도 나온다.
　핌피(PIMFY)란 'Please In My Front Yard(제발 내 앞마당에 해주세요)'의 첫 글자들을 딴 말로, 수익성 있는 시설이나 행사 등에 자신의 지역을 앞 다투어 내세우는 일을 말한다.
　▶내가 사는 지역의 경제가 발전한다면 더할 나위 없이 좋겠지요. 그런데 '내 지역의 이익만을 위하는 마음'이 심해지면 다른 지역과 공공의 이익을 해치는 '지역 이기주의'가 될 수도 있답니다. 지역 이기주의의 대표적인 사례로는 '핌피'와 '님비'가 있어요. '핌피'는 자기 지역을 내세우는 일이고, '님비'는 자기 지역을 빼달라며 거부하는 일이지요. 님비(NIMBY)는 'Not In My Back Yard(내 뒷마당에는 안 돼요)'의 줄임말이에요. 쓰레기 소각장, 핵폐기물 처리장, 화장장처럼 사람들이 꺼리는 공공시설이 자신의 집 주변에 들어서는 것을 반대하는 현상을 말하지요. 핌피의 반대말입니다. 내가 사는 지역만 잘 될 수는 없겠지요. 지나친 지역 이기주의로 갈등이 생기면 결국 국가적으로 시간과 비용이 낭비됩니다. 내가 조금 손해를 보더라도 모두가 잘 살 수 있는 방법을 찾는 일이 중요하겠지요?

〈출처 : 어린이 동아〉

1-1 영남권(경상도)에 새로 지어질 공항의 위치 발표를 앞두고 지역 간의 주장을 찾아 정리해 보세요.

부산지역	밀양지역

1-2 신공항을 두고 뜨거운 갈등이 생긴 이유는 무엇인가요?

진정한 팬이라면 '폭력' 아닌 '응원'을 영국-러시아 축구팬 집단 싸움

프랑스에서 열리는 유럽축구선수권대회인 '유럽축구연맹(UEFA) 유로 2016' 경기에서 영국과 러시아의 팬들이 난투극을 벌여 UEFA가 경고하고 나섰다. 사건은 11일(현지시간) 프랑스 마르세유의 스타드 벨로드롬 경기장에서 열린 영국과 러시아의 조별리그 B조 경기에서 벌어졌다. 이날 경기는 영국이 1대 0으로 이기다가 막판에 러시아가 골을 넣으면서 1대 1 무승부로 끝났다. 경기가 끝난 후 일부 러시아 팬들이 영국 팬들 자리로 옮겨가면서 경기장 안에서 폭력사태가 일어났다. 러시아와 영

영국과 러시아 축구 팬들이 폭력 사태를 벌여 프랑스 경찰이 진압하는 모습. 마르세유=AP뉴시스

국 팬들은 이날 경기 전에도 거리에서 쇠파이프 등을 휘두르며 집단 싸움을 벌였는데, 프랑스 경찰이 출동해 물대포와 최루탄으로 겨우 진정시켰다. 이날 폭력사태로 최소 44명이 다쳤으며 2명이 중태(위험한 상태)에 빠진 것으로 알려졌다.

UEFA는 "두 팀 팬들 사이에 벌어진 일은 절대로 용납할 수 없다"면서 "다시 한 번 폭력사태가 일어난다면 팀들을 아예 탈락시킬 수도 있다"고 경고했다.

▶'훌리건(hooligan).' 축구장에서 난동을 부리는 과격한 축구팬을 일컫는 말입니다.

원래 훌리건은 '불량배'를 가리키는 말이었습니다. 1960년대 초 빈민층이 자신들의 처지에 대한 울분을 축구장에서 터뜨리면서 난동을 부리자, 과격한 축구팬을 훌리건이라고 부르기 시작했지요. 1992년 영국 프로축구리그인 프리미어리그가 생긴 이후 훌리건을 통제하면서 난동은 줄어들었습니다. 잠잠하던 축구 팬들이 이번 유로 2016에서 폭력사태를 벌인 것과 관련해 전문가들은 "최근 외국인에 대한 영국인들의 적대적인 감정이 거세지면서 다른 나라 팬들을 자극한 탓"이라고 분석합니다. 하지만 '폭력'을 정당화할 수 있는 이유는 없습니다. 진정한 축구 팬이라면 경기장에서 최선을 다해 응원해야 합니다. 화가 나더라도 상대팀 팬을 공격해서는 절대로 안 되지요. 폭력을 휘두르는 순간, '팬'이 아닌 '불량배'가 됩니다.

〈출처 : 어린이 동아〉

2 영국과 러시아 축구팬의 집단 싸움으로 피해는 어느 정도인가요?

3 진정한 축구팬으로서 바람직한 관람자세는 어때야 한다고 생각하나요?

4 '더불어 살아가는 삶'이라는 것은 사회적 동물이기에 같이 살아간다는 뜻일 뿐만 아니라 우리 모두가 사회적 책임을 같이 지며 살아야하는 것입니다. 나만 잘살면 된다거나 우리 지역만 이익을 보면 된다거나 우리 팀이 이겨야 한다는 식으로 주장하면 함께 더불어 살아갈 수 없습니다. 내 이익보다는 전체의 이익을 생각할 수 있도록 '더불어 살아가는 세상을 만들자 '라는 주제로 자신의 생각을 펼쳐보세요. 개요 표 안의 질문에 대답하다보면 글을 쉽게 완성할 수 있습니다.

주제문	더불어 살아가는 평화로운 세상을 만들자
서론	1. 최근 영남권 신공항 위치 선정과 관련한 갈등은 무엇에서 비롯한 것인가요? 2. '유럽축구연맹(UEFA) 유로 2016' 경기에서 영국과 러시아의 팬들이 난투극을 벌인것에 대한 전문가의 의견은 무엇인가요? 3. 더불어 살아가는 세상을 만들기 위해서 필요한 마음가짐은 무엇인가요?
본론	※ 더불어 살아가는 평화로운 세상을 만들기 위해 노력해야 할 점을 알아봅시다. 1. 지역 이기주의에서 벗어나야 한다. 2. 차별을 하지 말아야 한다. 3. 지구의 자연 환경을 보호해야 한다.
결론	1. 진정한 의미에서 더불어 살아가기 위하여 인간 뿐만 아니라 자연환경까지도 함께 공존하며 잘 살아갈 수 있도록 하면 좋은 점은 무엇인가요? 2. 더불어 사는 세상을 만들기 위한 기본적인 마음 가짐은 무엇인가요?

5 논술 2단계에서 작성한 개요를 바탕으로 '더불어 살아가는 평화로운 세상을 만들자.'라는 주제로 간단히 융합논술을 써 봅시다.

주제문	더불어 살아가는 평화로운 세상을 만들자
서론	
본론	
결론	

후식을 즐겨요

1 '평화' 이야기를 더 알아보아요.

『우리 엄마 아니야』

『우리 엄마 아니야!』의 주인공 사피아는 4살에 엄마를 잃고 전혀 다른 삶을 경험합니다. 어느날 아빠가 수 아줌마를 가족들에게 소개하면서 변화가 일어납니다.

　사피아는 어떤 반응을 보였을까요?
　아빠가 재혼을 결심했을 때 어떤 일이 일어났을까요?
　사피아는 과연 수 아줌마를 엄마로 받아들이게 될까요?

『우리 엄마 아니야!』에서 주인공 사피아가 생활 속에서 만나게 되는 특별한 상황을 통해 우리의 정서와 감정의 변화가 어떻게 일어나는지를 어린이와 어른 모두에게 다시금 되새기게 해 주는 이야기입니다.

1-1 사피아가 수 아줌마를 우리 엄마가 아니라고 자꾸 강조하는 이유는 무엇인지 이야기해 보세요.

1-2 다문화 가정의 어린이들을 한국인이 아니라고 생각하는 사람들과 사피아의 공통점과 다른 점은 무엇인가요?

한국인이 아니야	공통점	우리 엄마가 아니야

1-3 사피아가 마지막에 "아줌마는 내 엄마가 아니지만 나는 아줌마가 좋아요."라고 말합니다. 수 아줌마처럼 우리 사회에 적응하려고 노력하는 다문화 가족들에게 격려의 편지를 써 보세요.

2 다양한 매체를 더 만나보아요.

〈로니를 찾아서〉

　〈로니를 찾아서〉에 등장하는 뚜힌은 한국인 인호에게 "너랑 나랑 같은 돼지띠"임을 주장하고 한국가수의 노래를 종일 들으며 식당에서는 소주를 상표 따져가며 먹을 정도로 한국사람의 정취를 몸에 익힌 사람입니다. 불법체류자로서 신분이 설정돼 있긴 하지만 영화는 더 이상 그들을 열악한 노동현장에서 돈을 벌겠다는 꿈 하나로 온갖 고난을 헤쳐가는 불쌍한 존재로만 그리지도 않습니다. 한국인 주인공 인호는 로니를 만나 한방 때려주고 싶은 치기 때문에 그를 찾아 나서지만 그를 도와주겠다고 나선 방글라데시인 뚜힌은 오히려 낙관적인 자세로 인호의 어리석은 마음을 일깨워주며 그에게 새로운 시선을 가지도록 만들어 줍니다.
　외국인들이 100만 명을 넘어가는 이 새로운 다문화 사회에서는 정치적 사회적 맥락 속에서만 바라보았던 우리의 시선이 달라져야 함을 영화는 말합니다. 이들의 자연스러운 모습의 다양함을 인정하는 시선이 필요해 보입니다. 우리가 머릿속에 가지고 있는 특정한 틀로 이들을 대상화하는 것이 아니라 있는 그대로의 모습을 '우리'와 같은 눈높이에서 지켜봐야 하겠습니다.

2-1 외국인 100만 명을 넘어가는 다문화 사회에서 달라져야 할 우리의 시선을 마인드맵으로 나타내어 보세요.

2-2 다문화 사회의 구성원으로서 더불어 살아가며 평화로운 삶을 살기 위한 나의 다짐 3가지를 써 보세요.

3 이런 책들도 함께 읽으면 좋아요.

〈태국에서 온 수박돌이〉는 태국 시골마을에 사는 사람들의 사고와 믿음에 근거한 소박한 생활 모습을 담은 것으로 바른 자세로 말하고, 바른 행동으로 자신을 이끌며, 다른 사람을 소중히 여기고 배려하며 아끼는 마음을 갖도록 가르쳐 주는 이야기책이다. 수박에서 나온 어린이가 할아버지, 할머니의 은혜를 잊지 않고, 서로 돌보며 어울려 사는 모습을 아름답게 그려내고 있다. 더구나 사람을 잡아먹는 무서운 거인하고도 지혜와 믿음으로 더불어 사는 장면은 참으로 감동적이다. 평화로운 세상을 만들기 위해서는 배려하고 아끼며 더불어 살아가는 마음이 중요하다.

태국에서 온 수박돌이 / 아눗싸라 디와이 글 / 차이 랏차왓 그림 / 이구용 옮김 / 정인출판사

이 책은 세계의 아픈 아이들을 보며 마음 아파하는 것으로 끝나지 않습니다. "마음속에서 작은 용기가 꿈틀거린다면 어려운 친구들을 위해 지금부터 돕자!"라는 메시지를 강력하게 전달합니다. 그리고 우리 어린이들이 다른 어린이를 도울 수 있는 실천 방법을 소개하여 적극적으로 행동할 수 있게 이끌어 줍니다. 함께 어울려 건강하게 살아가면 세상은 보다 평화롭습니다. 비단 몸이 아픈 친구들뿐만 아니라 마음이 아픈 다문화 가족과 관련지어 생각해 보면 평화로운 세상을 위해 실천해야 할 일들을 잘 찾아낼 수 있습니다.

어린이가 어린이를 돕는다 / 김이경 글 / 조승연 그림 / 길벗스쿨

소외되는 사람은 늘어 가지만 이웃들은 점점 마음의 문을 걸어 잠그고, 비슷비슷한 건물과 도로 때문에 마을은 개성을 잃어 가고 있다. 하지만 다행스럽게도 지구를 좀 더 살기 좋은 곳으로 가꾸는 사람들이 있다. 브라질의 쿠리치바·태국의 푸판·일본의 유후인·방글라데시의 조브라·영국의 가스탕·이탈리아의 볼로냐·우리나라의 성미산 마을에 사는 사람들이다. 그들이 이웃과 어깨를 걸고 자연과 전통을 지키며 더불어 살아가는 모습에서 나 '혼자'만이 아니라 모두 '함께' 행복해지는 공동체가 무엇인지 알 수 있다. 공동체 생활을 통해 이 사회는 더욱 평화로워진다.

세계를 바꾸는 착한 마을 이야기 / 박소명 글 / 이영미 그림 / 멘토

경기도 안산시 원곡본동 '국경 없는 마을'은 2만여 명의 외국인이 살고 있는 만큼 외국어 간판을 단 가게나 외국인 아이들을 심심찮게 만날 수 있다. 그들에게는 또 하나의 이름이 붙는데, 바로 '외국인 노동자'. 우리는 이 용어를 중국과 일본 같은 나라를 제외한 소위 우리보다 경제력이 약한 나라의 이주 노동자에 한정하여 사용한다. 그리고 그들이 하나의 공동체를 이룬 곳 중 하나가 바로 '국경 없는 마을'이다. 이 책은 바로 그들의 이야기이자 우리의 이야기다. 다문화 가족에 대해 국경을 치고 있는 사람들이 많다. 국경없는 마을을 통해 그들도 한국인임을 깨닫게 될 것이다.

국경없는 마을 / 채란 글 / 한성원 그림 / 서해문집

외국인 노동자의 인권 문제를 다룬 동화집. 다섯 작가가 각기 다른 목소리로 방글라데시, 몽골, 베트남, 인도네시아 등 여러 나라에서 온 사람들이 생활 속에서 겪는 차별과 편견을 말하고 있다. 현실 고발 차원에 그치거나 가진 자로서 베풀어야 한다는 입장이 아니라, 넓은 시각으로 다른 문화의 사람들과 어울려 살아가는 삶에 대해서 이야기하고 있 다. 함께 어울려 살아가는 삶을 통해 평화로움을 느낄 수 있게 될 것이다.

블루시아의 가위바위보 / 김중미외 글 / 윤정주 그림 / 창비

이 책은 평화로운 세상을 만드는 방법을 찾아내고, 실천한 사람들의 이야기이다. 평화를 이루기 위해 우리가 할 수 있는 일들을 실제 인물들의 행동을 통해 그 방법을 알려준다.

너무 어려서 또는 나이가 너무 많아서 아무 것도 할 수 없다는 것은 어쩌면 핑계일 수 있다. 메이엘리 산체스는12살의 어린 나이에 콜롬비아 어린이 평화운동을 만들었다. 넬사 쿠르벨로 할머니는 57세라는 나이에 폭력이 난무하는 에콰도르에 '세르파스'를 만들고 폭력배들과 대화했다.

지금 나의 작은 선택과 용기 있는 행동이 전쟁과 분쟁, 다툼으로 얼룩진 지구상에 평화를 가져올 수 있음을 책 속의 인물들은 이야기 하고 있다. 평화를 거창하게 생각하는게 아니라 바로 내가 만들어가는 것임을 깨닫게 해 주는 책이다.

우리가 평화를 선택할 수 있어요 / 황근기 글 / 김은경 그림 / 초록우체통

1. 다문화 속 '관용'에 대해 알아보아요.

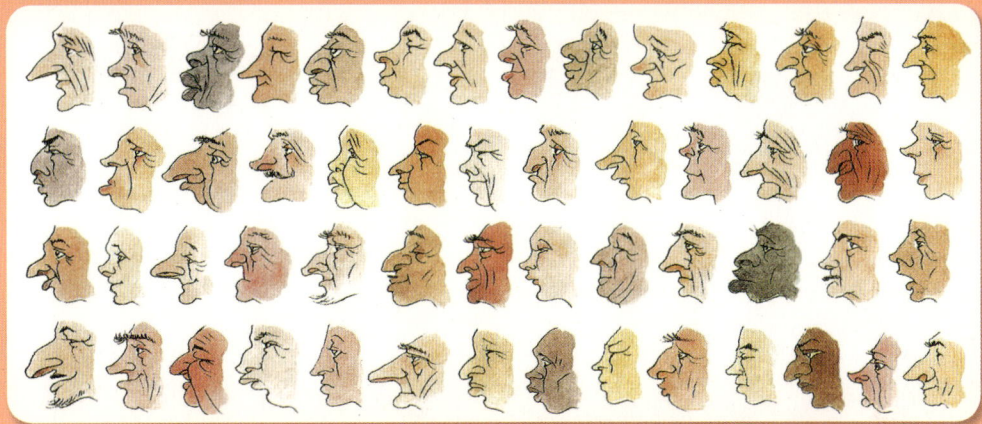

〈출처 : 〈온 세상 사람들〉(피터스피어 저, 이원경 역, 비룡소, 2009)의 일부〉

1. 수많은 코들이 보이나요? 맘에 드는 코에 동그라미 하고 어떤 코가 가장 멋져 보이는지 친구들과 이야기해 보세요.

2. 여러분은 맘에 드는 코 모양이나 색깔을 선택하고 태어날 수 있나요?

〈출처 : 〈온 세상 사람들〉(피터스피어 저, 이원경 역, 비룡소, 2009)의 일부〉

3. 수많은 머리 스타일이 있네요. 어떤 머리 모양이 가장 멋져 보이나요? 맘에 드는 스타일에 동그라미해 보세요.

4. 친구들과 똑같은 것을 골랐나요? 같거나 다르다면 그 이유를 생각해 보세요.

5 사람은 누구나 멋있게 보이고 싶어 해요. 하지만 사람마다 멋있다고 생각하는 게 같을까요? 다음 그림을 한 번 더 보세요.

〈출처 : 〈온 세상 사람들〉(피터스피어 저, 이원경 역, 비룡소, 2009)의 일부〉

6 누가 제일 멋져 보이나요? 여러분을 꾸며준다고 할 때 어떤 모습으로 꾸며주길 원하나요?

※ 별로 저런 모습이 되고 싶지 않다고 대답하는 친구들이 있을지도 모르겠어요. 어딘가에서는 멋지고 아름다운 모습이, 다른 곳에 가면 우스워 보이거나 놀림거리가 되기도 하거든요.
　사람들은 모두 달라요. 입고 싶은 옷, 먹고 싶은 음식, 하고 싶은 놀이, 사용하는 언어, 성격, 취미, 종교, 재산, 힘의 크기도 모두 다 다르지요. 그렇지만 모든 사람이 똑같은 게 있을 거예요. 모든 사람이 똑같은 것을 생각나는 대로 적고 친구들과 이야기해 보세요.

2. 다문화 사회에서 '관용'은 왜 중요할까요?

 관용의 뜻을 사전에서 찾아보면 '남의 잘못 따위를 너그럽게 받아들이거나 용서함'이라고 나와 있습니다. 원래는 고귀한 출신의 귀족들이 하찮은 사람의 다름을 너그럽게 봐준다는 식으로 해석되었던 것 같습니다. 하지만 이 시대 관용은 높은 사람, 가진 사람이 그렇지 않은 사람에게 베푸는 의미로 사용되어서는 안되겠지요.
 동양적인 의미에서 관용은 '인(仁)'이라는 한자로 생각해 볼 수 있겠는데요. 인(仁)은 두 가지의 짐을 진 사람의 모습을 나타낸 글자로, '남의 짐을 대신 지는 것'을 의미합니다. 따라서 인은 다른 사람을 위해 베푸는 것을 의미하겠지요.
 다문화 사회에 있어 관용은 서로 다른 것을 인정하는 데서 출발합니다. 똑같은 사람인데 살아 온 환경, 문화, 형편, 신체적 조건 등이 모두 다를 수 있음을 인정해야 하는 거지요. 그러면 많은 것을 너그럽게 볼 수 있어요.

> 　어느 마을에 소와 사자가 살고 있었어요. 소와 사자는 너무 사랑해서 결혼을 했어요. 그리고 서로에게 최선을 다하기로 약속을 했지요.
> 　소는 사자를 위해 날마다 싱싱하고 맛있는 풀을 뜯어와 정성껏 대접했어요.
> 　사자는 풀이 먹기 싫었지만 참고 먹었어요.
> 　사자도 소를 위해 날마다 맛있는 고기를 구해서 대접했어요. 소도 고기를 먹는 것이 괴로웠지만 참고 먹었어요.
> 　하지만 시간이 지날수록 소와 사자는 더이상 참을 수가 없어졌어요. 어느 날 소와 사자는 마주 앉아 이야기를 했어요. 그러다 소와 사자는 싸우고 말았어요.
> 　결국 소와 사자는 헤어지게 되었어요. 헤어지면서 소와 사자는 서로에게 "나는 최선을 다했다."고 말했어요.

 위의 글을 읽고, 소와 사자가 함께 살기 위해 필요한 것들에 대해 이야기해 보세요.

맛있게 읽어요

1. 관용을 위한 첫 번째 책을 만나요

관련 핵심역량

의사소통역량, 공동체 역량

유타루 글 / 김윤주 그림 / 바람의 아이들 / 2014

어떻게 읽을까요?

1. 다문화 가정에 대한 관용이 어떤 것인지 생각하며 읽어요.
2. 세대 차이에 대한 관용이 어떤 것인지 생각하며 읽어요.
3. 진정한 달인은 어떤 사람이어야 하는지에 대해 생각해 보며 읽어요.

어떤 내용일까요?

　우봉이네 반에서는 삼십 초 안에 쇠젓가락으로 콩을 열 개 이상 옮겨야 하는 '젓가락 달인 대회'가 열립니다.
　우봉이는 처음에는 대회에 관심이 없었지만 달인이 되어 상품권을 받으면 딱지를 사서 딱지 대장이 될 수도 있다는 생각에 더욱 열심히 하기로 합니다.
　마침 우봉이네 집에 와 계신 할아버지는 특유의 냄새와 끔찍한 틀니 때문에 가까이하기 싫었지만 능숙한 젓가락질을 보고 배우면서 가까워지게 됩니다.
　우봉이네 반 주은이는 아빠가 김해 김씨이고 엄마가 라오스 사람인 다문화 가정인 친구입니다. 주은이가 젓가락 달인이 되고 싶어 하는 이유는 손으로 밥을 먹는 엄마께 젓가락을 사 드리고, 자기는 예쁜 머리핀을 사고 싶어서입니다. 우봉이는 우연히 그 사실을 알게 됩니다. 우봉이는 할아버지와 이야기를 나누면서 다른 문화에 대해 이해하고 존중하는 마음이 필요하다는 것을 배웁니다.
　우봉이가 친구들을 이기고 달인이 되겠다며 욕심을 부리자 할아버지는 동무들 이길 생각일랑 말고 달인만 되라는 말을 해줍니다. 그리고 우봉이와 주은이가 결승전에 올라가고, 우봉이는 자꾸만 맴도는 할아버지 말씀에 갈등합니다.

 **미리 맛보기**   마음을 열어요

1 다문화 친구 또는 외국인과 이야기를 나누어 본 적이 있나요? 무슨 이야기를 했으며 어떤 생각이 들었는지 떠올려 보세요.

2 우리 동네 주변에 다음과 같이 생긴 여러분의 친구 세 명이 살고 있습니다. 누구에게 먼저 인사말을 건네고 싶은가요? 왜 그런지도 함께 생각해 보세요.

3 다음은 『너희들도 언젠가 노인이 된단다』라는 책 속의 글입니다. 주변에 할아버지나 할머니를 보며 여러분들이 70세 노인이 된다면 어떤 삶을 살고 있을지 상상해서 하루 일과를 표에 적어 보세요. 친구들과 하루 일과표를 나누어 보고 느낀 점을 이야기해 보세요.

> 아이들아, 너희들도 언젠가는 노인이 된단다.
> 너희가 늘 행복하기를 오래 오래 기원할게!
> 그 때까지 너희는 최선을 다해서
> 언제나 노인들을 사랑해야 해!
> 왜냐하면,
> 너희들도 언젠가는 그들처럼 될 테니까.

시간	하는 일
오후 12시– 새벽 3시	
새벽 3시–6시	
오전 6시–9시	
오전 9시–12시	
정오(12시)–오후 3시	
오후 3시–6시	
오후 6시–9시	
오후 9시–12시	

* 느낀 점 :

4 젓가락으로 바둑이나 콩을 옮겨 봅시다. 여러분은 삼십 초 안에 몇 개를 옮길 수 있나요? 자신의 젓가락질 모양을 보고 '악어 입 탁탁 권법' 같은 젓가락 권법 이름도 만들어 보세요. (   )개, (   ) 권법

 **차근차근 맛보기**   내용을 이해해요

1 다음은 우봉이가 할아버지와 함께 있으며 있었던 일과 생각을 담고 있어요. 할아버지, 할머니, 또는 어른들과 함께 있을 때 뭔가 불편하거나 말이 통하지 않는다고 생각했던 적이 있었나요? 그럴 때 여러분은 주로 어떻게 반응하나요?

> "책 그만 봐. 푹 자야 살도 붙고 키도 크는겨."
> 할아버지가 말하고는 입을 쫙 벌렸어요. 손을 입 안에 넣고 흔들흔들하더니 뭔가를 꺼내 소금물이 든 유리컵 안에 넣었어요. 틀니였어요.
> 책을 들고 곁눈질하던 우봉이는 그만 움찔했어요. 틀니는 볼수록 정말 괴상했어요. 아니, 끔찍했어요.
> "나랑 안 자르켜어? 할애비는 우봉이랑 가춰이 자고 쉬쿠머언."
> 윗니만 남은 할아버지 입에서 쉑쉑 바람 빠지는 소리가 났어요. 마치 성난 괴물의 거친 숨소리 같았어요.
> "시, 싫어요. 침대가 좋아요."

* 불편하거나 말이 통하지 않을 때 :

* 나의 반응 :

2 위와 같이 할아버지를 싫어했던 우봉이는 어떻게 해서 할아버지와 친해지게 되었나요? 여러분도 노인과 친해지게 된 경험이 있으면 이야기해 보세요.

3 다음은 라오스의 전통음식으로 찹쌀 찐 것을 손으로 뭉쳐 먹는 '카오리아오'입니다. 주은이는 손으로 주물 거려 이 음식을 먹는 엄마를 왜 창피하게 여겼을까요? 여러분이라면 친한 친구나 친척이 이렇게 음식을 먹는다면 어떤 생각이 들었을 것 같나요?

4 우봉이가 달인이 되고 싶어 하는 이유와 주은이가 달인이 되고 싶어 하는 이유를 비교해 보세요. 그리고 여러분이 같은 반 친구라면 누구를 응원하겠는지 이야기해 보세요.

우봉이가 달인이 되고 싶은 이유	
주은이가 달인이 되고 싶은 이유	
내가 응원하고 싶은 친구와 그 이유	

 다양한 맛 즐기기 넓고 깊게 생각해요

1 '노인의 머리 청년의 손'이 담고 있는 의미가 무엇인지 이야기 나누어 보세요.

2 사불문(四不問)은 중국 진나라에서 실시한 국가 정책으로 민족, 나라, 신분, 나이 등을 따지지 않고 뛰어난 사람을 뽑아 쓴 정책을 말해요. 이 정책으로 작고 약한 나라였던 진나라는 강한 나라가 되었어요. 사불문(四不問)의 힘이 무엇인지 이야기 나누어 보세요.

> **tip** 사불문은 신분, 나이에 대한 편견 없이 능력을 검증하여 인재를 뽑는 정책입니다. 그렇게 되면 어떤 이점이 있을까요?

3. 다음 공익광고를 보고 이야기를 나누어 보세요.

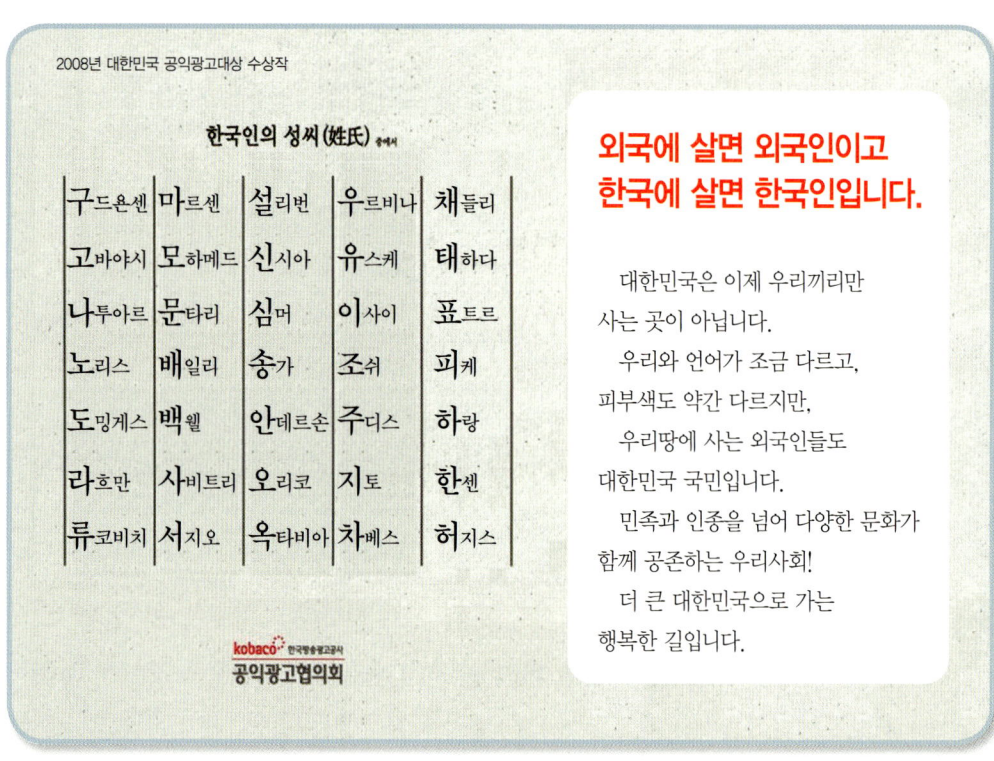

3-1 이 공익광고의 한국인의 성씨 옆에 있는 작은 글자가 의미하는 것은 무엇인가요?

3-2 이 광고에서 우리에게 말하고자 하는 바는 무엇이라고 생각하나요?

4 할아버지는 집으로 가시며 우봉이에게 친구를 이길 생각일랑 말고 그냥 달인만 되라고 하셨습니다. 그 말씀의 의미는 무엇이라고 생각하나요? 다음 글을 읽고, 진정한 달인은 어떤 사람인지 이야기해 보세요.

세상에는 자신이 하는 일에 대해 높은 수준에 이른 대가, 즉 장인이 참으로 많다. 이들을 볼 때마다 얼마나 수고하고 힘쓰고 노력하였으면, 달인의 경지에 이르게 되었을까 생각하게 된다.

달인들에게는 공통점이 있다. 첫째, 생각이 긍정적이다. 달인들은 대부분 힘든 삶의 환경을 가진 자들이다. 그럼에도 그들은 누구를 원망하거나 삶의 환경을 탓하지 않는다. 오히려 힘들고 지루한 일을 감당하는 그들의 얼굴에는 웃음이 떠나지 않는다.

둘째, 자신의 일을 소중히 여기고 끊임없이 연구한다. 새로운 방법과 더 나은 결과를 위해 연구하고 노력한다. 그래서 더 나은 실력을 가진 사람을 인정하고 존중한다.

셋째, 쉬지 않고 반복한다. 행복과 소득을 위해 반복 또 반복한다. 그래서 눈을 가리고도, 말하면서도, TV를 보면서도 그 일을 할 수 있다. 보통 사람은 상상도 할 수 없는 어려운 과제를 아무렇지도 않은 듯 쉽게 해결한다.

나는 내가 속한 공동체에 진정한 달인이 많아지기를 소망한다. 국민을 사랑하는 정치 달인, 기업가의 정신을 가진 경제 달인, 신과 인간에게 부끄럽지 않은 종교 달인, 봉사와 섬김을 실천하는 행정 달인, 나눔과 사랑을 행하는 재능 달인, 행복과 기쁨을 주는 예능 달인들이 넘쳐났으면 좋겠다.

〈국제신문 박남규목사의 코람데오 27 '진정한 달인을 기다리며'에서 발췌, 수정〉

5 '젓가락 달인'에서 결승전에 오른 우봉이와 주은이는 '젓가락 달인'이 되기 위해 서로 겨루어야 해요. 결승전에서 어떤 일이 벌어질지 뒷이야기를 꾸며 글로 써 보세요.

 **함께 맛 나누기**   독서 토론을 해요

1 토론 주제 : 문화가 다른 사람 입장을 이해할 수 있을까요?

> "손으로 먹는 걸 두고 나쁘다고, 또 야만인이라고 해서는 안 되는겨. 그게 그 나라 풍습이고 문화인겨. 할아버지가 된장찌개 좋아하는데, 외국 사람이 냄새 나는 된장 먹는다고 나를 야만인이라고 부르면, 기분 나쁠겨. 할아버지 말 알아 듣겠능겨?"
> "그래도 맨손으로 밥을 조몰락거리는 건 더러워요. 병 걸릴 것 같아요."

찬성 : 이해할 수 있다.

반대 : 이해할 수 없다.

〈이해하기 어려운 문화들〉

손으로 밥을 먹는 것 뿐 아니라 부인이나 남편이 당연시 여러 명 있는 곳, 선인장을 자르면 25년 감옥 생활을 해야 하는 곳, 의사의 허락을 받고 목욕을 해야 하는 곳, 일요일에 아이스크림을 먹으면 안 되는 곳 등 이해하기 어려운 문화가 많습니다.

그럼에도 함께 살아가는 세상에서 그 배경과 이유를 이해하고 소통할 필요가 있는 것이지요. 여러분은 다른 문화를 가진 사람을 진정으로 이해하는 것에 대해 희망을 품나요? 어렵다는 생각을 하나요?

2 토론 주제 : 실버타운을 늘리는 것이 바람직할까요?

실버타운이란 노인들을 위한 집과 편의 시설을 모아 놓은 곳에 돈을 내고 들어와 노인들과 함께 모여 사는 곳을 말합니다. 여러 가지 서비스를 갖춘 양로원보다 큰 규모이지요. 노인 인구가 늘어나면서 실버타운도 늘어날 것인데 이것이 바람직한지 그렇지 않은지 생각해 봅시다.

찬성 : 실버타운을 늘리는 것을 바람직하다.

반대 : 실버타운을 늘리는 것을 바람직하지 않다.

〈기타 실버타운의 장단점〉

* 장점
- 다양하게 선택 하여 입주할 수 있다.
- 의료 시설이 잘 갖추어져 건강을 돌보기 편하다.
- 자연과 여유 즐길 수 있다.

* 단점
- 방문이 힘들고 문화생활을 영위하기 힘들다.
- 관계 유지가 어렵다며 불만이 많다.
- 아직 사회적으로 부정적인 인식이 강하다.

〈젓가락질 잘해야만 밥을 먹나요?〉

젓가락은 동아시아에서 주로 사용되며 유럽의 경우 포크와 나이프를, 나머지는 손을 사용한다.

젓가락은 대략 3000년 전에 중국에서 처음 등장해서 한국을 거쳐 일본으로 전해졌다고 한다. 대표적으로 젓가락을 사용하는 중국, 한국, 일본은 오랜 시간 밴 음식문화로 젓가락의 크기와 사용법이 조금씩 다르다.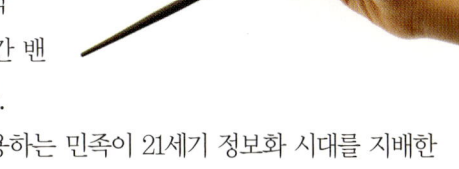

미래학자 앨빈 토플러는 그의 책에서 '젓가락을 사용하는 민족이 21세기 정보화 시대를 지배한다'라고 했다. 한중일 삼국이 세계 IT산업을 리드하고 있는 것이 젓가락문화와 무관하지 않다는 것이고, 그만큼 젓가락의 섬세한 움직임이 인간의 두뇌 발달에 밀접한 관련이 있다는 얘기다.

앨빈 토플러가 책에서 말한 대로라면 우리 젊은 세대의 서툰 젓가락질은 여러 첨단산업의 성공여부와 밀접한 관계가 있을지 모른다. 첨단기술이 우리보다 젓가락질을 더 많이 하는 일본과 격차는 벌어지고 중국과는 대등한 수준까지 올라오고 있는 실정이다. 우리의 작은 젓가락질이 산업전반에 위기를 불러올지도 모른다는 생각은 단순히 재미있는 상상에 불과할까.

"인간이 배워야 할 것은 유치원 때 다 배웠다"라는 말이 있다. 사실 우리가 기억하지 못해서 그렇지 유치원에서는 많은 것을 배운다. 젓가락질도 그때 배운다. 성인이 되어서도 젓가락질이 서툰 것은 배우고자 하는 열의가 부족한 것이다. 식품회사에서 젓가락질 입사면접을 시도한 것도 지원자의 평소 태도를 가늠하고자 하는 것이다.

〈세계일보 차길진과 세상만사 63. 젓가락질만 잘 해도 취직, 발췌 수정〉

3-1 위 글쓴이는 젓가락질을 매우 중요하게 생각합니다. 그 이유에 해당하는 말에 밑줄을 그어 보세요.

3-2 여러분은 젓가락질이 서툰 것이 배우고자 하는 열의가 부족하다는 생각에 동의하나요? 찬성, 반대를 들어 의견을 밝혀 보세요.

찬성 · 반대	이유

 **쓱싹 쓱싹 요리하기**　　재미있는 독서 글을 써요

1 다음 이야기를 읽고 물음에 답하시오.

햇볕이 내리쬐는 여름날, 개미 한 마리가 부지런히 길을 가고 있었어요. 개미는 입에 제 몸보다 몇 배나 큰 먹이를 물고, 땀을 뻘뻘 흘리며 어디론가 길을 갑니다. 앞에 커다란 모래 이랑이 나타났어요. 개미는 망설일 것도 없이 그 이랑을 훌쩍 뛰어넘었습니다. 이랑을 넘자 이번엔 푹 패인 골짜기가 기다리고 있었어요. 그건 개미귀신이 파놓은 구덩이였답니다. 그것도 모르는 개미는 골짜기 언덕에 발을 디뎠다가 아래로 그만 주르르 미끌어져 내리고 말았답니다.

"어떤 놈이 감히 단잠을 깨우는 거냐?"

무섭게 생긴 큰 집게를 쳐들며 구덩이 속에서 개미귀신이 쑥 올라왔어요.

"어허, 이건 어린놈이 아닌가? 감히 겁도 없이 어딜 쏘다니는 게냐?"

개미는 떨리는 마음을 누르며 간신히 대답했어요.

"저는 저 은행나무 고목 밑에 사는 개미입니다. 지금은 개울 건너 친구 집에 먹이를 가져다 주러 가는 길이랍니다."

개미귀신은 고개를 갸우뚱거렸습니다.

"이놈, 감히 어디다 거짓말을 하는 게야. 네놈들하고 개울 건너 사는 놈들하고는 오래 전부터 사이가 좋지 않은 걸 내 잘 알고 있어. 그런데도 새빨간 거짓말을 늘어놓을 테냐?"

"맞습니다. 사이가 좋지 않아요. 죽은 지렁이 한 마리를 놓고 일개미끼리 싸움이 붙어 원수 사이가 된 건 맞습니다."

"그런데?"

"얼마 전 큰비가 와서 개울 건너 개미굴이 온통 물에 잠겼어요. 그 바람에 많은 일개미와 병정개미들이 죽고, 이제 남은 건 병든 여왕개미와 저 같은 어린 개미들뿐이랍니다."

"오호 그런 일이 있었군. 그럼 그놈들과 원수지간인 너희들은 잘된 일이 아니냐?"

개미는 고개를 푹 수그리더니

"그렇잖아도 어른들은 개울 건너 쪽을 보고 그놈들이 이제 모조리 굶어 죽게 되어 잘됐다고 한답니다. 그걸 축하하는 잔치라도 열겠다고 그러지요."

이 말을 마친 개미 얼굴이 빨갛게 달아올랐습니다.

"흠, 그럴 만도 해. 너희 놈들끼리는 만나면 서로 물어뜯고 죽이고 하는 사이였으니 말이다. 그런데도 네놈은 먹이를 가져다주려고 간단 말이냐?"

개미는 고개를 끄덕였습니다. 그러더니 울먹거리며 이렇게 말했어요.

"물난리가 나기 훨씬 전 개울 근처에 나간 적이 있었어요. 저는 그 때 바위 위에 올랐다가 그만 물에 빠졌답니다. 그때 저를 구해준 건 바로 개울 건너 개미굴에 사는 어린 개미였어요. ㉠그 애는 저를 보고 우리는 똑같은 더듬이를 갖고 있고, 다리도 여섯 개, 피부도 똑같이 까만데 왜 서로 만나면 싸우는지 모르겠다고 너랑은 그냥 동무가 되자고 그랬어요. 그런 친구가 굶어죽는다는 생각을 하니 잠이 오지 않았어요."

그 말을 들은 개미귀신은 한 동안 말이 없더니 개미 궁둥이를 제 집게발로 슬쩍슬쩍 밀어 구덩이 밖으로 내몰았습니다. 그리곤 개미귀신은 서둘러 다시 제 구덩이 속으로 쑥 기어들어 갔습니다. 개미는 한숨을 한번 크게 내쉬고서 먹이를 꼭 물고 개울 쪽으로 힘차게 발을 내딛었답니다.

〈글쓴이 김제곤 / 인천 삼산초등학교 교사〉

1-1 개미가 위험을 무릅쓰고 개울 건너 친구 집에 가는 이유는 무엇입니까?

1-2 많은 개미들이 ㉠과 같이 생각하지 못하고 서로 원수처럼 싸우는 이유는 무엇이라고 생각하나요?

1-3 개미귀신이 개미를 구덩이 밖으로 내 주고 구덩이로 들어간 이유는 무엇일까요?

1-4 개미가 개울 건너 개미굴에 도착한 뒷이야기를 상상하여 이야기해 보고, 만화로 꾸며 보세요.

2 '다문화 가정의 이해와 사랑'을 주제로 공익광고를 한 편 만들어 보세요.

〈예시자료〉

서로 다른 색이 모여 **하나**를 만듭니다

우리 사회에는 어린이, 노인, 장애인에서부터 우리와 얼굴색이 다른 외국인에 이르기까지 많은 사람들이 함께 살아가고 있습니다. 그 사람들은 각각 다른 일을 하고 다른 지역에서 살고 살아가는 모습도 다릅니다. 모습은 다르지만 한사람 한사람이 자신의 역할을 다하고 서로 돕기 때문에 우리는 행복하게 살아갑니다. 타인을 이해하고 도우면서 살아가는 것은 우리 사회를 더욱 살기 좋게 만듭니다.

2. 관용을 위한 두 번째 책을 만나요

관련 핵심역량

의사소통역량, 공동체역량

노경실 / 주니어북스 / 2013

어떻게 읽을까요?

1. 관용의 의미에 대하여 생각하며 읽어요.
2. 차이와 차별에 대해 생각해 보아요.
3. 파키스탄과 인도의 문화를 알아보아요.

어떤 내용일까요?

　세종이 엄마는 파키스탄인이다. 어릴 적 파키스탄에 살다가 회사 사정으로 한국으로 들어온 세종이네 가족은 존경하는 세종대왕과 장영실의 이름을 따서 자녀 이름을 세종, 영실이라 지었다.
　새학기가 되어 세종은 늘 그랬듯이 조금 다른 피부색 때문에 친구들에게 놀림을 당한다. 말과 행동이 어눌하고 엄마가 인도인인 같은 반 아즈마는 더 심한 놀림을 받는다. 아침마다 세종의 엄마가 세종에게 주문처럼 하는 말이 '돈 크라이, 돈 앵그리'인데 세종은 하루에도 수차례 그말을 되새겨야 했다.
　어느 날 친구들의 괴롭힘에 참을 수 없었던 세종은 학교를 뛰쳐나와 엄마에게로 간다. 그런데 엄마 또한 식당에서 피부색 때문에 어려움을 당하고 우는 모습을 보게 된다. 엄마가 주문을 외우며 용기를 내는 모습을 보고 세종도 따라한다. 그 날 엄마는 담임선생님을 만나고, 몇 일 후 세종과 아즈마의 엄마가 세종이네 반 영어 선생님으로 들어오게 된다. 아이들은 신기한 듯 세종과 아즈마의 엄마를 맞는다. 엄마들의 따뜻한 소개 후 교실 가운데에서 누군가 우리는 모두 같은 한국 사람이라고 외친다.

미리 맛보기   마음을 열어요

파키스탄에 대해 알아볼까요?

이 국기는 파키스탄 국기입니다. 깃대 쪽에는 하얀색 세로 줄무늬가 있고 초록색 바탕에는 하얀색 초승달과 별이 그려져 있습니다. 하양은 평화, 초록은 번영, 초승달은 발전, 별은 빛과 지식을 상징합니다. 초승달과 별은 파키스탄이 이슬람교 국가임을 의미합니다.

한반도의 3배가 넘는 면적을 가진 파키스탄은 인도대륙 서쪽에 비스듬히 놓여 있습니다. 건조하고 더운 날씨이지요.

일상 생활에서 이슬람의 전통을 유지하고 있어 나라에서 술, 돼지고기, 도박을 금지한답니다. 이슬람교 영향으로 여성들이 남성의 허락을 받고 외출하며 온 몸을 가리고 머리에 히잡을 쓰고 다닙니다. 우리는 이슬람교 여성을 불쌍하게 보기도 하지만, 종교적 신념에 의해 정작 그녀들은 자랑스럽게 여긴다고 합니다.

〈히잡을 쓴 여성〉

〈파키스탄 전통복장〉

1 파키스탄에 대해 잘 살펴보았나요? 파키스탄 관련 책이나 인터넷 검색을 해 '파키스탄'과 관련된 것들을 채워보세요.

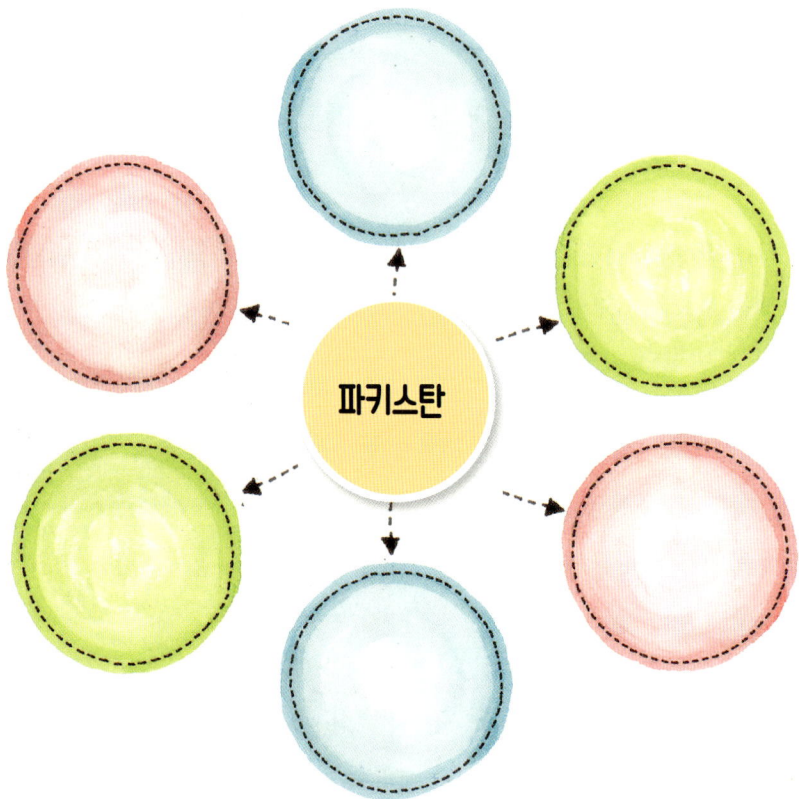

2 여러분은 어려움에 처해있거나 답답할 때 속으로 외치는 주문이 있나요? 있으면 이야기해보고, 없다면 멋지게 만들어 힘들 때마다 사용해 보세요.

 차근차근 맛보기   내용을 이해해요

1 다음 글을 읽고 물음에 답하세요.

㉠"까만 사람들은 우리나라에 못 오게 하는 법은 없나?"
"그러게."
이번에는 아까 그 착한 형이 나섰습니다.
"어제 국어 시간에 글짓기 했던 거 다 잊었어?"
"세계는 하나다?"
"그래, 너희 둘 다 다문화 친구들을 가족처럼 대할 거라면서……. 그런데 이게 뭐야?"
착한 형의 말에 나머지 두 형들을 아무 대답도 못 하고 뒷머리만 긁적였습니다.

1-1 ㉠의 말처럼 만약 법으로 우리나라에 다른 나라 사람을 들어오지 못하게 한다면 어떤 일이 발생할까요?

1-2 여러분은 착한 형처럼 수업 시간에 배운 내용을 실제 실천하려고 애쓰는 편인가요? 다음 막대기에 자신의 상태를 찾아 표시해 보고, 그 이유를 밝혀 보세요.

실천함 ←————————————→ 실천 못 함

2 다음 글을 읽고 물음에 답하시오.

> "세종, 학교에서 친구들이 무슨 말 해도 화내거나 울면 안 돼요. 돈 크라이! 돈 앵그리!"

2-1 세종의 엄마는 세종이 등교할 때 화내거나 울면 안 된다고 강조하여 말씀하십니다. 새학기 첫 날부터 그런 말을 한 이유가 무엇일까요?

2-2 여러분의 부모님은 여러분이 학교에 갈 때 어떤 것을 가장 강조하시나요? 그것을 강조하시는 이유는 무엇일지 생각해 보세요.

3 세종, 아즈마에 관련되는 말을 각각 찾아 모두 밑줄을 긋고 관련된 이유를 설명해 보세요.

세종 ●

아즈마 ●

● 나마스떼

● 정국화

● 아살라마 리꿈

● 친구나라 인도

 다양한 맛 즐기기　넓고 깊게 생각해요

1 다음은 『어린왕자』 중 일부입니다. 사람들이 1920년에 모두 학자의 말을 믿어준 이유가 무엇입니까?

> 나는 어린 왕자가 떠나온 별이 소혹성 B612라고 믿을 만한 상당한 근거를 가지고 있다.
> 그 혹성은 1909년에 터키 천문학자의 망원경에 딱 한번 잡힌 적이 있었다. 당시 그 학자는 '국제천문학회'에 나가 자신의 발견을 훌륭히 증명해 보였었다. 그러나 그가 입은 옷 때문에 아무도 그의 말을 믿지 않았다. 어른들이란 모두 이런 식이다.
> 그런데 그 즈음 터키의 한 독재자가 국민들에게 유럽식 옷을 입지 않으면 사형에 처한다고 말했다. 이 일은 소혹성 B612호의 명성을 위해서는 다행스러운 일이었다. 그 천문학자는 1920년 매우 멋있는 옷을 입고 다시 나가 증명을 했다. 그러자 이번에는 모두들 그 학자의 말을 믿어주었다.

2 얼굴이 까만 세종은 어렸을 때부터 다음과 같은 대화를 많이 해야 했습니다. 여러분도 어린왕자의 어른처럼 겉모습만 보고 그 사람이 어떤 사람이라고 단정지어 버린 적이 있나요? 성별, 나이, 생김새 등 겉모습으로 사람을 판단했던 경험을 나누어 보세요.

> -넌 원래 피부가 까매?
> -응! 난 원래 까매.
> -목욕해도 까매?
> -응! 일요일마다 폭포수 목욕탕에 가는데도 까매.
> -너도 김치랑 고추장 먹을 줄 알아?
> -응! 김치랑 고추장 넣어 밥 비벼 먹는 거 좋아해! 나 매운 거 잘 먹어!
> -얘야, 너희 엄마도 한국 사람이니?
> -네! 우리 엄마 주민등록증도 있어요.
> -얘야, 너는 어느 나라에서 왔니?
> -파키스탄이요. 하지만 한국 사람이에요.

3. 책 속의 작가 선생님 말씀처럼 상상력을 발휘하여 여러분이 가장 행복했을 때의 얼굴 모습을 그려보세요. 언제의 모습인지 서로 이야기를 나누어 보세요.

4 다음 시를 읽고, 지은이가 전하고자 하는 바가 무엇일지 세종 엄마의 말을 생각하며 이야기해 보세요.

신토불이

송명원

의성 마늘
영양 고추
풍기 인삼

우리 땅에서 자라
우리 몸에 좋은
우리 농산물

누가 키우는 줄 아나?

네팔에서 온 바바티 형
방글라데시 사라줄 아저씨
몽골 아줌마 침께

* 신토불이란 몸과 땅은 둘이 아니라는 뜻으로, 자신이 사는 땅에서 나는 것을 먹어야 체질에 잘 맞는다는 말입니다.

"네, 파키스탄에는 국화꽃 없어요. 그런데 한국에는 있어요. 국화꽃 정말 예뻐서 내 이름을 국화라고 했어요."

🟦-1 친구들에게 따돌림이나 폭력을 당했을 때 대처방법에 대해 아는대로 설명해 보세요.

🟦-2 여러분이 세종이네 반 친구들이 되어 세종이나 아즈마에게 상처를 준 것에 대한 사과의 편지를 써 봅시다.

 **함께 맛 나누기** 독서 토론을 해요

1 토론 주제 : 세종의 엄마가 아이의 학교 일에 직접 나선 것은 바람직할까요?

> 세종과 아즈마의 엄마가 영어 선생님이 되면서 세종과 아즈마에 대한 아이들 생각이 바뀌었습니다. 이로 인해 세종과 아즈마는 친구들과 좀 더 가까이 지낼 수 있었을 것입니다.
> 하지만 실제 학교에서 친구 관계 문제는 스스로 해결하거나 선생님께 도움을 요청하는 경우가 많습니다. 여러분은 세종의 엄마가 학교에서 친구와의 갈등에 직접적으로 나서서 해결해 주는 것에 대해 어떻게 생각하나요?

찬성 : 세종의 엄마가 직접 나선 것은 바람직하다.

반대 : 세종의 엄마가 직접 나선 것은 바람직하지 않다.

〈토론 관련 팁 제공하기〉

* 찬성 : 결과적으로 세종과 아즈마가 새학기 생활에 적응하는 데 큰 도움을 주었다는 것과 학급 친구들의 영어 공부에도 도움이 되었다는 점을 생각해볼 수 있습니다.
* 반대 : 교실 내 친구 관계로 인한 어려움은 피부색이 다른 세종으로서는 꾸준히 겪어나가야 할 일로 스스로 해결하는 연습이 필요합니다. 결국 시간이 지나 친구들이 세종의 사람됨과 그 자체를 인정하면서 진정한 우정을 나누는 과정이 중요하다고 볼 수 있습니다.

2 토론 주제 : 불법체류자를 합법화해야 할까요?

불법체류자란 국내에 머물러 있는 외국인 중에서 약속된 기간과 목적을 위반하여 체류하고 있는 사람을 말합니다. 여기에는 입국할 때부터 금지사유가 있었거나 약속된 기간을 넘겨서 체류하거나 체류자격을 위반하였거나 정치활동 금지의무를 위반하여 체류하고 있는 자를 포함합니다. 중대한 범죄를 저질렀을 경우를 제외하고 이들을 합법적으로 국내에 머무르게 하자는 의견에 대해 여러분은 어떻게 생각하나요?

찬성 : 불법체류자를 합법화해야 한다.

반대 : 불법체류자를 합법화해서는 안 된다.

〈토론 관련 팁 제공하기〉

2014년 12월 임수경이라는 국회의원이 낸 법률 개정 의견에 다음과 같은 내용이 있었습니다.
〈불법체류자에게 아이가 있고, 그 아이가 학교에 다니고 있으면 불법체류자인 부모 중 적어도 1명은 강제추방이 면제되고 합법적으로 체류자격을 준다.〉
즉 불법체류자는 아이가 있으면 추방시키지 않는다는 불법체류자를 합법화하는 법안입니다. 이에 일부 사람들이 불법체류자가 늘어나 사회적 범죄나 손해가 커진다며 반대를 하기도 했습니다. 불법을 저지른 외국인 먹여살리느라 우리 국민의 세금 지출이 많아질 것이고 범죄와 후진국 외국인들이 몰려들어서 국가안보와 치안은 파괴될 것이라고 주장하였지요.
하지만 한 편으로 어린아이가 있는 가정을 보호해 주지 않으면 그 아이의 건전한 성장을 이끌 수 없다는 점에서 이 법안을 지지하는 사람들도 있었습니다. 여러분의 생각을 어떤가요?

3 정말로 울면 안돼요?

이런 캐롤송 가사가 있어요. 여러분도 울면 안된다고 생각하나요? '돈 크라이! 돈 앵그리!' 세종처럼 억울하고 힘든 일이 있을 때 참아야 할까요, 화내거나 울어야 할까요?

사실 참으면 내가 정말 힘든 걸 주변 사람이 알아차리지 못하잖아요. 내가 힘든 걸 알면 더 적극적으로 도와줄 수 있지 않을까요? 그렇다고 화를 내거나 울어버리는 것이 해결방법이 되기도 힘들 수 있겠네요. 어떤가요, 여러분의 의견을 이야기해 보세요.

화내지 말아야 할까요?	
힘들면 화내거나 울 수 있다.	힘들어도 화내거나 울어서는 안된다.

 **쓱싹 쓱싹 요리하기** 재미있는 독서 글을 써요

1-1 다음 각 그림의 내용을 설명해 보고, 이 그림을 통해 느낀 점을 이야기해 보세요.

〈그림 1〉

〈그림 2〉

그림 1	그림 2
느낀 점	

1-2 이 그림을 세종과 같은 다문화 가정의 친구들과 연관지어 설명한다면 어떻게 이야기할 수 있을까요?

2-1 서로 다른 것과 틀린 것의 특징에 대해 생각나는 대로 적어 봅시다.

다른 것	틀린 것
•	•
•	•
•	•
•	•

2-2 위 표를 바탕으로 서로 다른 것과 틀린 것의 차이에 대해 설명해 보세요.

3 다음 '광수생각'을 보고, 다문화 이주민들과 함께 어우러져 조화를 이루자는 내용으로 글을 바꾸어 써 보세요.

비빔밥에 여러 가지 재료가 들어가듯, 우리나라에도 여러 다양한 민족이 함께 살고 있습니다.

4 인상 깊은 구절에 밑줄을 그으며 다음 글을 읽어 보세요.

한국 사회에도 해외에서 이주한 사람이 급격히 늘어나 200만 명에 달하고 있습니다. 일자리를 찾아오거나 국제결혼으로 오는 경우가 많이 있지요. 하지만 한국 사회에서 이들이 편안한 마음으로 생활하기는 쉽지 않습니다.

우리는 오래토록 하나의 민족이 나라를 구성하는 단일민족국가였습니다. 달리 말하면 소수민족을 갖고 있지 않았지요. 미국과 같은 곳은 다양한 인종과 민족이 어우러져 나라를 만든 다민족국가입니다. 그런 나라에도 인종 차별이 큰 문제가 되어 오는데 하물며 오랜 단일민족 국가인 우리 나라가 다른 민족을 받아들이는 것은 쉬운 일은 아닙니다.

게다가 우리 나라는 공동체가 뭉쳐 대대로 한 곳에 머물며 농경생활을 해 왔지요. 때문에 자신의 집단에 대한 공동체 의식이 강하고 '우리'와 다를 경우 그를 받아들이기가 힘든 면도 있습니다. 우리가 유행에 민감하고 눈에 띄게 튀는 것을 쉽게 받아들이지 못하는 것에는 그런 이유도 있을 것입니다.

해외에서 이주해 오는 경우 일자리를 찾아서 오거나 국제결혼으로 오는 경우가 대부분입니다. 이 경우 상대적으로 우리보다 경제적 지위가 낮은 나라에서 많이 오기 때문에 더욱 무시하게 되기도 합니다. 하지만 외국인들이 우리 나라에 들어오는 건 우리의 필요에 의해 세계화의 변화에 의해 자연스럽게 이루어지는 일들입니다. 무조건 막을 수 없는 일인 것이지요.

4-1 이 글을 읽고 새로 알게 된 사실을 적어 보세요.

4-2 친한 친구와 둘이 재밌게 놀고 있습니다. 그런데 평소 별로 친하지 않았던 친구가 함께 놀자고 하면 여러분은 주로 어떤 태도를 보이나요? 그런 태도를 보이는 이유는 무엇인가요?

후식을 즐겨요

1 '관용' 이야기를 더 알아보아요

긴수염 할아버지

혼자 사는 할아버지가 있었어요. 나이가 들며 흰 수염이 계속 자라는데 그 수염을 어떻게 해야 할 지 고민이 되었어요. 결국 할아버지는 수염을 있는 그대로 두며 함께 살기로 했습니다. 때로 불편하기도 하고 상처를 입기도 했지만 금세 편하게 생활하는 방법을 터득했답니다. 할아버지의 생활 곳곳에 수염이 함께 했지요. 수염은 청소기, 붓, 물수건, 바이올린, 그네 등 다양한 역할을 수행해 냈습니다. 할아버지는 더 이상 외롭지 않고 행복했답니다.

1-1 생활 속에서 상대방을 잘 이해하지 못하거나 불편해서 갈등이 일어나는 경우가 있을 거예요. 어떤 경우가 있는지 잘 생각해 보고, 긴수염 할아버지의 태도를 떠올려 보세요. 긴수염 할아버지를 생각하며 여러분이 생활 속에서 실천할 수 있는 마음가짐이나 행동 3가지를 적어 보세요.

예1) 예민한 동생 때문에 짜증이 나도 그 성격을 받아들이려고 노력한다.

예2) 별로 친하고 싶지 않은 친구여도 친절하게 대한다.

1.

2.

3.

예시 답안과 같은 경우를 떠올려 자유롭게 적게 한다.

1-2 긴수염 할아버지가 수염을 대하는 태도를 잘 살펴보고, 다문화 이주민을 받아들이는 태도가 어떠해야 하는지 간단히 정리해 보세요.

2 다양한 매체를 더 만나보아요.

〈마르셀의 여름〉

1900년대 후반 프랑스의 프로방스 지방의 아름다움과 생활환경, 문화를 엿볼 수 있는 영화입니다.

교사인 아버지 조제프와 예쁜 재단사 오귀스틴 사이에서 태어난 마르셀. 어린 마르셀에게 초등 교사로서 아이들을 가르치는 아버지는 전능한 신이었습니다.

여섯 살이 되어 학교에 들어간 나는 아이들이 알파벳을 더듬대는 동안 마음껏 상상 속으로 노닐었습니다. 이모가 결혼을 하자 고급공무원에다 부자인 이모부는 전능하신 아버지와 보이지 않는 경쟁 관계가 되었습니다. 그해 여름 이모 가족과 시골 별장을 빌려 여름 휴가를 보내게 되었습니다. 도마뱀이 다니는 길, 구름이 노는 호수에서 마르셀은 행복했고, 아버지가 운동장에서 벌어진 쇠공치기 놀이에서 일등을 함으로써 행복은 절정에 달했습니다.

드디어 휴가의 클라이막스인 사냥, 최신식 엽총을 꺼내는 이모부 앞에서 아버지가 낡은 화승총을 꺼내면서부터 모든 게 달라지기 시작했습니다. 선생님인 아버지는 한마디도 못하고 이모부는 거들먹거리며 잔소리를 합니다.

아버지와 이모부 몰래 따라간 사냥에서 마르셀은 아버지의 처참한 패배를 몇 번씩이나 확인해야 했습니다. 이모부는 사냥한 짐승을 백화점처럼 주렁주렁 달고 다니는 데 아버지는 장전도 제대로 못하고 맞추지도 못합니다. 아버지 앞으로 새들을 몰아주기 위해 숨어서 애쓰던 마르셀은 그만 길을 잃습니다. 우연히 마주친 시골 소년 릴리의 도움으로 겨우 길을 찾는 순간 들려오는 총소리 탕! 탕! 그리고 마르셀 앞으로 떨어지는 대왕자고새 두 마리! 아버지는 자신이 맞춘 것도 모르고 이모부에게 새를 놓친 변명을 하는 순간 마르셀은 피묻은 날개를 들고 달려가며 소리쳤습니다. '아빠가 잡았어요.'

그해 여름 신처럼 전능하게만 여겨지던 아빠에게서 마르셀은 인간적인 면을 발견하고 아빠를 더욱 사랑하게 되었습니다.

2-1 『마르셀의 여름』은 1900년대 프랑스의 프로방스 지방, 시골 마을 이야기를 담고 있습니다. 우리나라 시골 마을과 비교해볼 때 비슷한 점과 차이점을 찾아 적어 보세요.

프랑스와 우리나라 시골의 비슷한 점	
프랑스와 우리나라 시골의 차이점	

2-2 이 영화 원 제목이 『아버지의 영광』이라고 합니다. 왜 아버지의 영광일지 이야기해 보세요.

2-3 여러분은 부모님이나 주위 어른들이 실망스럽거나 미웠던 적이 있나요? 그럴 때 어떻게 행동했는지 마르셀을 생각해 보며 이야기해 보세요.

관용 • 141

3 이런 책들도 함께 읽으면 좋아요.

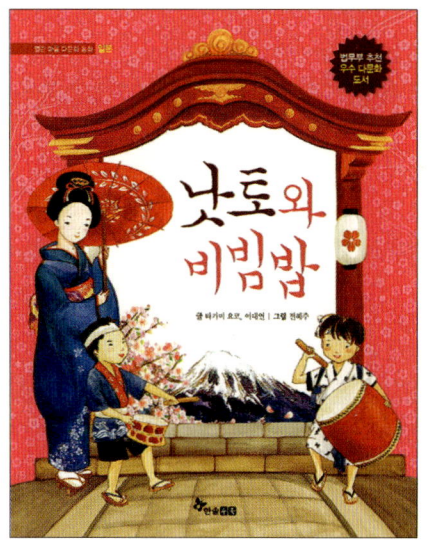

태랑이는 한국인 아빠와 일본이 엄마 사이에서 태어난 아이입니다. 같은 학교에 다니는 윤호는 첫날부터 태랑이를 '쪽발이'라고 놀립니다. 서로 관계가 좋지 않은 둘은 어느 날 서로 몸이 바뀌게 됩니다. 이 사실을 비밀로 한 이들은 어쩔 수 없이 서로의 가정과 문화를 들여다보게 되고 이해의 폭을 넓혀가게 됩니다.

일본과 한국 문화가 잘 소개되어 있고, 일본과 한국의 오랜 적대적인 관계에 있어서도 서로에 대한 관용이 필요함을 느낄 수 있는 도서입니다.

고학년이 보기에 적당한 도서이나 일본과의 관계에 대해서는 어린 아이부터 관심을 갖고 있다는 점, 몸이 바뀐다는 설정의 재미로 인하여 중학년도 함께 보고 충분히 이야기를 나누어 볼 수 있습니다.

낫토와 비빔밥 / 타가미 요코, 이대연 저 / 한솔수북 / 2014

엄마가 돌아가시고 아빠에게는 '수 아줌마'라는 새 여자친구가 생깁니다. 친절하게 대해주시고, 좋으신 분이지만 나는 수 아줌마에게 계속해서 "수 아줌마, 아줌마는 우리 엄마 아니예요!"라는 말을 반복하며 받아들이지 못합니다.

결국 아빠와 수 아줌마는 결혼을 하게 되고 수 아줌마는 헌신적으로 자신을 돌보아 주시지만 나는 여전히 수 아줌마를 받아들일 수가 없습니다.

병이 난 나를 돌보아 주시는 수 아줌마를 보며 고마움과 사랑을 느낀 나는 수 아줌마에게 사랑한다는 말을 하고 자신의 가장 멋진 친구임을 고백합니다.

『우리 엄마 아니야!』라는 책은 말레이시아 문화를 느낄 수 있는 다문화도서로 아이가 새엄마를 결국 받아들이는 '관용'의 덕이 담겨 있습니다.

유아 그림책 분량의 도서이나 초등학생도 다문화나 새엄마를 받아들이는 문제에 대해 충분히 이야기를 나누어볼 수 있는 도서입니다.

우리 엄마 아니야 / 노라미나 오마르 지음
쉐르리자 타줄 아리핀 그림 / 정인출판사 / 2015

　주인공 수찬이는 몽골에서 온 어머니를 둔 다문화가정의 아이입니다. 가족들과 함께 선사유적지로 나들이를 가게 된 수찬이는 엄마로부터 선사시대 움막과 몽골의 게르와 비슷하다는 말을 듣게 되고, 꿈에서 게르와 한 가족을 만나게 됩니다.

　수찬이는 게르에서 만난 가족을 통해 몽골의 문화와 지혜를 배우고 깊이 이해하게 됩니다. 책 뒷부분에서는 한옥과 게르의 공통점과 차이점을 비교해 보며 다른 듯 하지만 비슷한 우리는 지구촌 가족이며 서로 이해해야 함을 느끼게 하는 도서입니다.

몽골의 게르와 선사 움막
김민선 지음 / 지영이 그림 / 정인출판사 / 2010

　세상에는 많은 사람들이 살고 있습니다. 아주 다양한 피부색, 눈, 코, 입이 있고 미의 기준도 모두 다릅니다. 다양한 인격을 지닌 사람, 다양한 취향을 지닌 사람, 다양한 놀이를 즐기는 사람, 서로 다른 능력과 감정, 성격을 지닌 사람이 있습니다. 다양한 음식 문화, 언어, 주거문화, 종교도 있습니다.

　부자와 가난한 사람, 계급과 지위, 무력도 집단에 따라 다 다르지만 모두 언젠가는 죽습니다.

　같은 인간이지만 지구촌에서 서로 다른 삶이 각기 멋지고 그를 인정하는 일이 중요함을 역설하며 마무리합니다.

　이 그림책은 인간의 서로 다름을 자세한 그림과 사례로 알기 쉽게 나타내고 있습니다. 유아부터 초등학생까지 직관적으로 서로 다름과 관용을 익히기에 적합한 도서입니다.

온세상 사람들 / 피터스피어 / 비룡소 / 2009

1. 다문화 속 '상호협력'에 대해 알아보아요.

다문화 이해는 세계화 시대 필수

　오늘날 세계 여러 나라가 다문화 사회로 변하고 있습니다. 사람들이 결혼이나 취업 등을 이유로 살던 나라를 떠나기 때문입니다. 또 자녀를 위해 다른 나라에 가는 경우도 많습니다. 선택한 나라가 어디든 누구나 더 행복하게 살기 위해 살던 나라를 떠납니다.

　현재 우리나라에는 필리핀, 베트남, 방글라데시 등 동남아시아 사람이 많습니다. 그런데 우리나라 사람들 중에는 동남아시아 사람들을 무시하는 사람들이 많습니다. 그들이 우리에게 피해를 주는 것도 아닌데 말입니다.

　아래 그래프는 다문화 가정 자녀 현황을 나타낸 것입니다. 다문화 가정 자녀들은 해마다 늘고 있는데, 나와 다른 모습이라고 해서 또는 그들이 가난한 나라에서 왔다는 이유로 멀리하면, 우리는 스스로 성장할 기회를 버리는 것입니다. 다문화를 이해하는 것이 세계화 시대를 살아가는 사람들이 꼭 갖추어야 하는 능력이기 때문입니다.

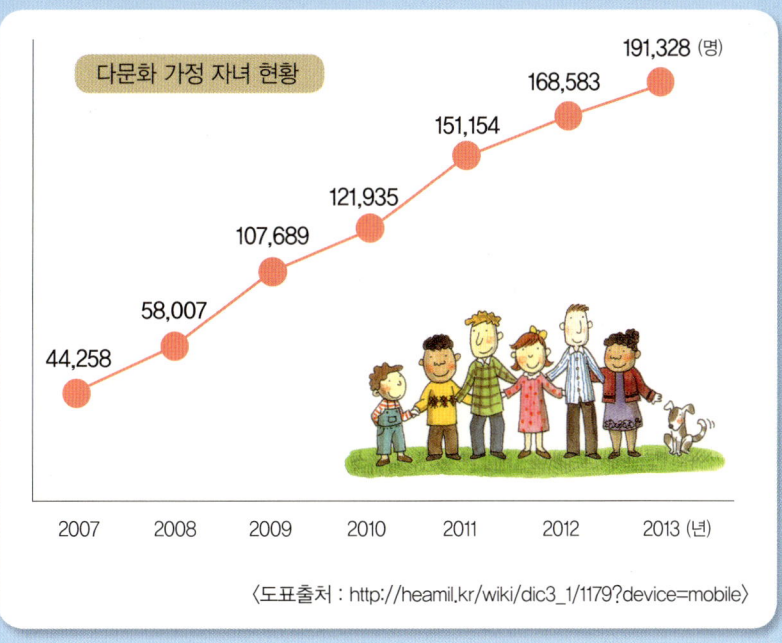

〈도표출처: http://heamil.kr/wiki/dic3_1/1179?device=mobile〉

다문화 사회, 서로에게 도움 되는 삶을 살아요

사람들은 일상에서 우리 가족, 우리 학교, 우리 마을 등 '우리'라는 말을 많이 씁니다. '우리'라는 말은 어디에 속해 있는 느낌을 주어 안정감을 갖게 해 줍니다.

그런데 '우리'를 강조한다면 문제가 생길 수 있어요. '우리'에 속해 있지 않는 사람들이 소외감을 느끼게 되거든요. 또 '우리'만 강조하며 살기에 세상은 매우 넓고 많은 사람들과 여러 일을 겪으며 살고 있어요.

지금은 글로벌 시대입니다. 우리나라에도 많은 외국인이 살고 있지요. 그러므로 한국에 사는 사람들 모두가 우리 땅에 살고 있는 '우리'라는 사실을 기억해야 합니다. 그들을 '우리'로 인정할 때 그들과 친구가 될 수 있습니다. 또 그들과 친구가 되어야 서로에게 도움이 되는 삶을 살 수 있답니다.

외국인에게 가장 큰 도움을 받는 것은 물건을 만드는 업종인 제조업 분야입니다. 우리는 그들에게 그냥 돈을 주는 것이 아닙니다. 우리나라 사람들이 하기 싫어하는 힘든 일을 그들이 대신하고 있는 만큼 대가를 지불하는 것입니다.

여러분, 생각해 보세요. 외국인 이주 노동자가 우리나라에서 일하지 않는다면 어떻게 될까요? 아마도 일할 사람을 구하지 못해 힘들어 하는 회사가 많아질 것입니다. 그렇게 되면 우리나라 발전에도 나쁜 영향을 줄 수 있답니다.

또 언젠가 외국인 이주 노동자들이 자기 나라로 돌아갔을 때 우리나라에 대해 좋은 이미지를 갖고 있던 사람들은, 주변 사람에게 한국 여행을 권할 것입니다. 그렇게 되면 결국 우리나라에게 이득이 되는 셈이지요. 꼭 미래를 위해 계산하지 않더라도 외국인 이주 노동자들은 마땅히 존중받아야할 사람들이라는 것을 알아야 합니다.

〈사진 출처 : http://mixrice.org/bbs/view.php?id=morgue&page=1&sn1=&divpage=1&sn=off&ss=on&sc=on&select_arrange=headnum&desc=asc&no=60&PHPSESSID=6e5e602c1a48bc932c73c9d11494eaf3〉

2. 다문화 사회에서 '상호협력'은 왜 중요할까요?

사람들은 다문화 가정이나 외국인 이주 노동자를 도와야 한다고 생각해요. 하지만 그들이 도움만 받는 입장은 아니에요. 우리도 그들에게 도움을 받고 있거든요. 그러므로 다문화 가정과 외국인 이주 노동자를 인정하고, 함께 잘 살 수 있는 방법을 고민해야 한답니다.

우리가 그들에게 관심을 갖고, 어울려 살 때 서로가 발전할 수 있어요. 가장 좋은 점은 다른 나라의 언어와 문화를 배울 수 있다는 거예요. 가까이에 있는 외국인 이주민들로부터 문화를 배운다면 책이나 다른 매체를 통해 배우는 것보다 쉽게 이해할 수 있기 때문입니다.

세계화 시대 시민으로서 갖추어야 할 덕목을 키울 수 있다는 점도 좋아요. 다른 문화를 인정하고 존중하는 연습을 하다보면 세계가 원하는 사람이 되겠지요.

서로 도우면 더욱 살기 좋은 나라가 돼요. 그런 경우를 찾아볼까요? 다문화 가정의 결혼 이주 여성의 경우, 통번역분야의 인재인 경우가 많아요. 다른 사람들이 우리나라에 관광을 오거나 병원을 찾아오는 경우, 통역할 사람이 필요한데 그런 일을 하는 거지요. 그렇게 되면 결혼 이주 여성들도 가정에 경제적으로 도움이 될 수 있으며, 이는 우리나라 생활에 적응하는데도 유익한 점이 많습니다. 또 베트남이나 필리핀 사람들이 우리나라에 왔을 때 자기 나라 사람이 통역을 해 준다면 훨씬 신뢰가 갈 것입니다.

따라서 다문화 가정이나 외국인 이주 노동자를 도와야 하는 존재로만 생각하는 것은 잘못된 생각입니다. 서로의 힘을 합칠 때 모두가 잘사는 나라가 된다는 것을 잊지 말아야 합니다.

관광통역안내사가 된 결혼 이주 여성 통리나 씨
http://www.dhns.co.kr/news/articleView.html?idxno=160894

# 맛있게 읽어요

1. 상호협력을 위한 첫 번째 책을 만나요

관련 핵심역량

자기관리 역량, 심미적 감성 역량
의사소통 역량, 공동체 역량

박현숙 지음 / 권송이 그림 / 국민서관

 **어떻게 읽을까요?**

1. 피부색 때문에 차별받는 산다라의 마음이 어떨지 생각하며 읽어요.
2. 피부색이 다르다고 차별하는 행동이 잘못된 행동임을 생각하며 읽어요.
3. 사람은 서로 돕고 사는 존재임을 기억하며 읽어요.

 **어떤 내용일까요?**

　산다라는 필리핀에서 온 아이입니다. 얼굴이 까무잡잡하고, 말할 때도 더듬거려요. 대식이는 산다라와 짝이 된 것이 불만입니다. 하지만 엄마가 일하는 튀김 가게에 외국인 손님이 왔을 때, 산다라가 영어를 잘하는 모습을 보며 호감을 갖게 되었어요. 어느 날 대식이는 산다라와 역할극 연습을 하러 가던 길에 친구들을 만났어요. 산다라에게는 먼저 학교에 가라고 말하고 자기는 축구 시합을 합니다. 대식이는 시합을 끝내고 산다라와의 약속을 잊은 채 집으로 돌아갑니다. 집에 가서야 이 사실이 생각났어요. 대식이는 깜짝 놀라 학교에 달려갔습니다. 컴컴한 복도에서 산다라가 역할극 연습을 하고 있었습니다. 대식이는 미안했지만 미안하다는 말은 하지 못했어요. 역할극을 준비하고, 직접 하는 과정에서 둘은 친구가 되었습니다.

 **미리 맛보기** 마음을 열어요

1 여러분은 짝꿍에게 "너와 짝꿍하기 싫어!"라는 말을 듣는다면 어떤 기분이 들 것 같나요?

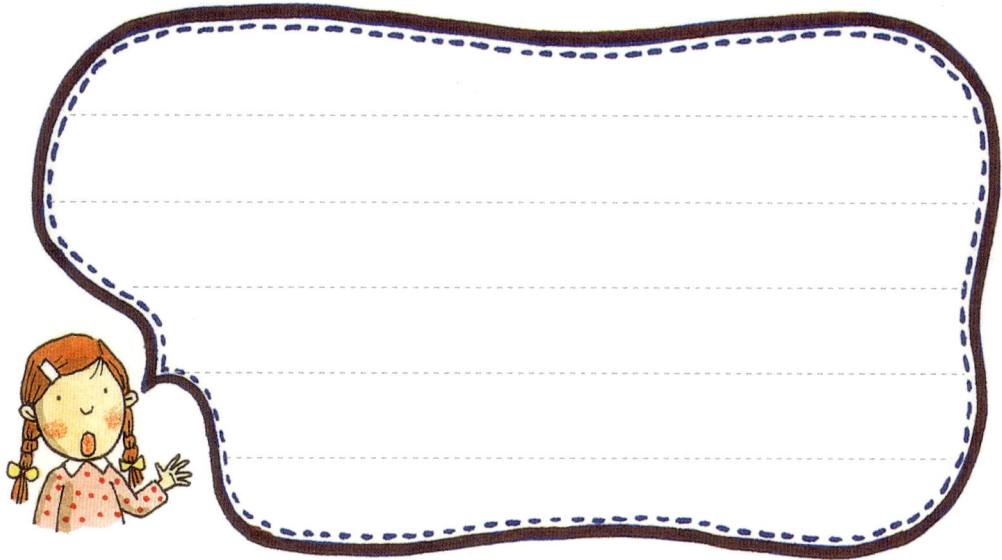

2 다문화 가정 친구와 짝꿍이 된다면 어떤 점이 좋을까요?

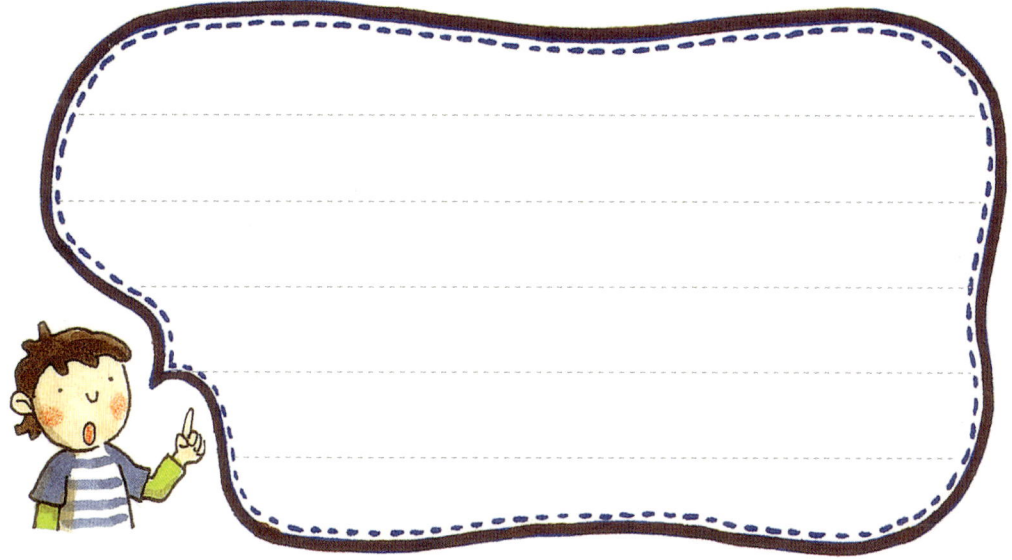

상호협력 • 149

3 여러분이 다문화 가정 친구와 짝꿍이 되면 도울 점이 생길 것입니다. 무엇을 도울 수 있을지 생각해 보세요.

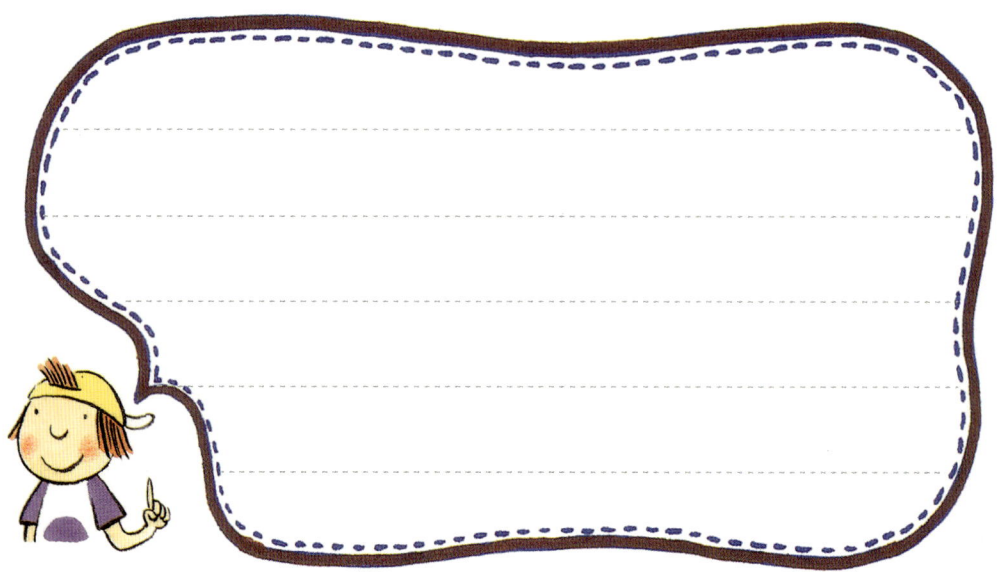

4 친구들이 다문화 가정 친구를 놀리는 것을 보았을 때 어떻게 행동하는 것이 좋을까요?

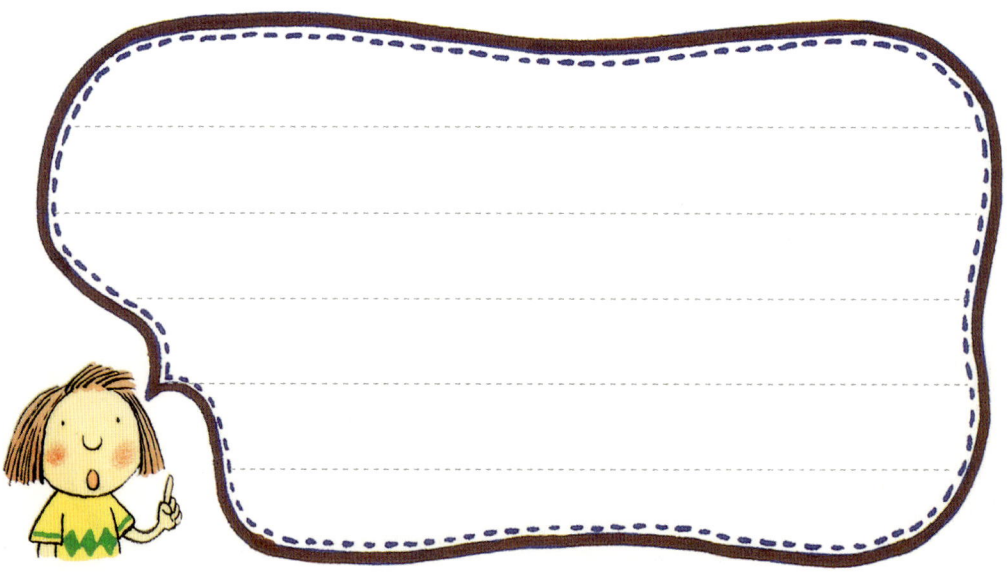

 **차근차근 맛보기** 내용을 이해해요

1. 대식이가 산다라와 짝꿍하기 싫어한 까닭이 무엇인지 골라 보세요.

   ① 대식이보다 공부를 잘하기 때문에　② 산다라가 자꾸 놀려서
   ③ 책을 더듬더듬 읽어서　　　　　　④ 얼굴이 예쁘지 않아서

2. 대식이는 산다라와 짝꿍을 하기 싫어서 작전을 벌입니다. 이런 작전을 계획한 대식이에게 충고를 한마디 해 주세요.

작전 내용	대식이는 입 냄새가 나면 산다라가 선생님께 짝을 바꿔달라고 말할 것 같아 양치질을 일부러 하지 않겠다고 결심하며, 칫솔과 치약을 버렸다.
대식이에게 하는 충고	

3. 대식이는 말할 때마다 산다라에게 짜증을 냅니다. 산다라는 어떤 기분이었을까요?

4 대식이 엄마가 하는 가게에 외국인 손님이 왔어요. 산다라는 외국인 손님이 튀김을 살 수 있도록 영어로 말해 도와주었지요. 이 모습을 지켜보고 있는 대식이에게 어떤 말을 해 주면 좋을까요?

5 아래 본문은 역할극을 하던 날, 힘들어하는 대식이를 보고 산다라가 어떻게 도와주었는지 나오는 부분입니다. 대식이가 산다라에게 어떤 말로 고맙다는 인사를 하면 좋을지 알려 주세요.

> 쉬는 시간에는 계속 화장실에서 살았어요. 화장실에서 나오려고 하면 또 배가 아프고, 누고 나서 나오려고 하면 다시 배가 아프고, 이러다 배가 아파 죽을지도 모른다는 생각이 들었어요. (중략) '형이 이상한 열쇠를 가지고 온 걸 봤어요.' 내가 이 말을 할 차례였어요. 하지만 말을 할 수 없었어요. 말을 하면 엉덩이에 힘이 빠지고 그럼 설사가 쏟아질 것 같았어요. (중략) 갑자기 산다라가 앞으로 나서며 말했어요. 꼭 자기 차례인 것처럼 말이에요. 꽃쥐 모둠 아이들만 빼면 아무도 눈치 채지 못했어요. 다음 내 차례에도 산다라가 해 주었어요. 조금 더듬거렸지만 아주 잘했어요. (80~84쪽)

 다양한 맛 즐기기　넓고 깊게 생각해요

※ 아래 글을 읽고 답하세요. (**1**~**3**)

독일 탄광에서 일하는 우리 나라 광부들

　1960년대 우리나라의 경제는 매우 어려웠습니다. 6.25전쟁이 끝난 지 얼마 되지 않은 때여서 인구도 크게 줄고, 산업도 발달하지 않아 일할 곳이 없었습니다.

　당시 독일에서는 일할 사람이 부족했고, 우리는 돈이 필요해 광부와 간호사로 일할 사람들을 보냈습니다.

　초기에 독일에 간 광부들과 간호사들은 독일 사람들에게 무시와 조롱을 당하며 지냈습니다.

　당시 독일 사람들은 한국을 매우 가난한 나라로 알고 있었고, 우리나라 이름을 들어보지도 못한 독일인도 많았습니다.

　힘든 상황에서도 우리나라 광부들과 간호사들은 독일에서 성실하게 일했습니다. 일도 잘해 독일 사람들이 계약을 연장하길 바랐습니다.

　그들이 벌어서 한국에 보낸 돈으로 가족들은 경제적인 도움을 받았고, 우리나라는 발전할 수 있었습니다.

　또 많은 사람들이 한국에 돌아오지 않고 독일에 남아 독일 사람들과 결혼해 두 나라의 관계가 더욱 발전할 수 있었답니다.

상호협력 • 153

1 1960년대 우리나라 광부들과 간호사들이 독일로 간 까닭은 무엇인가요?

---

2 독일 사람들이 우리나라에서 독일에 간 광부들과 간호사들을 무시한 까닭은 무엇인가요?

① 자기 나라에 도움이 안 된다고 생각해서
② 한국 사람은 게으르다고 알고 있어서
③ 이름도 들어보지 못한 가난한 나라에서 왔다고 생각해서
④ 한국 사람들이 나쁜 행동을 해서

3 독일 사람들에게 무시당한 광부들과 간호사들은 어떤 마음으로 일했을까요?

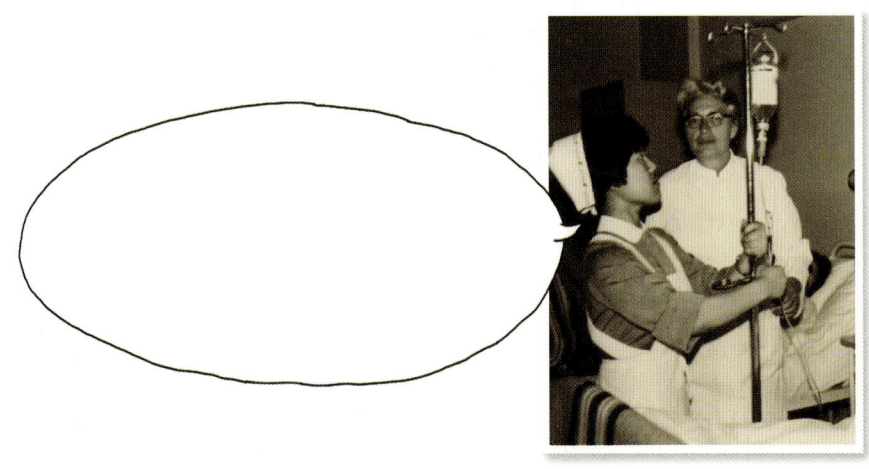

※ 아래 글을 읽고 답하세요. (4~5)

　우리나라에 온 외국인 이주노동자들은 열악한 환경과 근로조건 가운데 한국인이 하기 싫어하는 힘들고 어려운 일을 대신합니다. 그럼에도 현장에서는 외국인 이주노동자들을 함부로 대하는 사람들이 많습니다. 욕설을 하는 것은 기본이고, 폭행을 하기도 합니다. 일하다 다치더라도 보상해주지 않고, 일부러 임금을 주지 않는 경우도 있습니다.

　우리나라 사람들은 힘들고 어려운 일을 하기 싫어합니다. 외국인 이주노동자들이 그 자리를 대신하고 있지요. 그런데 그들이 없다면 어떻게 될까요? 아마도 우리나라에서 제조업을 하는 회사들은 운영이 어려워 문을 닫게 될지도 모릅니다.

　그렇기 때문에 가난하고 힘이 없다고 해서 사람을 함부로 대하면 안 됩니다. 외국인 이주노동자들은 1960년대 우리나라 사람들이 독일에 돈을 벌러 갔던 것처럼 한국을 기회의 땅으로 여기고 온 사람들입니다. 외국인 이주노동자들의 인권을 존중하고, 그들을 한국 경제를 발전시키는 동반자로 생각해야 합니다.

4 우리나라에는 외국인 노동자들을 함부로 대하는 사람들이 많아요. 그런 사람들에게 따끔한 충고를 하려고 해요. 괄호 안을 채워 보세요.

"외국인 노동자들에게도 (　　　　) 이 있어요. 우리와 같은 사람인데, 어렵게 사는 나라에서 왔다고 (　　　　) 하면 안 돼요." 하고 말한다.

(말풍선: 밀린 임금 주세요.)

5 외국인 노동자들이 줄어든다면 우리나라에 어떤 문제가 생길까요?

6 다음 표는 초등학생 20명을 대상으로 실시한 결과입니다. 아래 어린이들이 고쳐야 할 점을 찾아보세요.

설문내용	매우 그렇다	보통이다	그렇지 않다
백인은 백인끼리, 흑인은 흑인끼리 지내야 한다고 생각한다.	2명	3명	15명
외국인이 지나가면 신기하게 바라본다.	15명	3명	2명
어렵게 사는 나라에서 온 외국인을 무시한다.	5명	10명	5명
어느 나라 친구든 사귈 수 있다고 생각한다.	14명	5명	1명

 **함께 맛 나누기** 　독서 토론을 해요

1 대식이는 산다라와 역할극 연습을 해야 한다는 사실을 잊은 채 친구들과 축구를 했습니다. 깜박 잊은 것이죠. 이처럼 일부러 저지른 잘못이 아닐 경우 사과를 꼭 해야 할까요?

찬성 : 사과해야 한다.

근거 1)

근거 2)

근거 3)

반대 : 사과하지 않아도 된다.

근거 1)

근거 2)

근거 3)

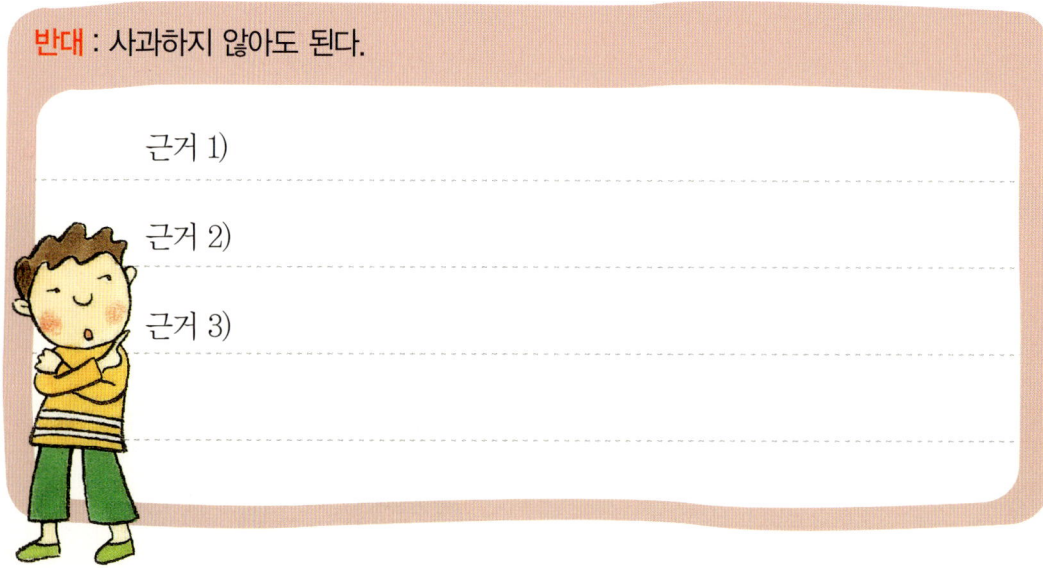

2 아래 글을 읽고, 우리나라 사람이 아니라고 해서 적은 임금을 받는 것이 타당한지 토론해 보세요.

> 동남아시아에서 온 외국인 노동자들의 경우, 우리나라 사람들보다 적은 돈을 받고 일하는 경우가 많습니다. 그들은 우리나라 사람들이 하기 싫어하는 위험하고 힘든 일을 하고 있는데도 말입니다.

동남아시아에서 온 외국인 이주 노동자, 한국인보다 적은 월급 주어도 될까요?

찬성 : 우리나라 노동자보다 월급을 적게 주어도 된다.

근거 1)

근거 2)

근거 3)

반대 : 우리나라 노동자보다 월급을 적게 주면 안 된다.

근거 1)

근거 2)

근거 3)

상호협력 • 159

 **쓱싹 쓱싹 요리하기** 재미있는 독서 글을 써요

※ 아래 글은 재한베트남공동체 대표가 쓴 칼럼의 일부입니다. 글을 읽고 물음에 답하세요. (1~2)

원옥금 재한베트남공동체 대표

지난 20년 동안 한국에는 베트남뿐 아니라 여러 나라에서 살러 온 외국인이 늘어났습니다. 너무 빠르게 외국인이 많아지고 다문화 사회가 되어, 생각하지 못했던 일들이 많이 일어났습니다.

앞으로 이주민은 점점 더 많아질 것입니다. 지금부터라도 차근차근 이주민 문제를 풀어가야 합니다.

빠른 속도로 노인 인구가 늘어나고, 일손이 부족해 이주민은 받아들일 수밖에 없습니다. 그렇기 때문에 법과 제도를 정비하고 잘못된 생각을 바꾸도록 노력해야 합니다. 또 서로의 문화를 존중하고 한국의 전통문화와 다양한 이주민의 문화가 평화롭게 함께 살아갈 수 있는 길을 찾아야 합니다.

저는 지난 6월 말에 베트남 공동체 회원들과 농촌 일손 돕기 봉사를 다녀왔습니다. 다들 공장이나 건설현장에서, 가정주부로 바쁘게 사는 회원들이 한 번 모이기 쉽지 않지만, 지난해부터 봉사활동을 꾸준히 해오고 있습니다. 이주민들도 한국 사회의 구성원으로서 작은 일이라도 도움이 되고 싶습니다.

〈출처 : 한겨레신문 2016년 7월 13일〉

1. 한국 사회가 다문화 가정과 외국인 이주민 문제를 풀려고 노력해야 하는 까닭을 모두 찾아보세요.

   ① 외국인 이주민이 점점 늘고 있어서
   ② 그들도 우리나라의 구성원이기 때문에
   ③ 외국인은 손님이라서 잘해 주는 것이 당연하므로
   ④ 월급을 적게 주어야 하기 때문에

2. 외국인 이주민과 함께 잘 사는 세상을 만들려면 서로 존중해야 해요. 다문화 가정과 이주 노동자를 존중할 수 있는 방법을 생각해 보세요.

※ 아래 기사를 읽고 물음에 답하세요. (3~5)

외국인과 이주민 등을 비하하거나 부정하는 표현이 여전하다. '불법체류자'는 '미등록 외국인', '용병'은 '외국인 선수', 일본인과 중국인을 비하하는 표현인 '쪽발이' '쨍깨' '왕서방' 등은 쓰지 말아야 한다. 부모 한쪽이 외국인인 가정에 대한 편견을 없애고자 '다문화'라는 단어가 만들어졌지만 오히려 상처가 되는 단어로 쓰이기도 한다. "쟤, 다문화래!"라고 아이들을 지칭하는 것만으로 경계를 만들고 무시하는 의미를 담기도 한다.

〈출처 : 한겨레 신문 2016년 5월 12일〉

이태원2동 주민인 신철씨(62)는 "우리 국민도 1970년대까지만 해도 외국에 돈 벌러 나가 설움을 겪지 않았느냐"면서 "우리나라의 인구문제 해결을 위해서라도 이제는 외국인 이주민을 우리 이웃이나 국민으로 인정해야 한다"고 말했다.

〈출처 : 경향신문 2016년 10월 7일〉

3 위 기사 내용처럼 외국인을 존중하지 않으면 어떤 일이 벌어질지 적어 보아요.

4 친구가 외국인과 이주민을 무시하는 말투로 말해요. 친구에게 그러면 안 되는 까닭을 알려주세요.

5 외국인을 함부로 대하지 말자는 캠페인을 벌이려고 해요. 20~30자로 만들어 보세요.

상호협력 • 163

2. 상호협력을 위한 두 번째 책을 만나요

관련 핵심역량

심미적 감성 역량, 의사소통 역량, 공동체 역량

윤재인 글 / 오승민 그림 / 느림보

어떻게 읽을까요?

1. 다른 나라의 문화를 인정하며 읽어요.
2. 외국인 노동자도 우리와 똑같은 사람임을 기억하며 읽어요.
3. 공존할 수 있는 방안을 생각하며 읽어요.

어떤 내용일까요?

　아이는 아빠와 둘이 삽니다. 아빠는 집에 딸린 공장에서 솥만드는 일을 합니다. 아빠의 공장에 찬다 삼촌이 왔습니다. 찬다 삼촌은 네팔 사람인데, 아빠의 일을 도우러 온 것입니다. 아이는 찬다 삼촌과 있는 시간이 즐겁습니다. 그래서 찬다 삼촌이 네팔로 금방 돌아 갈까봐 걱정합니다. 아이와 찬다 삼촌이 사이좋게 지내는 모습을 보며 우리가 이주 외국인과 어떻게 교감하고 소통해야 하는지 보여줍니다.

미리 맛보기   마음을 열어요

1 내가 아는 외국인을 소개해 봐요. 직접 만난 적이 없다면 텔레비전이나 신문에서 본 사람을 적어 봐요.

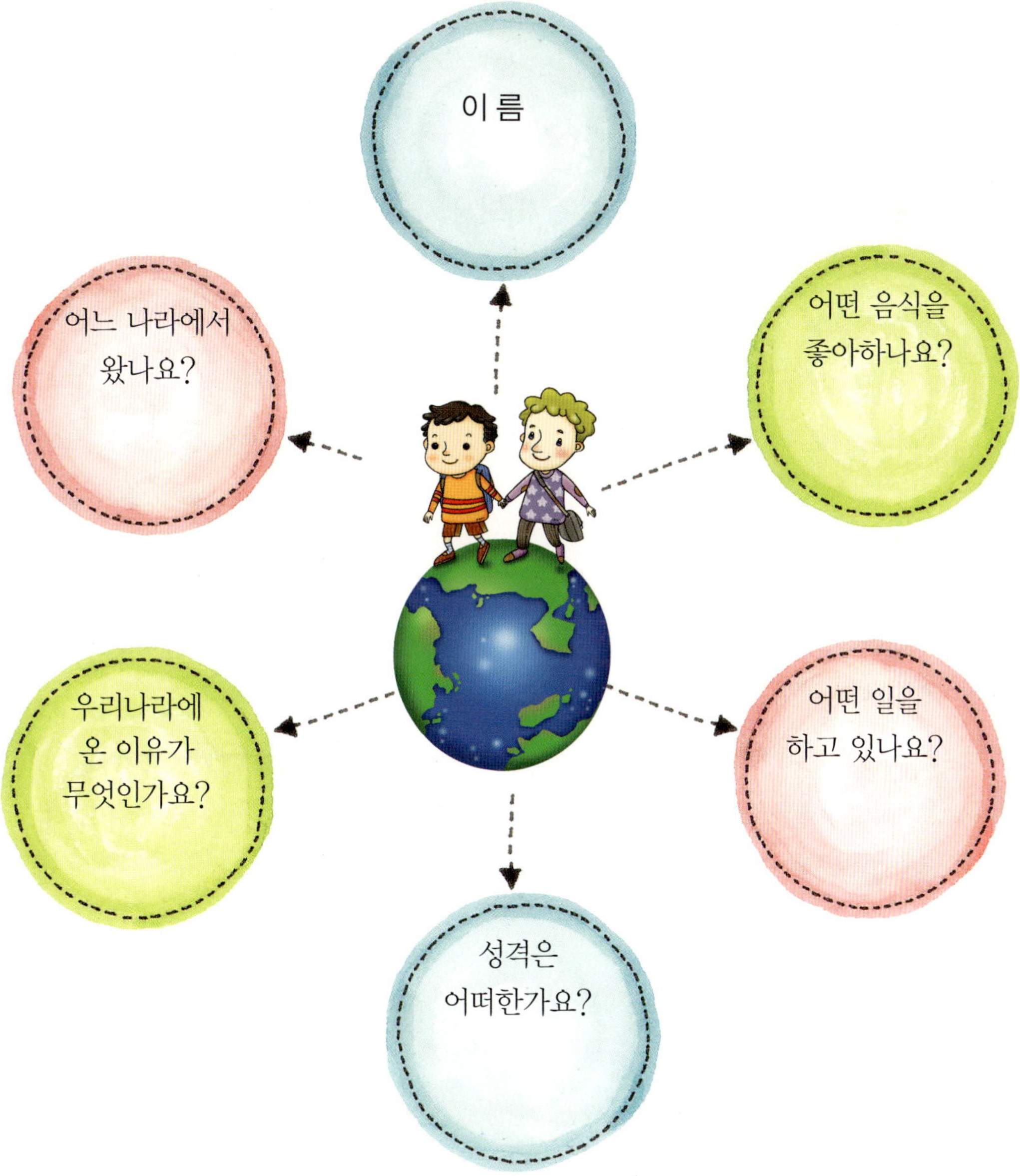

- 이름
- 어느 나라에서 왔나요?
- 어떤 음식을 좋아하나요?
- 우리나라에 온 이유가 무엇인가요?
- 어떤 일을 하고 있나요?
- 성격은 어떠한가요?

상호협력 • 165

2 우리나라에 사는 외국인들은 돈을 벌려고 온 경우가 많아요. 그들이 자기 나라를 두고, 우리나라에 와서 일하는 까닭은 무엇일까요?

3 이주 노동자들은 가족과 떨어져 혼자 와서 지내는 경우가 많아요. 어떨 때 가장 힘들까요?

4 가족과 헤어져 사는 것은 힘든 일입니다. 이주 노동자들은 힘들 때마다 어떤 생각을 하며 버티고 있는 걸까요?

 **차근차근 맛보기**   내용을 이해해요

1 아빠와 찬다 삼촌은 어떤 일을 하나요?

2 찬다 삼촌이 숟가락과 젓가락을 쓰지 않고 손으로 밥을 먹는 까닭은 무엇일까요?

3 아이가 고양이들에게 '찬다'라는 이름을 붙여준 까닭은 무엇 때문일까요?

상호협력 • 167

4 찬다 삼촌은 아이에게 엄마의 빈자리를 채워줍니다. 어떤 방법으로 채워주었나요?

5 아이가 찬다 삼촌 주변을 맴돌며, 아빠에게 "찬다 삼촌 오늘 집에 가?" 하고 묻는 이유는 무엇일까요?

6 찬다 삼촌은 왜 아이를 돌봐주고, 함께 놀아주기까지 하는 걸까요?

다양한 맛 즐기기 넓고 깊게 생각해요

※ 아래 기사를 읽고 물음에 답하세요. (1~3)

광주 외국인 노동자센터 부설 쉼터에서 이철우(왼쪽 넷째) 목사와 스리랑카 노동자들이 점심을 함께하고 있다.

 올해 설립 20년을 맞는 광주 외국인 노동자센터는 머물 곳 없는 이주 노동자들에게 365일 쉼터를 개방한다. '실직당했거나, 일하다가 다쳐서 머물고 있거나, 임금을 못 받았거나, 회사에서 나와 갈 데 없는 사람들'이 이용한다. 문은 24시간 열려 있다. 이들에게는 언제든 편히 올 수 있는 '친정집'이고, 이 목사는 '아부지'다. 하루 평균 10여 명이 머문다. 몸이 아픈 환자에겐 협력병원을 통해 의료보험과 같은 혜택을 받도록 하고 있다.
 광주 외국인 노동자센터는 광주시에서 보조금을 지원받고 있지만, 인건비를 대기도 힘들다. 200여 명이 월 5천~1만 원씩 내는 후원금으로 해결한다.
 "대부분 학벌도 좋아요. 한국어까지 3개 국어도 가능하고요. 그런데 한국에 대한 인식이 안 좋아요. 단지 돈 버는 곳으로 생각하는 것이지요."
 이 목사는 "일부 이주 노동자들이 사회적 일탈을 하기도 하지만, 어쩌면 우리 사회에 이주 노동자들이 애정을 갖게 하지 못하는 문화적 배경이 있는 게 아닐까"라고 말했다.
 이주 노동자들은 더불어 사는 우리 사회의 일원으로, 마땅히 존중해야 할 대상이라는 것이 이 목사가 20년째 이주 노동자와 함께 지내며 지켜온 생각이다.

〈출처 : 한겨레신문 2016년 1월 24일〉

1 외국인 노동자센터에 오는 사람들은 어떤 사람들인가요?

2 외국인 이주 노동자들이 우리나라에 대해 나쁘게 생각하는 까닭은 무엇일까요?

3. 이 글을 읽고 외국인 이주 노동자를 위해 내가 할 수 있는 일에는 어떤 것이 있는지 찾아보세요.

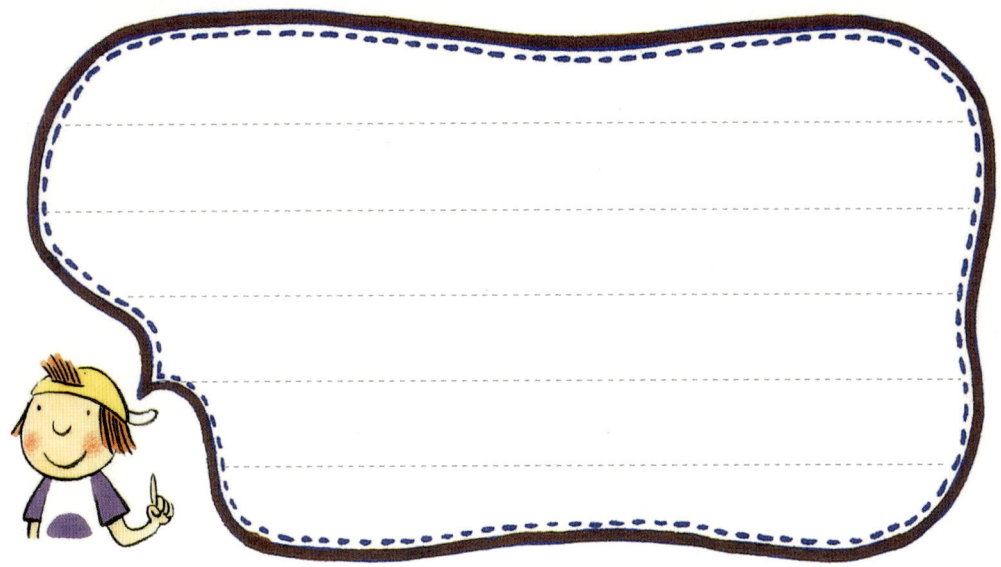

4. 외국인 이주 노동자를 함부로 대하는 사람들을 줄이기 위해 어떤 법을 만들면 좋을지 생각해 보세요.

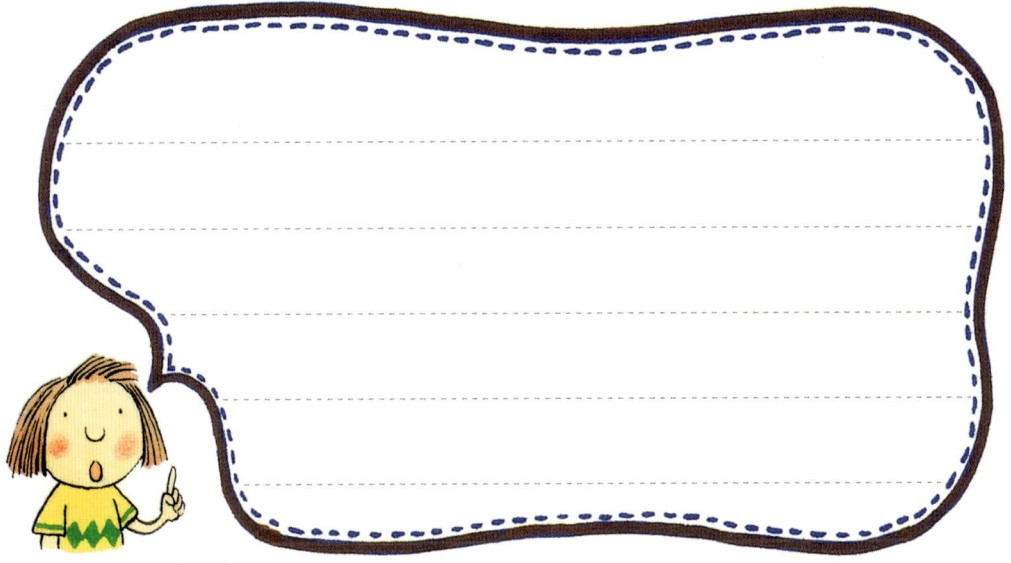

상호협력 • 171

5. 가족과 헤어져 사는 것은 힘든 일이에요. 가족이 보고 싶어도 참아야 하니까요. 가족을 그리워하며 힘들게 살고 있는 외국인 노동자들에게 위로의 말을 전해 주세요.

 **함께 맛 나누기**　　독서 토론을 해요

1 찬다 삼촌과 아이는 언어도 다르고 문화도 다른데 친구가 될 수 있을까요? 친구들의 대화 내용을 읽고 여러분은 어떤 의견에 동의하는지 한 가지 의견을 정해 말해 보세요.

> A : 사용하는 언어가 다르면 친하게 지낼 수 없어. 그리고 나이도 차이가 나잖아.
> B : 그렇지 않아.
> A : 친구는 마음이 통해야 하는데, 말이 안 통하는데 어떻게 친구가 되겠어?
> B : 말이 통한다고 마음이 다 통하는 건 아니야.
> A : 문화가 다른 것도 문제야. 서로 통하는 게 있어야 친구를 하지.
> B : 문화는 서로 알아 가면 돼. 그리고 우리나라 안에서도 가정마다 문화가 다른 경우가 많아.

● **토론 주제** : 상대방과 쓰는 언어와 문화, 나이가 달라도 친구가 될 수 있을까요?

찬성 : 친구가 될 수 있다.

근거 1)

근거 2)

근거 3)

반대 : 친구가 될 수 없다.

근거 1)

근거 2)

근거 3)

상호협력 • 173

2 아래 글을 읽고, 외국인 이주 노동자의 자녀 교육 문제에 관해 토론해 보세요.

> 외국인 이주 노동자들의 경우, 자녀가 우리나라에 있는 한 불법체류자의 신분이라 하더라도 학교에 보낼 수 있다는 것을 모르는 사람들이 많습니다.

● **토론 주제** : 외국인 노동자들의 자녀 교육도 우리나라에서 책임져야 할까요?

찬성 : 외국인 노동자들의 자녀 교육, 우리나라가 책임져야 한다.

근거 1)

근거 2)

근거 3)

반대 : 외국인 노동자들의 자녀 교육, 우리나라가 책임질 필요는 없다.

근거 1)

근거 2)

근거 3)

3. 외국인에게 우리 문화를 알리기 위한 노력도 중요하지만, 우리도 다른 나라의 문화를 공부하는 것이 좋아요. 그들을 이해하는데 도움이 되기 때문이지요. 책이나 신문에서 소개하고 싶은 나라의 특징을 찾은 뒤 빈칸에 적어 보세요.

나라	나라 소개
중국	－중국인들은 삼촌 벌이나 아버지 벌 되는 사람들끼리도 서로 친구라고 하는 경우가 많아요. 우리나라 사람들은 이해하기 어려워하지요. －중국에서 절대 해선 안 되는 선물은 바로 시계입니다. 시계는 일찍 죽는 것을 의미하기 때문이래요.

 **쓱싹 쓱싹 요리하기**　　재미있는 독서 글을 써요

※ 아래 글을 읽고 물음에 답하세요.

　사람들은 겉으로는 다문화 가정 구성원과 외국인 노동자 등을 모두 포용할 수 있다는 말을 합니다. 하지만 말과 행동이 다를 때가 많습니다. 포용하려고 했다면 그들의 문화를 존중해야 하는데, 실제로는 그들에게 우리 문화를 배우라고 강조하는 경우가 더 많습니다. 우리 문화를 배워 우리나라에 빨리 적응하라는 것이지요.
　외국인을 대하는 것 역시 예전과는 달리 긍정적인 태도를 보이지만 속으로는 여전히 그들을 인정하거나 감싸주려고 하지 않는 경우가 많습니다. 그래서 직장 동료나 학교 친구, 이웃으로 받아들일 수는 있어도 가족으로 받아들이기는 꺼리는 것이지요.

1 다른 나라의 문화를 존중하기 위해 내가 고치거나 도전해야 할 일에는 어떤 것들이 있을까요?

2 앞으로 다문화 가정 친구들의 수는 더욱 늘어날 것입니다. 어떤 세상이 될지 생각한 다음, 20년 뒤 초등학생 입장에서 일기를 써 보세요.

　　　년　　　월　　　일　　제목 :

※ 아래 기사를 읽고 물음에 답하세요.

다문화가정 아이들 소극적이고 자신감 적어

초·중·고에 다니는 다문화가정 자녀들은 미취학 아동에 비해 2배 정도 많다. 교육부의 2015년 통계에 따르면 학령인구는 매년 약 20만 명씩 감소하는 반면 다문화가정 학생 수는 약 8000명에서 1만 명까지 증가하고 있다. 최근 교육부의 다문화학생 수 추이에 관한 자료는 전체 초·중·고 학생의 1.68%인 9만9186명이 다문화가정 학생이라고 밝히고 있다.

이렇게 늘어나는 다문화가정 자녀들은 사회적·교육적인 측면에서 몇 가지 문제점을 안고 있다. 우선 결혼 이주 여성인 어머니가 한국어 능력이 부족해 한국 문화에 충분히 적응하지 못한 상태에서 출산과 양육을 하기 때문에 다문화가정 자녀들은 유아기 언어발달이 늦어진다. 이로 인해 단어나 문장의 이해력이나 맞춤법, 작문능력이 떨어지는 등 언어 이해에 문제가 나타나기도 한다. 어머니의 교육문화 차이로 인해 숙제나 알림장 확인 등 가정의 교육지원이 부족하거나, 이로 인해 자녀들이 학교생활에 소극적이고 자신감을 갖지 못하기도 한다.

〈출처 : 경향신문 2016년 12월 28일〉

3 위 기사를 읽고 다문화가정 친구를 위해 나와 학교, 정부가 각각 어떤 일을 도와야 할지 적어 보세요.

나	
학교	
정부	

상호협력 • 179

후식을 즐겨요

1 '상호협력'이야기를 더 알아보아요.

컴퓨터와 엔터테인먼트 산업의 가장 중요한 인물이었던 스티브 잡스와 세계에서 가장 영향력 있는 여성 12위인 인드라 누이 등이 다문화 가정 출신임을 소개하며 다문화 함께 공존할 수 있는 방법을 생각하도록 해 준다.

https://www.youtube.com/watch?v=5juHVNV7ac8

로리따는 부산에서 통번역하는 일을 한다. 회사와 외국인 노동자의 소통을 돕는 역할을 한다. 말이 통하는 사람이 없는 외국인 노동자에게 회사를 대상으로 협상도 한다.

https://www.youtube.com/watch?v=JBFjj5ojnoA
메인)http://home.ebs.co.kr/sarang/main

기사를 통해 외국인 이주 노동자들의 수를 알아보고, 그들이 어떻게 살고 있는지 살핀다. 외국인 이주 노동자들에 관한 사람들의 차별과 편견 등에 관한 이야기도 알 수 있다.

https://www.youtube.com/watch?v=t7MM4NNm3TU

2 차별을 하지 말고 서로 잘 살려고 노력해야 대한민국의 미래가 밝다는 내용을 담은 만화를 그려 보세요.

3 다양한 매체를 더 만나 보아요.

아래 그림은 TV동화 빨간자전거 다문화편 스페셜 4화 '외국인, 우리엄마'편 내용입니다. (https://www.youtube.com/watch?v=vrrcVYwHbWc)

영상을 보고 주변에 혜영이와 같은 친구가 있는지 살펴보세요.

이 친구의 이름은 혜영이입니다.

친구들은 혜영이에게 '가나'라 부릅니다.

혜영이는 매미를 잘 잡습니다.

그러던 어느 날 학교에 외국인이 찾아오고 아이들이 신기하게 봅니다.

엄마가 복도에 나온 혜영이를 보고 아는 척을 합니다. 이 모습을 본 아이들이 혜영이에게 엄마가 외국이었냐며 묻습니다.

혜영이는 외롭다는 생각을 하게 됩니다.

혜영이는 우체부 아저씨의 조언대로 친구들을 초대했습니다.

친구들은 혜영이가 사는 모습을 보고 자신들과 다르지 않은 사람이라는 것을 깨닫습니다. 그 말을 들은 혜영이는 기분이 좋아집니다.

혜영이는 피부가 까매서 친구들이 '가나'라고 놀리는 것이 듣기 싫었어요. 이처럼 장난으로 하는 말에 다른 사람은 상처를 받을 수 있어요. 앞으로 혜영이와 같은 외국인 친구나 다문화 가정 친구를 만난다면 외모를 가지고 놀려서는 안 되겠지요.

4 이런 책들도 함께 읽으면 좋아요.

　소녀는 누구에게도 따뜻한 관심과 정을 받지 못하는 아이였습니다. 하지만 돌아가신 엄마가 구름 속 어딘가에 있을 거라 믿으며 매일 구름을 바라보았어요. 구름 속에는 엄마와 함께 이야기하고 만나고 구경했던 달팽이, 토끼, 거북이, 코끼리가 살고 있었어요. 어느 날 소녀의 방 창가에 엄마와 함께 구해주었던 검은 새가 찾아와 말했습니다.
　"오늘 나는 길 잃은 한 소녀를 엄마에게 데려다 주러 왔어. 이 계단을 올라가면 엄마를 찾을 수 있을 거야." 소녀는 어떤 결정을 내렸을까요?

안드레아 페트릭 글 / 안드레아 페트릭 그림 / 정인출판사

　옛날에 피나라는 아주 예쁜 아이가 살았어요. 피나는 항상 예쁨을 받고 자라 게으르고 자기만 아는 이기적인 아이로 자랐어요. 어느 날 병이 든 엄마가 피나에게 음식을 하라고 시켰어요. 피나는 게으름을 피우며 딴청을 피웠지요. 나무주걱조차도 못 찾겠다고 투덜거렸답니다. 엄마는 화가 나서 나무국자를 찾을 수 있게 눈이 천 개쯤이라도 생겼으면 좋겠다고 소리쳤어요. 그런데 다음 날 피나가 감쪽같이 사라져 버렸어요. 무슨 일이 일어난 걸까요?

바두아 로이다 글 / 김민아 그림 / 정인출판사

셀마와 릴리는 절친한 친구입니다. 릴리가 머릿속에 맴도는 생각을 꺼내놓자 문제가 생기지요. 셀마와 릴리 때문에 학교에서는 편을 가르고 음식 싸움을 시작합니다. 식당은 엉망진창이 되고, 셀마와 릴리는 교장실로 불려 가지요. 둘은 부끄럽고 창피한 마음에 고개를 들지 못합니다. 다음날 릴리는 셀마에게 샌드위치를 바꿔 먹자고 했고, 서로의 샌드위치를 맛본 뒤 정말 맛있다고 외쳤습니다. 셀마와 릴리는 교장 선생님을 찾아 가서 여러 나라의 음식을 나눠 먹자며 특별한 전교 행사를 제안합니다.

라니아 알 압둘라 왕비, 켈리 디푸치오 글 / 트리샤 투사 그림
보물창고

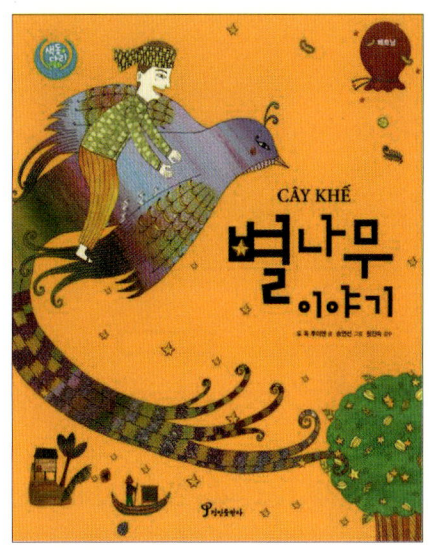

욕심 많은 형과 부지런한 동생이 살았어요. 형은 동생을 별나무가 있는 작은 집으로 내쫓고 유산을 독차지했어요. 동생은 별나무가 열매를 맺을 수 있도록 열심히 키웠지만 봉황새가 날아와 열매를 먹어치워 버렸어요. 동생이 울먹거리자 봉황새는 동생이 황금을 얻을 수 있도록 도와주었어요. 이 소식을 들은 형은 별나무와 전재산을 바꾸고 봉황새가 오기만을 기다리는데… 과연 형도 동생처럼 황금을 가질 수 있을까요?

도 옥 루이엔 글 / 송연선 그림 / 정인출판사

무엇을 먹을까요?

문화 교류

1. 다문화 속 '문화교류'에 대해 알아보아요.

세계인의 날 스토리
재한외국인과 더불어 살아가는 세상만들기

세계인의 날(Together Day)이란?

국내에 체류하는 외국인이 점차 증가함에 따라 재한외국인과 국민이 함께 어울리며 소통할 수 있는 장이 필요해졌습니다. 세계인의 날은 다채로운 문화교류를 통해 재한외국인 및 국민 모두가 서로를 이해하고 더불어 살아갈 수 있는 환경을 조성하기 위한 법정기념일입니다.

세계인의 날(Together Day)은 어떻게 만들어졌을까요?

2007년 5월 17일 「재한외국인 처우 기본법」을 제정하면서 같은 법 제19조에 매년 5월 20일을 "세계인의 날(Togerther day)"로 지정하였습니다.

「재한외국인 처우 기본법」

제19조(세계인의 날) ① 국민과 재한외국인이 서로의 문화와 전통을 존중하면서 더불어 살아 갈 수 있는 사회 환경을 조성하기 위하여 <u>매년 5월 20일을 세계인의 날로 하고, 세계인의 날부터 1주간의 기간을 세계인주간으로 한다.</u>

〈세계인의 날〉

세계인 화합의 장, 대한민국 세계인의 날!

세계인의 다양한 얼굴을 5개의 꽃잎을 지닌 무궁화 꽃으로 시각화하여 세계인의 화합과 소통을 상징

- ● Together Day **Black** : Pantone 433C
- ● Together Day **Green** : Pantone 361C
- ● Together Day **Red** : Pantone Warm Red C
- ● Together Day **Yellow** : Pantone 1375C
- ● Together Day **Blue** : Pantone 285C

〈출처 : http://www.togetherday.kr/〉

청양 가남초, 90일간의 필리핀 문화 체험

청양 가남초등학교는 가람관에서 필리핀의 전통춤과 전통노래 등 필리핀 문화 체험을 발표하는 필리핀 선생님의 파이널 프로젝트 발표회가 있었다.

가남초는 유네스코 아시아태평양국제이해교육원(APCEIU)이 주관하는 '다문화 가정 대상국가와의 교류사업' 대상학교 공모에 선정되어 필리핀 현직 초등학교 선생님들이 3개월 동안 학교에 상주하면서 한국 문화를 배우고, 필리핀 문화와 예술을 전해주었다.

이번 프로젝트는 초청교사들이 그동안 가르친 춤과 노래 등을 발표하는 시간으로 전교생과 교직원들이 필리핀의 전통춤과 전통노래를 필리핀 복장을 하고 직접 보여주었다.

또한 학생들은 밝은 얼굴로 필리핀 전통 노래 '바하이쿠보'와 필리핀 민속춤 '티니클링' 등 배운 춤과 노래들을 발표했다. 이 외에도 학생들은 그동안 필리핀의 과자도 만들어보고, 필리핀이라는 나라에 대하여 다양하게 배웠다.

다문화 시대를 맞이하여 다문화 학생이 30%에 가까운 가남초의 학생들이 다양한 나라에 대하여 배우고 경험하는 것은 또 다른 자산이 될 것이다.

다문화국가와의 교류사업으로 학생들에게 다양한 경험을 할 수 있게 해 줄 수 있어 좋은 기회인 것 같다. 앞으로도 자매결연이나 교류 등으로 이어져 서로 돕고 성장하는 계기가 될 수 있길 기대한다.

〈출처 : http://www.daejeontoday.com 대전투데이〉

2. 다문화 사회에서 '문화교류'는 왜 중요할까요?

문화교류란?

역사적으로 서로 다른 문화의 상호접촉과 전파는 주로 국가 간에서 힘이 센 나라에서 힘이 약한 나라로 확대되는 형태를 취해왔다. 그러나 오늘날의 문화교류는 다양한 인류문화에 기본적인 평등성을 인정하고, 국제사회의 평화적 발전을 위하여 문화 간의 상호이해를 보다 깊게 하는 활동을 의미한다.

〈출처 : 두산백과사전〉

문화 교류의 중요성

현재 세계는 세계를 하나의 지구촌으로 만드는 지구화(globalization)의 흐름 속에 있다.

세계의 어떤 나라나 집단도 고립되고 독립된 세계로 존재하지 못하며 상호 협력을 통해서만 생존할 수 있다는 것은 누구도 반론을 제기하지 못할 것이다. 우리나라도 예외는 아니다. 우리나라도 아주 오래 전부터 다른 나라와 교류하며 살아왔다. 그리고 현재도 수십만의 외국인들이 한국이라는 국가 안에서 우리와 함께 살고 있다. 우리는 아마 앞으로는 더 많은 외국인들과 어울려 살아가게 될 것이다. 이런 환경 속에서 우리는 서로의 문화에 대한 이해와 소통이 꼭 필요하게 될 것이다.

같은 문화의 사람들도 끊임없는 갈등 속에서 살아간다. 하물며 다양한 인종, 민족, 국가 간에 만약 서로의 문화에 대한 교류를 통한 이해가 없다면 갈등은 계속 늘어갈 것이 불 보듯 뻔한 일이다. 그러므로 우리는 문화의 다양성과 이질성에 대한 수용하는 마음가짐을 가져야 한다. 이를 위해서 문화적 차이를 인정하고 이해하는 능력을 길러야 하는 것이다. 그러기 위해서 문화 교류가 우선되어야 한다. 고로 문화 교류는 서로를 이해하기 위한 첫 번째 단계이다.

문화 교류는 일방적인 문화교류가 아니라 쌍방적인 문화의 교류가 되어야 한다. 자국민에게 타문화를 경험하고 서로 다른 문화 간의 대화와 소통의 기회와 공간을 마련해 주어야 한다.

문화교류는 이웃의 문제를 인류의 공동 문제로 받아들이고 공동으로 해결책을 찾는 세계시민으로서의 자격과 능력을 갖추게 하는 일과도 연관이 있다. 그러므로 정부와 사회로부터 더 많은 관심과 지원이 문화 교류에 주어져야 한다.

맛있게 읽어요

1. '문화교류'를 위한 첫 번째 책을 만나요

관련 핵심역량

자기관리역량, 심미적 감성 역량
의사소통 역량, 공동체 역량

함영연 지음 / 한나빵 그림 / 킨더주니어

어떻게 읽을까요?

1. 우리나라와 필리핀의 문화와 풍습이 어떻게 다른지 생각하며 읽어요.
2. 다른 나라와 우리나라 문화의 공통점, 차이점을 생각해보고 다른 나라의 문화를 받아들이는 자세에 대하여 생각하며 읽어요.

어떤 내용일까요?

　예지네 윗 층에 혼자 살던 준모삼촌에게 필리핀에서 온 마릴리라는 부인이 생겼습니다. 갑작스런 외국인 색시에 예지네 마을사람들은 많은 관심을 보였습니다. 물론 예지도 필리핀에서 시집온 마릴리 아줌마에게 궁금한 것이 많았습니다. 준모삼촌은 이런 예지에게 마릴리 아줌마를 소개시켜줬습니다.
　그러던 어느 날 예지는 엄마 심부름을 다녀오다 놀이터에서 근심이 가득한 얼굴을 하고 있는 마릴리 아줌마를 보게 되었습니다. 예지는 마릴리 아줌마에게 다가가 이유를 물었습니다. 마릴리 아줌마는 진짜 한국 아줌마가 되면 잘 살 수 있을 것 같다고 말했습니다. 마릴리 아줌마가 생각하는 진짜 한국 아줌마는 어떤 것일까요?

 **마음을 열어요**

우리나라 거주 외국인 주민수와 국적별 구성 비율

2015년 11월 1일 인구주택 총 조사 기준에 따르면 국내 총인구 약 5100만명 중 국내 거주 중인 외국인 주민수는 171만 명을 넘었습니다. 충청북도의 인구(159만 명)보다 많은 숫자입니다.

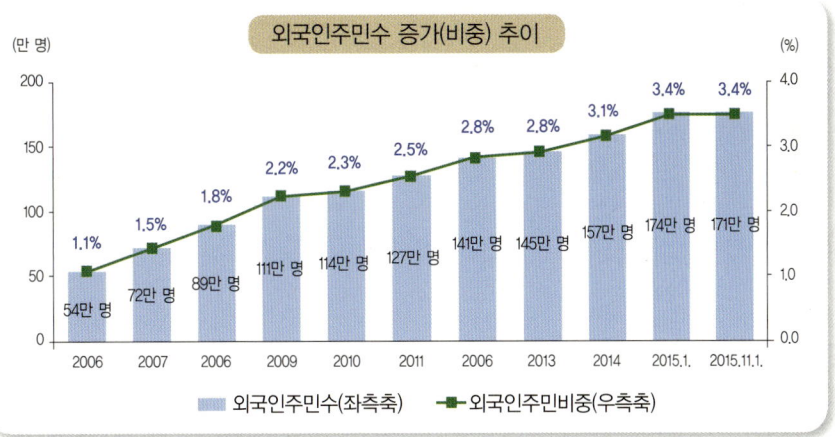

외국인 주민수는 지난 10년 동안 약 120만 명 가까이 증가하였고, 현재 국내 불법체류자 또한 약 14만 명 가까이 된다고 합니다.

국내 거주 외국인의 국적별 구성 비율을 살펴보면 한국계 중국인, 중국인, 베트남, 태국, 필리핀, 미국, 중앙아시아, 캄보디아, 인도네시아, 일본 순으로 나타났으며 중국이 제일 많습니다.

국내 거주 외국인 남녀 구성 비율은 각각의 항목별로 차이를 보이고 있으며 근로자 분야에서는 남성이 여성보다 많은 비율을 차지하고 있으며, 결혼을 통해 한국에 사는 외국인에는 여성이 많습니다.

1 앞의 그래프를 보면 우리나라의 외국인 수는 점점 어떻게 변화하고 있나요?

2 외국인들은 어떤 이유로 우리나라에서 살고 있는지 설명해 보세요.

3 앞으로 우리나라에 사는 외국인들의 수는 어떻게 변화할 것 같나요? 이유와 함께 설명해 보세요.

4 여러분은 앞으로 외국인들과 어떻게 지내야 할까요?

 **차근차근 맛보기**   내용을 이해해요

1 예지는 엄마의 심부름으로 간장을 사러갔다가 준모 삼촌과 결혼한 마릴리 아줌마를 보았습니다. 마릴리 아줌마에게는 걱정거리가 있어보였습니다. 걱정거리가 무엇이었나요?

2 예지와 애린이가 과일 가게를 지나고 있을 때 마릴리 아줌마는 과일가게 아저씨에게 쫓겨나듯이 떠밀려 나오고 있었습니다. 무슨 일이 있었나요?

3 마릴리 아줌마가 한밤중에 필리핀 노래도 부르고 춤도 추는 이유는 무엇인가요?

4 마릴리 아줌마가 말해준 필리핀의 문화에 대하여 빈 칸에 써보세요.

투계	
필리핀에서 설날에 하는 일	
바롱	

문화교류 • 193

5 마릴리 아줌마가 우리나라의 문화에 대해서 더 배우기 위해서 한 일은 무엇인가요?

6 우리나라 문화를 이해하기 위해 노력하는 마릴리 아줌마를 위해 동네 사람들이 준모 삼촌과 마릴리 아줌마에게 무엇을 해주기로 했나요?

7 예지가 마릴리 아줌마에게 예쁜 꼬리연을 선물하기로 하였습니다. 그 꼬리연에는 어떤 마음을 담아 선물하기로 하였나요?

8 마릴리 아줌마는 우리나라에서 살아가면서 우리나라 문화에 대해서 어떤 자세를 지니고 있었나요?

 다양한 맛 즐기기 넓고 깊게 생각해요

1 교통과 통신이 발달하면서 우리나라와 다른 나라의 교류가 많이 늘어났습니다. 외국 여행도 쉬워졌습니다. 외국에 다녀온 경험이 있다면 자신의 경험을 적어 보세요. 여행 갔던 나라 이름, 국기, 음식, 무엇을 타고 갔는지, 그 나라에서 겪은 경험과 느낌 등을 자세히 적어 보세요.

만약, 다른 나라에 다녀온 적이 없다면 자기가 여행가고 싶은 나라를 정해 가서 무엇을 보고 싶은지 하고 싶은 것은 무엇인지를 써 보세요.

2 옛날에는 이동이 자유롭지 못해 자기 나라나 주변 지역에서 생산되는 물건과 식품으로만 생활했지만, 지금은 교통의 발달로 한 지역에서 생산되는 것들이 세계의 여러 지역으로 이동되고 다른 지역에 영향을 미칩니다. 그래서 음식을 통해서도 문화교류가 가능합니다. 다음 음식을 보고 어떤 나라의 전통 음식인지 연결해 보세요.

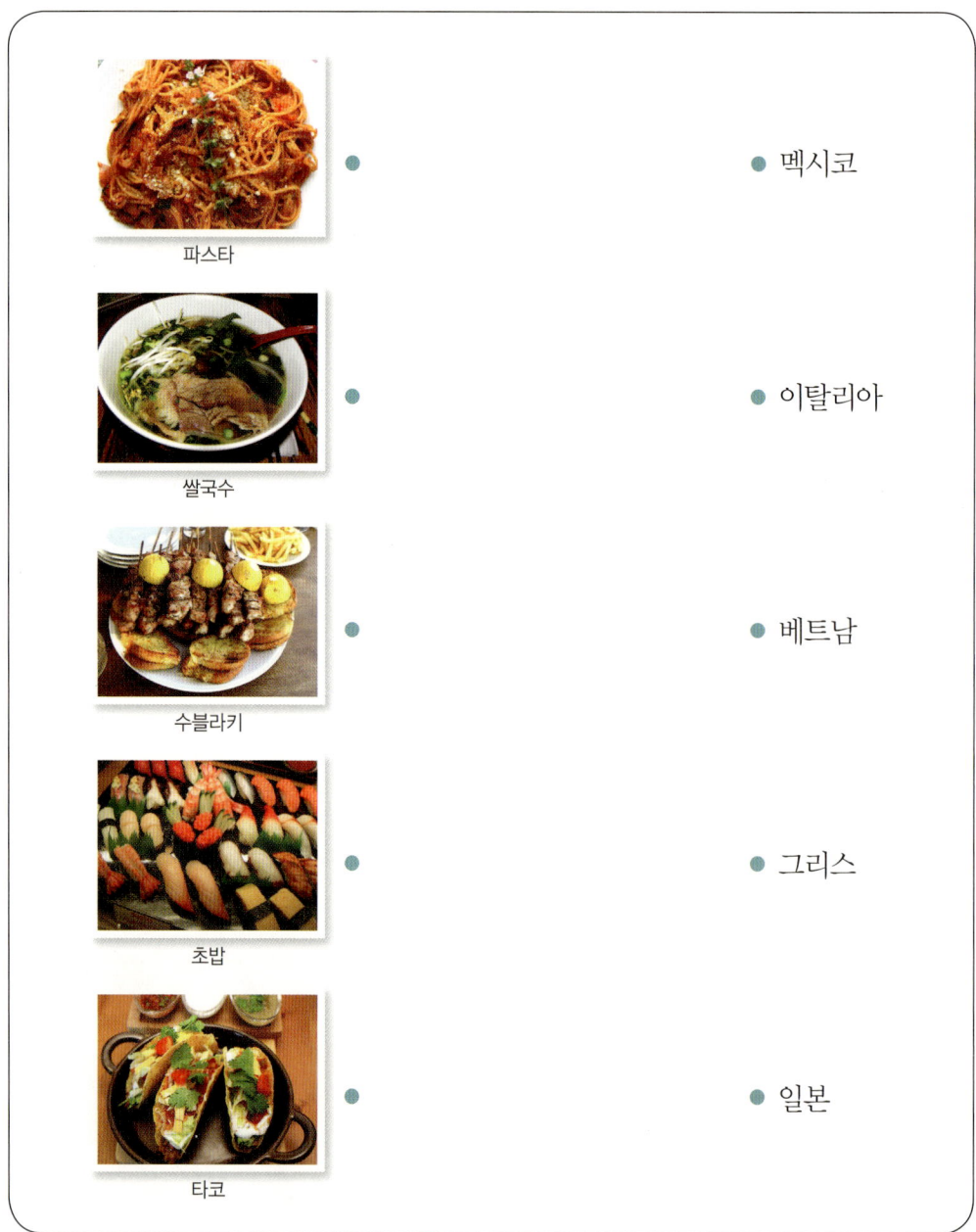

3-1 요즘에는 세계 여러 나라 사람들의 교류가 활발해지면서 다들 비슷한 옷을 입고 있지만, 예전에 교류가 활발해지기 전에는 나라별로 다양한 전통의상들을 입었습니다. 나라별 전통의상에 색칠해보고 옷의 생김새를 관찰해 보세요.

3-2 위의 나라별 전통의상을 다시 한 번 살펴보고 비슷한 점과 다른 점, 전통의상의 특징 등 자신의 느낌을 써 보세요.

4-1 우리나라가 발전하면서 외국과의 교류가 증가하였습니다. 그에 따라 우리나라에 살거나 방문하는 외국인들의 수가 굉장히 많아지고 쉽게 외국인을 만날 수 있습니다. 여러분 주위에는 외국인들이 있습니까? 있다면 그 사람들은 우리나라에서 어떤 일들을 하고 있는지 써 보세요.

4-2 여러분이 태어나서 처음 외국인과 마주쳤을 때를 생각해보세요. 그때 느낌을 떠올리면서 외국인들이 우리나라에 처음 왔을 때는 기분이 어떨지 써보세요.

4-3 우리 주변에 마릴리 아줌마와 같은 다문화 가정이나 외국인이 살고 있다면 어떻게 해야 서로 잘 지낼 수 있을까요?

우리(나)	외국인

 **함께 맛 나누기** 독서 토론을 해요

1 요즘에는 교통과 통신이 발달하면서 사람과 물건의 이동, 문화의 교류가 활발해지고 있습니다. 교류를 통해 다양한 문화들이 하나로 섞여 또 다른 새로운 문화를 만들어 내기도 하지만 문화들이 비슷해지는 경우도 있습니다. 여러분은 다양한 문화들이 비슷해지는 것에 대해서 어떻게 생각하는지 써 보세요.

의견	까닭
문화들이 비슷해지는 것에 찬성한다.	
문화들이 비슷해지는 것에 반대한다.	

2 우리나라에 많은 외국인들이 자기 나라에서 우리나라로 이주하여 살고 있습니다. 하지만 그 중에는 우리나라에서 일을 하여 자기 가족의 생활할 돈을 마련하기 위해 몰래 불법으로 일하고 있는 외국인들도 많습니다. 이런 불법체류자를 우리나라에서 내쫓아야 한다는 의견과 우리나라의 부족한 노동력을 보충해주는 역할을 해주기 때문에 인정해 주어야 한다는 의견이 있습니다.

찬성 : 불법체류자를 인정해주어야 한다.

근거 1)

근거 2)

근거 3)

반대 : 불법체류자는 인정해주면 안 된다.

근거 1)

근거 2)

근거 3)

tip 이주 : 사는 곳을 다른 곳으로 옮겨 사는것

3. 세계의 여러 나라는 그 나라만의 고유의 문화를 가지고 있습니다. 예를 들어 나라마다 각각 먹는 음식이 다양합니다.

프랑스에서는 달팽이를 먹고 중국에서는 다양한 곤충을 꼬치로 먹습니다. 우리나라에는 예전부터 소고기, 돼지고기, 닭고기를 먹듯이 개고기를 먹는 문화가 있습니다.

하지만 외국에서는 개를 먹는 것은 혐오스럽다며 개고기를 먹는 우리의 음식 문화에 대해 비판을 하는 사람들도 있습니다. 여러분은 개고기를 먹는 우리나라 문화에 대해 어떻게 생각합니까?

찬성 : 개고기를 먹는 문화에 찬성한다.

근거 1)

근거 2)

근거 3)

반대 : 개고기를 먹는 문화에 반대한다.

근거 1)

근거 2)

근거 3)

 **쓱싹 쓱싹 요리하기** 재미있는 독서 글을 써요

'다문화사회 십계명'

1. 다문화가족을 차별하고 편견으로 대하지 마라
2. 다문화가족을 온정적인 태도로 대하지 마라
3. 서로 다름과 차이를 인정하라
4. 우리의 문화를 강요하지 마라
5. 다문화가족에 대한 선입견을 버려라
6. 이중언어의 장점을 살려주어라
7. 다문화가족이라고 부르지 마라
8. 단일민족사회는 존재하지 않는다는 것을 인식하라
9. 다문화가족이 사회적응을 할 때까지 인내하고 기다려주어라
10. 다문화가족을 내 이웃처럼 대하라이다.

〈출처 : 다문화사회 십계명 / 김범수 지음 / 리북〉

1 위의 글은 다문화사회를 살아감에 있어 우리가 지켜야할 새로운 10가지 규범을 제안한 것입니다. 다문화사회 십계명을 참고하여 서로 행복한 다문화사회에서 살기 위한 여러분만의 다짐을 만들어 봅시다.

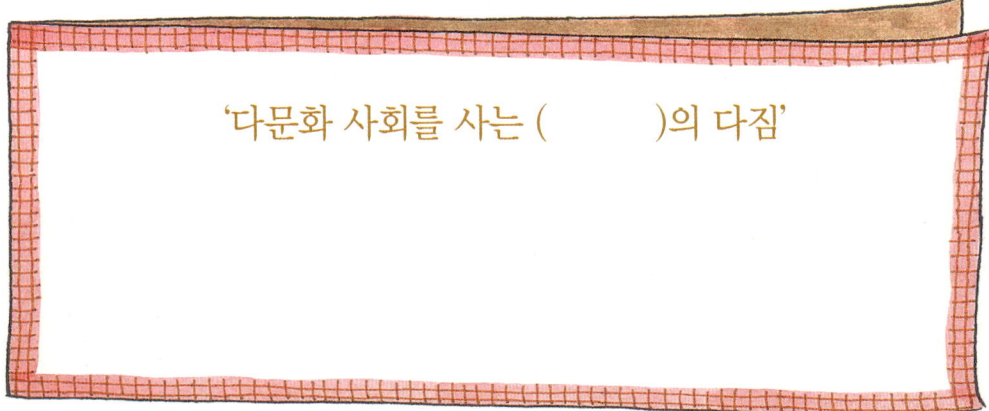

'다문화 사회를 사는 (　　　)의 다짐'

2. 우리나라에는 많은 외국인들은 많은 어려움을 겪고 있습니다. 어려움의 이유는 다양합니다. 그 중 하나가 차별입니다. 우리는 그들이 성별, 인종, 출신국가, 생김새 등이 우리와 다르다는 이유로 차별을 하곤 합니다. 다음의 표는 외국인노동자들이 우리나라에서 겪는 어려움을 나타낸 표입니다.

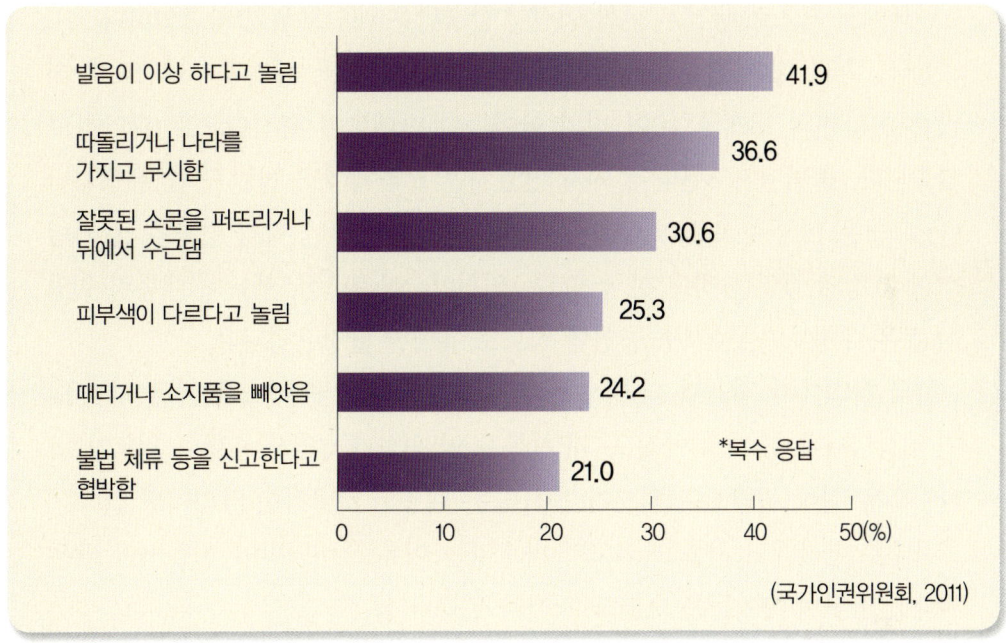

여러분은 피부색에 따라 차별을 받는 것이 당연하다고 생각하나요? 여러분의 생각을 설명해 보세요.

한국이 싫다던 다문화 아이들 노래로 하나 된 레인보우합창단

한국에서 최초로 생긴 다문화 어린이 합창단은 레인보우 합창단입니다.

한국, 중국, 대만, 일본, 러시아, 우즈베키스탄, 태국, 필리핀, 그리고 또 더 많은 문화권의 13개국 40여 명의 아이들이 한데모여 합창단으로 활약하고 있습니다. 출범된지 8년밖에 되지 않았지만 교과서에도 실릴 만큼 유명합니다. 그들은 미국 뉴욕 UN본부에서 2016년에 '제31주년 세계 평화의 날 기념식'에 초청돼 공연을 하고 한국에서는 인천아시아폐막식, 제18대 대통령 취임식 같은 대형무대들에서도 공연할 정도로 유명한 합창단입니다.

한국 사회에서 '남들과 다른' 피부색과 생김새는 그게 어느 쪽이든 벽이 되기 십상입니다. 그래서 아직도 '왜 한복은 안 입느냐', '역시 혼혈이 외모가 낫다', 혹은 '한국 사람보다 외모가 못하다'는 내용의 댓글들이 달리기도 한다.

지금은 한국말도 서툴고 외모가 다르다는 이유로 비난받아 힘들지만 밝은 미래를 꿈꾸며 아이들은 오늘도 노래를 부릅니다.

〈출처 : http://news.donga.com 동아닷컴, http://www.joongdo.co.kr 중도일보〉

3 레인보우합창단 단원 친구들에 관한 글을 읽고 난 후 자신의 느낌과 생각을 적어보세요.

2. '문화교류'를 위한 두 번째 책을 만나요

관련 핵심역량

자기관리역량, 의사소통 역량, 공동체 역량

박현숙 지음 / 신민재 그림 / 좋은책어린이

어떻게 읽을까요?

1. 다문화 사회의 다문화의 의미에 대해 생각하며 읽어요.
2. 다문화 사회에서 다양한 나라의 사람들과 어떻게 어울려 살아야할 지를 생각하며 읽어요.

어떤 내용일까요?

　새터민 태구는 새 학교에 가기 전날 잠이 오지 않았습니다. 말투 때문에 놀림을 받을 게 뻔 하니 학교 가면 절대 입을 열지 말라는 사촌 형의 충고를 들었기 때문입니다. 태구네 반 아이들은 태구가 새터민이라는 말을 듣고, 온갖 질문을 쏟아내지만 태구는 묵묵부답이었습니다.

　전학 간 지 얼마 되지 않아 모둠별 발표를 할 일이 생겼는데, 하필 주제가 '우리말'입니다. 말은 대충 알아 듣겠지만 단어가 하나같이 낯설어 의사소통이 잘 되지 않고, 같은 모둠의 동준이는 발표는커녕 말 한마디 제대로 못하는 태구를 못마땅하게 여기며 구박하였습니다. 민호처럼 옆에서 잘 챙겨 주는 친구도 있지만, 하루하루 적응하는 것도 만만치 않은 태구에게 모둠 과제 발표는 커다란 걱정거리일 수 밖에 없었습니다. 결국 모의 발표 때 태구는 아무것도 하지 못하고, 모둠 친구들은 머리를 맞댄 끝에 '우리말과 북한말 비교'를 발표하며 친해졌습니다.

 **미리 맛보기**   마음을 열어요

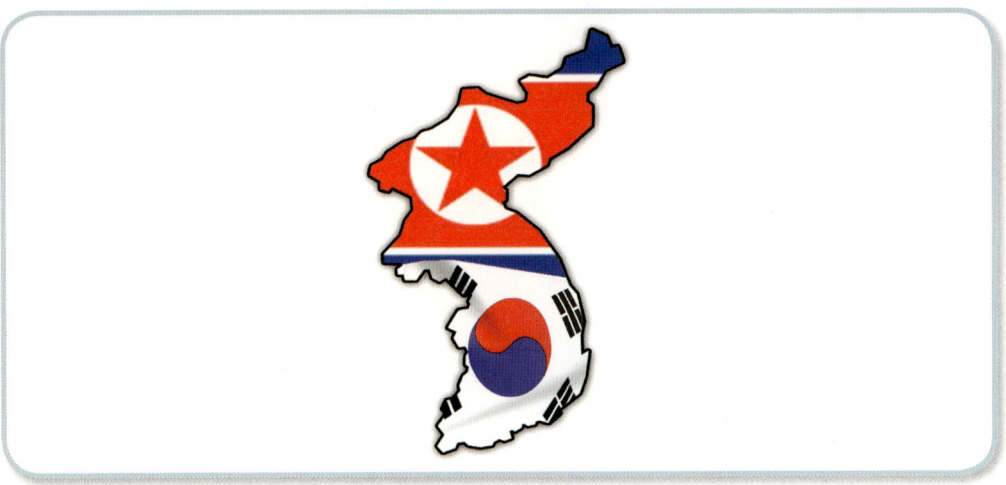

1-1 예전에는 우리나라는 한 국가였습니다. 하지만 대한민국은 현재 남한과 북한으로 나누어져 있습니다. 나라가 왜 둘로 나누어져 있는지 설명해 보세요.

1-2 남한과 북한이 나누어져 서로 교류가 금지된 채 아주 오랫동안 지내 왔습니다. 하지만 요즘 많은 북한 주민들이 북한을 탈출하여 남한으로 오고 있습니다. 그 이유는 무엇인지 설명해 보세요.

1-3 북한을 탈출해 남한에서 살게 된 사람들을 '새터민'이라고 부릅니다. '새터민'의 뜻이 무엇일지 추측해 보세요.

2 우리나라는 아주 오랜 옛날부터 세계 여러 나라들과 끊임없이 교류를 해왔습니다. 교류를 통해서 우리나라만의 독특하고 우수한 과학, 기술, 문화가 발전할 수 있었습니다. 세계적인 문화유산 중 하나인 우리나라의 고려청자는 우리나라에서 처음 발명된 것이 아니라 중국의 것을 받아들이고 우리나라만의 문화와 기술이 합쳐서 우리만의 독특한 문화로 발전한 예입니다.

옛날에 비해 요즘에는 외국문화를 쉽게 접할 수 있고 이미 많은 외국인들과 우리는 함께 살고 있습니다. 외국의 문화와 우리의 문화가 합쳐져 새롭게 발전된 예가 무엇이 있을까요? 빈칸을 채워보세요.

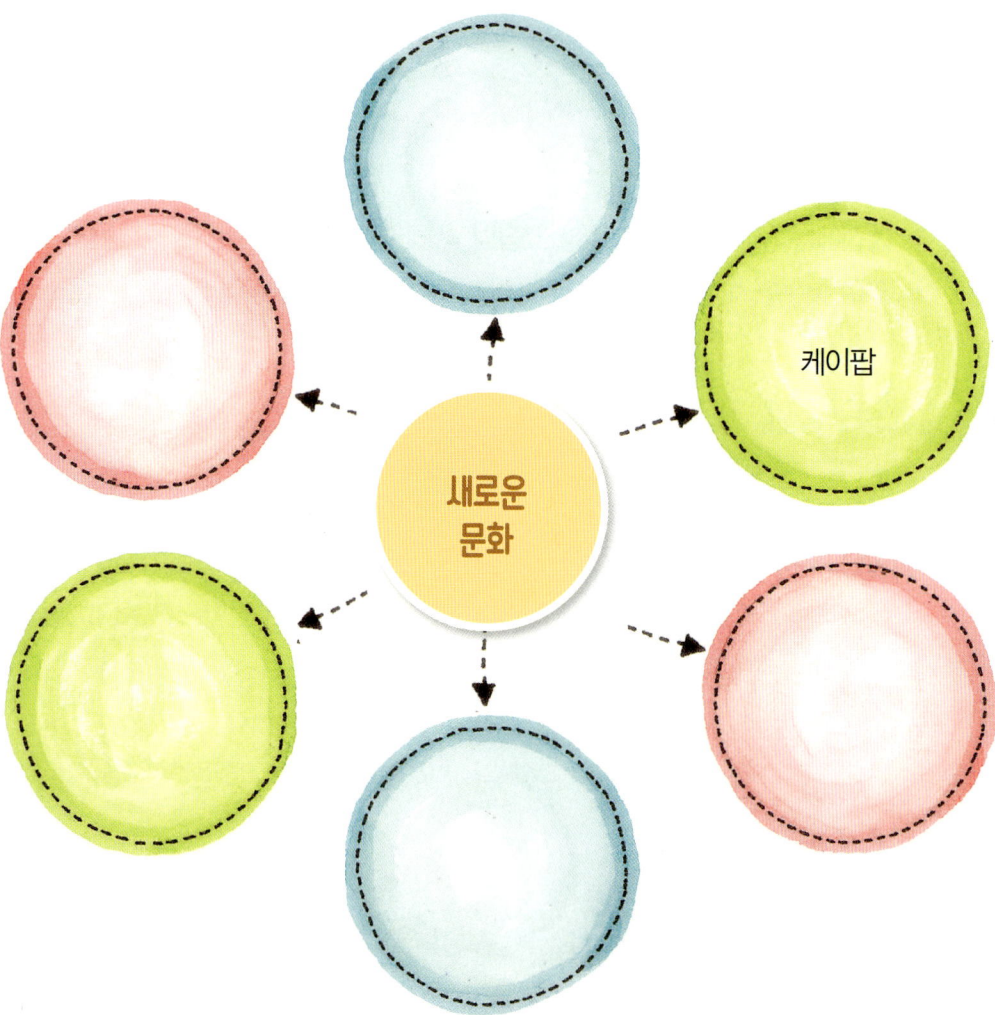

차근차근 맛보기   내용을 이해해요

1. 북한과 남한은 마음대로 오고 갈 수 없습니다. 그러면 태구는 어떻게 북한에서 남한까지 올 수 있었을까요? 태구가 북한에서 남한으로 온 과정을 설명해 보세요.

2. 점심시간에 아이들은 밥을 받기 위해 줄을 섰습니다. 급식 당번 아이가 태구의 식판에 밥, 김치, 불고기, 어묵을 담아주었습니다. 하지만 태구는 밥과 반찬을 자꾸 덜어내려고 하였습니다. 태구가 밥과 반찬을 받지 않으려고 하는 이유는 무엇인가요?

3. 태구가 어묵을 고기떡이라고 하자 아이들이 모두 웃음을 터뜨렸습니다. 귀밑까지 뜨겁게 달아오르면서 부끄러워하는 태구의 편을 들며 도와준 친구가 있었습니다. 그 친구가 누구이고, 무엇이라고 말하면서 도와주었나요?

4 태구네 모둠에서는 공개수업에서 우리말과 북한말에 대해서 발표했습니다. 태구네 모둠에서는 다양한 남한말, 북한말 맞추기를 문제로 냈습니다. 같은 의미를 나타내는 남한말과 북한말을 연결해 보세요.

다양한 맛 즐기기 — 넓고 깊게 생각해요

1-1 남한과 북한은 우리가 생활 속에서 흔히 쓰는 속담도 같은 의미이지만 많은 차이를 보이고 있습니다. 서로 관련있는 속담끼리 연결해 보세요.

남한속담	북한속담
갈수록 태산이다	가랑잎이 솔잎더러 바스락거린다고 한다
달걀로 바위치기	시어머니 역정에 개배떼기 찬다
작은 고추가 맵다	돼지꼬리 잡고 순대 먹자 한다
부뚜막의 소금도 집어넣어야 짜다	갈수록 심산이다
똥싼 놈이 방귀 낀 놈 나무란다	가마목의 소금도 집어넣어야 짜다
종로에서 뺨맞고 한강 가서 돌 던진다	바위에 닭 알 부딪히기
우물에 가서 숭늉 찾는다	고추는 작아도 더 맵다

문화교류 • 211

1 -2 이렇게 같은 한글을 사용하면서도 이렇게 사용하는 낱말, 의미가 다른 이유는 무엇일까요?

---

2 -1 남한과 북한뿐 만 아니라 외국인과 우리나라사람처럼 완전히 서로 다른 문화의 사람들이 만나서 서로를 이해하지 못한 채로 같이 살아간다면 우리 사회는 어떤 문제점이 생길지 써 보세요.

---

2 -2 위에서 말한 여러분이 생각하는 문제점을 해결하기 위해 여러분이 할 수 있는 일은 무엇이 있을지 써보세요.

문화교류가 활발해지면서 다른 나라의 문화를 받아들이는 자세는 다양하게 나눌 수 있습니다.

첫째, '자문화 중심주의'는 자기 문화의 우수성만을 내세우고 다른 문화를 무시하는 태도입니다.

둘째, '문화 사대주의'는 다른 사회의 문화만을 우수하다고 믿고 자기 문화의 수준은 낮게 평가하는 태도입니다.

셋째, '문화 상대주의'는 한 사회의 문화를 그들이 처한 환경과 역사적 상황에서 이해하는 태도를 말하며, 모든 문화가 나름의 고유한 가치를 지니고 있다고 보고, 그 문화의 입장에서 문화를 바라보는 태도입니다.

3 세상엔 셀 수 없는 여러 문화들이 존재합니다. 이러한 문화들은 급격한 통신·교통의 발달에 따라 다른 문화들과 만나게 됩니다. 하지만 여러 문화들과 만나는 과정에서 무작정 배척되거나, 혹은 아무 비판없이 무조건 받아들여지게 되면서 문제가 발생합니다. 지구촌의 여러 문화들을 대하는 올바른 태도는 어떤 것일까요? 여러분들의 생각을 적어주세요.

> **tip** 배척 : 따돌리거나 거부하여 밀어 내침.

4 미래의 지구촌은 문화교류로 현재의 모습과는 매우 많이 달라질 것입니다. 미래의 지구촌의 모습을 상상해서 글로 써봅시다. 글로 표현하기 힘든 부분은 그림으로 나타내보세요.

 **함께 맛 나누기**   독서 토론을 해요

1 태구의 사촌형은 태구에게 학교에서는 절대 입을 벌리지 말라는 충고하였습니다. 그 말을 듣고 태구는 학교에서 꼭 필요한 상황에서도 제대로 말을 하지 않았습니다. 처음 학교에 간 날 자기소개시간, 친구들이 태구에게 한 질문에 대한 대답, 공개수업으로 도서관에 책을 찾으러 갔다가 책을 찾지 못했을 때 등등 제대로 대답을 하지 않아 불편한 점이 많았습니다. 여러분은 이런 태구의 행동에 대해 어떻게 생각하나요?

의견	까닭
말하지 않는 것을 이해할 수 있다.	
말하지 않는 것을 이해할 수 없다.	

2 우리는 흔히 외국인과 한국인이 결혼한 가정, 외국인끼리 결혼한 가정, 유학생, 새터민 가정 등을 포함하여 다문화 가정이라고 합니다. 하지만 요즘 새터민은 우리와 같은 민족이므로 다문화 가정에 포함하면 않된다는 의견이 늘고 있습니다. 여러분은 새터민이 다문화가정이라고 생각합니까?

찬성 : 새터민은 다문화 가정이다.

근거 1)

근거 2)

근거 3)

반대 : 새터민은 다문화 가정이 아니다.

근거 1)

근거 2)

근거 3)

3 우리나라는 분단된지 70년이 지났습니다. 분단된 후 얼마되지 않아서는 많은 사람들이 통일을 당연하다고 생각하였습니다. 하지만 분단 70년이 넘어서면서 우리나라 사람들은 통일에 대한 다양한 생각들이 나타나기 시작하였습니다. 더욱이 서로 너무 달라진 문화차이, 핵문제, 탈북문제, 새터민 문제 등 분단으로 인한 여러 가지 복잡한 문제들이 생기기 시작하였습니다. 여러분은 통일에 대하여 어떻게 생각하나요?

찬성 : 남북통일에 찬성한다.

근거 1)

근거 2)

근거 3)

반대 : 남북통일에 반대한다.

근거 1)

근거 2)

근거 3)

문화교류 • 217

쓱싹 쓱싹 요리하기 재미있는 독서 글을 써요

1 위의 만화는 세 아들이 다양한 나라의 여성과 결혼한 다문화 가정의 설날이야기를 다루었습니다. 만화를 보고 다음에 어떤 이야기가 펼쳐질지 뒷 이야기를 꾸며 보아요.

2 다문화사회에서 우리가 가져야할 태도에 관한 공익광고입니다.

색의 차이일 뿐 차별이 아닙니다.

당신은 혼동하고 있지 않습니까?

차이는 다름을 인정하는 것이지만,
차별은 불평등을 인정하는 것입니다.
차이와 차별을 혼동하지 마세요.
한 글자 차이가 상처가 될 수도 있습니다.

살색입니다

**외국인 근로자도 피부색만 다를 뿐
우리와 똑같은 사람입니다.**

우리 민족은 약소국의 설움을 누구보다 잘 알고 있습니다.
일제시대의 아픔이 아직도 우리 가슴에 아물지 않고 남아있습니다.
그래서 요즘 심심찮게 들려오는 외국인 근로자 인권유린의 소식들은
더욱 우리의 마음을 아프게 합니다.
우리의 인권이 소중하듯 외국인 근로자의 인권도 소중합니다.

아래 광고의 빈칸에 우리 모두가 서로 편견없이 어울려 서로 행복해지는 다문화 사회 만들기와 관련되는 문구를 네모칸 안에 적어 다문화 공익광고를 완성해 보세요.

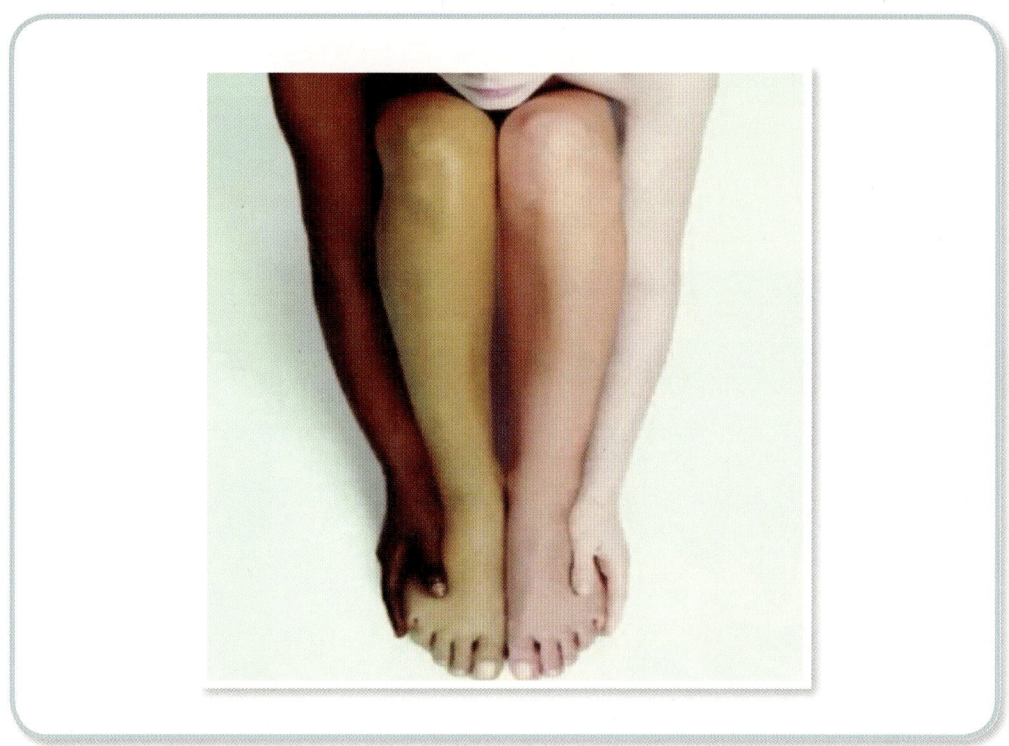

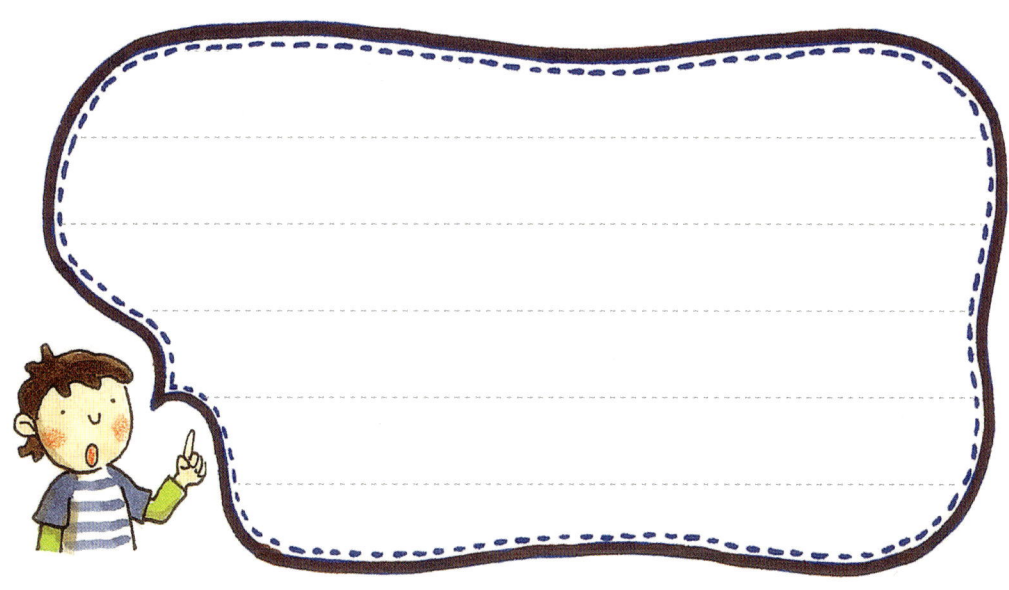

후식을 즐겨요

1 '문화교류' 이야기를 더 알아보아요.

EBS FM 〈다문화 음악여행〉

" 세계 곳곳의 다양한 음악과
문화를 한자리에 "

귀에 익숙한 라틴팝에서부터 가까운 나라 일본, 중국,
그리고 흔히 들어보지 못한 어쩌면 나라 이름조차 생소할 수도 있는
예멘, 부랴트 공화국, 네팔 등과 같은 나라의 음악까지.

2014년 EBS FM의 가을 개편과 함께 신설된 〈다문화 음악여행〉은
기존 라디오 음악 프로그램들이 '영미권 위주'의 선곡을 하는 것에서 벗어나
세계 다양한 이웃의 음악(월드 뮤직)을 청취자들과 나누며
한편으로는 세계 속 케이팝의 흐름까지 들여다볼 수 있는 프로그램입니다.

음악뿐 아니라 매주 한 곳씩, 각 나라의 세계문화유산을 둘러보며
다문화 시대, 우리 이웃들의 문화와 역사까지 공감할 수 있는 시간으로 꾸려집니다.

〈다문화 음악여행〉
FM 104.5 MHz / 매주 일요일 11 pm

1-1 여러 나라의 인사말로 만들어진 "다문화 송"입니다. 각 가사에 알맞은 동작을 만들어서 친구들과 함께 즐겁게 율동을 즐겨봅시다.

다문화 송

한국친구 만나면 안녕 안녕
몽골친구 만나면 세노세노
베트남친-구는 신짜오 신짜오
인도친구 나마스떼

미국친구 만나면 헬로 헬로
일본친구 만나면 곤니찌와
러시아친구는 브리벳 브리벳
프랑스 봉주르
중국은 니하오

인사말과 생김새는 서로서로 다르지만
사이좋게 함께 지내는 우리는 지구촌 한가족

케냐친구 만나면 잠보 잠보
이스라엘친구는 샬롬 샬롬
스리랑카친구는 아유보완
필리핀은 구무스따까

작곡 : 이한결
작사 : 평택대학교 다문화가족센터

〈세계의 다양한 인사법〉

인도	두손을 기도하듯이 모아서 '나마스떼'라고 한다.	하와이	엄지와 새끼손가락을 펴서 흔들며 '알로하'라고 말한다.
티벳	메롱하듯이 혀를 내민다.	이스라엘	서로 양팔을 펼쳐 상대방의 어깨를 주무르며 '샬롬'이라고 말한다.
스페인 이탈리아	포옹을하면서 소리만 내는 볼뽀뽀를 한다.	미국	만났을 때 '헬로우'라고 말하며 악수를 하고 미소 짓는다.
미얀마	팔짱을 낀채 고개를 숙여 인사한다.	태국	두손을 기도하듯이 모아서 남자에게는 싸와디캅, 여자에게는 싸와디카라고 말한다.

2 다양한 매체를 더 만나보아요.

한국생활 적응에 꼭 필요한 기본정보와 다문화 관련 최신정보를 13개 언어로 제공합니다.
문화다양성교육, 나라별 문화소개, 다문화이해 교육등을 지원합니다.

다문화가족지원포털
http://www.liveinkorea.kr/intro.asp

이주민, 다문화가족, 외국인 등 어떤 말로 구분이 되던 모두가 함께 사는 이웃이다. 〈하나다문화센터 다린〉은 이렇게 모두가 이웃이되는 공간이다. 다양한 사업을 통해 다문화가정의 안정적 사회정착을 돕고, 시민들의 사회참여를 이끌어냄으로써 다문화사회 이해를 돕는데 기여하고 있다.

하나다문화센터 다린
http://www.hanadarin.com/index.php

청소년복지지원법 제 18조에 따른 이주배경청소년(탈북청소년, 다문화청소년, 중도입국청소년 등)을 지원하고 더불어 살아가는 다문화 사회를 만들어가는 비영리 재단법인입니다.
이주배경청소년과 함께 만드는 공존과 통합의 다문화 한국 사회 실현을 비전으로 인권 및 지역에 기반한 이주배경청소년 정착·통합지원, 청소년 다문화 역량 강화, 다문화 사회를 선도하는 청소년 정책 개발 및 제언을 목적으로 합니다. 이를 위해 이주배경청소년 지원 및 역량개발, 청소년의 다문화 감수성 제고, 정책 및 프로그램 개발을 주요과제로 하고 있습니다.

무지개청소년센터
http://www.rainbowyouth.or.kr/

한반도 속의 다문화를 품어
더 큰 하나를 만드는 한국인

단일민족의 편견을 극복하지 못하는 한국의 다문화 주의는 실패할 것이라고 말합니다.
하지만 다문화가 꽃핀 오랜 역사와 선조들의 다문화 경험을 가진 나라,
다양한 문화를 가진 사람들이 공존할 수 있는 반도의 나라
대한민국은 오래 전부터 다문화가 숨쉬고 있는 나라입니다.

이제 한민족은 한반도에 국한된 하나의 민족을 뜻하는 말이 아니라,
한반도 속의 다문화를 품어 더 큰 하나를 만드는 민족을 뜻합니다.

서로의 개성을 존중하고 화합해
더 큰 한민족을 만드는 통합의 DNA를 가진 한국청년을 찾습니다.
차별이 아닌 차이를 인정하고
세계인과 공존하는 꿈과 이상을 실현할 대한민국의 청년들
한국 땅의 다양한 문화를 품어
세계를 꿈꾸는 한민족.

지구촌 인권 문제를 고민하는 반크 월드체인저의 꿈,
한반도의 다문화에 대한 편견을 바꾸는 것에서부터 시작합니다!

3 이런 책들도 함께 읽으면 좋아요.

　우리나라의 대표적 7곳의 다문화 마을을 소개하고 있다. 외국에 가지 않아도 가까이에서 다른 나라의 문화를 접할 수 있는 다문화 사회가 된 우리나라에서 다문화 마을이 갖는 의미 등에 대해서도 살펴본다. 특히 다문화 마을에서 사는 친구 7명을 만날 수 있다.
　다문화 마을 아이들의 일상생활과 학교생활, 그리고 한국에서의 꿈과 계획을 인터뷰를 통해 직접 들은 후 이야기로 재구성한 것이다. 아이들이 친구들의 이야기를 통해 다문화 사회에 대해 친근하게 이해하면서 모르고 지내온 다양한 나라의 문화를 우리 동네나 이웃 동네에서 찾아보는 재미를 누리도록 인도한다.

한국 속 지구마을 리포트 / 김현숙 글 / 김혜영 그림 / 김종훈 사진 / 한겨레아이들

　'베트남동화'를 소개하며 우리나라 동화와 어떤 점이 같고, 다른지 체험해 보는 다문화 동화책입니다. 동아시아는 불교문화의 영향권에 있어 전래동화 속에 불교와 관련되는 이야기가 많이 스며들어 있습니다. 우리나라에는 효녀 심청이가 심봉사를 위해 공양미 300석에 몸을 팔아 인당수에 뛰어들어 심봉사가 눈을 뜨게 되었다는『심청전』이 있고 일본에는 돌부처를 배려한 나무꾼할아버지는 복을 받고, 위선으로 행동하는 욕심쟁이 할아버지는 벌을 받는다는『고바야시 데로코 수집동화』등이 있지요. 이러한 동아시아의 불교관련동화를 통해 각국 종교와 문화를 비교하고 토론해 보고, 더불어 사는 다문화 사회를 느끼고 체험할 수 있다.

베트남 설날 장대 이야기 / 쩐 꾸옥 지음 / 응웬 빅그림
정인출판사

베트남 다문화 가정 2세 민이는 초등학교 3학년입니다. 한국아이와 다를 바 없는 외모에 공부도 잘 해서 친구들 하고도 잘 지낸답니다. 친구들은 민이가 다문화 가정 아이인지 모르지요. 그런데 우연히 학교에서 민이가 다문화 가정 아이라는 사실이 밝혀지면서 이상한 일들이 벌어집니다. 낯선 일들에 적응하기 힘들던 민이, 한편 민이네 반에는 또 다른 다문화 가정 아이인 준호가 전학을 옵니다.

아이가 사회와 세상을 처음 경험하게 되는 장은 바로 '학교'입니다. 이 '학교'라는 장에서 아이가 차별적 시각을 버리고, 열린 마음으로 다문화 아이들과 함께 어울려야만 더 넓은 사회에서도 편견 없는 자세를 갖추게 되지요. 이 책을 통해 아이들에게 '다문화 가정'에 대한 올바른 인식을 심어 주고, 더 나아가 다문화 가정 아이들과 친구들이 따뜻한 품성과 사회성을 가지고 자라게 될 것입니다.

다문화 친구 민이가 뿔났다 / 한화주 글 / 안경희 그림 / 팜파스

혹부리 영감과 비슷한 내용인 일본의 주먹밥 할아버지 이야기를 통하여, 일본과 한국의 문화에 대해 비교해 볼 수 있는 그림책이다. 『주먹밥 할아버지』와 『혹부리 영감』에 나오는 착한 할아버지와 심술쟁이 할아버지는 한국과 일본이라는 배경과 문화가 다를 뿐, 모두 다 착하게 사는 사람은 복을 받고 악하게 사는 사람은 후회하거나 벌을 받는다는 주제를 가지고 있다. 우리나라와 정서가 비슷한 일본의 문화를 접하고 이해할 수 있으며, 이를 통해 우리 문화를 올바르게 인식하고 다른 문화를 폭넓게 수용하는 마음을 배운다.

일본의 주먹밥 할아버지와 혹부리 영감 / 김민선 지음 / 정윤미그림
정인출판사

1. 다문화 속 '세계시민'에 대해 알아보아요.

우간다에서 온 편지

한국에 계신 후원자님께.

안녕하세요. 제 이름은 파이어스 오쿠루트(Pius Okurut)예요. 올해 12세이고, 우간다 쿠미(Kumi) 지역에 있는 은예로(Ngero) 초등학교 7학년에 다닌답니다.

사실은 자랑할 일이 있어요. 난생처음 비행기를 타고, 한국에 가거든요. 그곳도 예전엔 우간다처럼 가난했었다고 '언티(Aunty)' 조이가 말했어요. 참, 조이는 2010년도에 한국에서 이곳으로 온 기아대책봉사단이에요. 한국 이름은 이명현이지만, 우리 동네 사람들은 모두 '언티 조이'라고 불러요.

제가 왜 한국에 가냐고요? 축구 하러 가요. 전 우간다 대표팀 수비수거든요. 기아대책 '희망월드컵'이 서울에서 열린대요. 케냐부터 브라질까지 10개 나라에서 한국의 후원자님들이랑 결연을 맺고 있는 어린이가 110명이나 모인대요. (중략) 희망월드컵 참가 준비를 시작하고 나서, 매일 매일이 새로워요. 아침 5시 30분이면 운동장에 모여서 조깅을 하며 하루를 시작하죠. 수업을 마치고 나서 오후 4시부터 6시까지는 정식 축구훈련을 한답니다. (중략) 축구도 좋아하지만, 사실 전 엄마처럼 아픈 사람을 치료하는 의사가 되고 싶어요. 엄마도 HIV 보균자라서 자주 편찮으시거든요. 의사가 꿈이면 공부나 더 열심히 하지 왜 축구를 하냐고요? 훌륭한 의사라면 병을 치료하는 방법뿐만 아니라 몸을 건강하게 만드는 방법도 알아야 하지 않겠어요?

전 세계 친구들이 희망월드컵에 참가하기 위해 열심히 뛰고 있다고 들었어요. (중략) 열심히 연습하고 있을 세계의 친구들과, 우리에게 기회를 선물해주신 한국의 후원자분들께 깊이 감사드려요. 저도 언젠가 저보다 더 어려운 친구들을 도울 수 있는 날이 오겠죠?

2016년 7월 6일, 우간다에서
사랑을 담아 파이어스 드림.

※ 이 편지는 권보람 더나은미래 기자와 희망월드컵 우간다 대표팀 파이어스 오쿠루트군의 인터뷰를 바탕으로 작성됐습니다.

〈출처 : 조선일보 http://news.chosun.com〉

'자선의 여왕' 마돈나, 말라위에 학교 설립

'팝의 여왕'에서 '자선의 여왕'이 된 팝가수 마돈나(51)가 직접 설립한 여학교 개교식에 참석하려고 아프리카 말라위를 찾았다.

말라위는 마돈나가 2008년 입양한 데이비드와 올해 입양한 머시의 조국이다.

마돈나는 입양한 아이들과 맺어진 인연으로 해마다 말라위를 방문해 왔다. 현지에 학교와 편의시설 등을 세웠다.

특히 그녀는 처음 말라위를 방문한 2006년, 말라위의 고아들에게 교육과 의료서비스를 제공하려고 자선기관을 설립했다.

이후 각국 대사들과 직접 만나 말라위의 고아들을 위한 기금 마련에 앞장서는 등 선행을 펼쳤다.

이번에 개교한 여학교는 그녀가 가장 심혈을 기울인 활동 중 하나이며, 마돈나는 이번 개교식 때 현지 아이들에게 선물할 엄청난 양의 장난감을 준비한 것으로 알려졌다.

그녀는 "여성 리더의 미래를 준비하려는 것"이라며 "내 딸의 조국을 부정하거나 모르는 척 하지 않을 것"이라고 밝혔다.

이어 "내가 세운 자선기관과 학교는 오프라 윈프리의 선행에서 영감을 받은 것"이라고 덧붙였다.

미국 토크쇼의 여왕인 오프라 윈프리는 남아프리카공화국에 고아를 위한 학교를 설립하고 지속적으로 이들을 지원하고 있다.

〈출처 : 서울 신문 2009. 10. 26〉

※ 두 기사를 읽고, 어떤 생각이 들었나요?

2. 다문화 사회에서 '세계시민'은 왜 중요할까요?

세계시민

세계는 눈 깜짝할 사이에 많은 변화를 거듭하고 있으며, 지구 반대편에서 일어나고 있는 일들은 꾸준히 인터넷과 다양한 매체를 통해 우리의 안방에 빠르게 전달됩니다. 즉 다양한 분야에서 전 세계는 하나의 네트워크로 연결되어 있고, 눈에 보이지 않지만 강력한 영향을 서로 주고받는 것입니다.

따라서 전 세계 여러 나라 사람들은 지구촌 공동체의 구성원이라는 연대감을 가지고, 세계에서 발생하는 다양한 문제에 관심을 가지고 해결하기 위해 참여하는 태도를 가져야 합니다. 특히 국제 평화를 추구하고 보편적인 인권 존중의 의식을 키우는 것은 매우 중요합니다.

세계시민이란 특정 국가의 국민으로서만이 아니라, 인류 공동체의 일원으로서 세계 공동체 의식을 가지고 지구촌 문제 해결을 위해 협력하는 사람을 세계시민이라고 합니다. 세계 시민은 세계를 구성하는 한 구성원으로서 세계의 모든 인류는 평등하다는 입장에서 시작합니다.

세계시민을 양성하는 세계시민 교육(Global Citizenship Education)은 인류 보편적 가치인 세계 평화, 인권, 문화의 다양성 등에 대해 폭넓게 이해하고 실천하는 데 목적을 두고 있습니다. 우리는 세계시민 교육을 통해 전 지구적 관심사를 이해하고, 긍정적이고 발전 가능한 문제 해결점을 찾기 위해 노력하는 자세를 가져야 합니다.

세계시민 교육에서 공부하는 주제들은 다음과 같습니다.

1. 전 지구적 문제 인식

빈곤, 환경파괴, 빈부격차, 교육, 소년병, 지뢰, 인권유린, 독재, 에너지문제, 여성할례, 여성인권, 청소년 노동, 계급, 에이즈, 다국적 기업의 횡포, 전쟁, 대량학살

2. 자국의 전통문화 유지

독특한 자국의 문화 개발, 명맥 유지, 다양성 교육을 통한 자국문화자긍심, 전통문화의 전문가 관리 및 문화 육성

3. 세계를 보는 눈

문화의 다양성 인정, 지구촌 시민정신 함양, 지구촌 의식

맛있게 읽어요

1. '세계시민'을 위한 첫 번째 책을 만나요

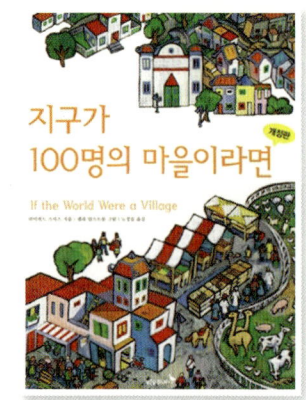

관련 핵심역량

심미적 감성 역량, 공동체 역량, 의사소통 역량

데이비드 스미스 지음 / 푸른숲주니어

어떻게 읽을까요?

1. 내 주변을 비롯한 다른 나라에 관심을 가지며 읽어요.
2. 다른 나라의 문제는 나와 어떤 관계가 있을지 생각하며 읽어요.
3. 지구에 사는 모든 나라와 사람들은 이웃이라는 마음으로 읽어요.
4. 모두가 협동해야 지구촌의 문제를 해결할 수 있다는 마음으로 읽어요.

어떤 내용일까요?

　지구의 인구는 얼마나 될까요?
　「지구가 100명의 마을이라면」는 전 세계 인구를 100명이라고 상상하고, 100명이 사는 지구촌 마을 사람들의 다양한 생활 모습을 소개해 줍니다.
　지구 마을 사람 100명 가운데 60명은 아시아, 15명은 아프리카, 10명은 유럽, 9명은 남아메리카와 중앙아메리카, 5명은 캐나다와 미국, 1명은 오세아니아에서 왔습니다. 이 중 한국에서 온 사람은 단 1명입니다.
　지구 마을에는 대략 6,000개의 언어가 있지만, 사람들의 반 이상은 8개 언어 중 하나로 말합니다. 그리고, 지구 마을의 인구는 점점 어린이의 수가 줄고 나이 많은 어른의 수가 늘고 있습니다. 그 외 지구 마을의 종교, 식량, 공기와 물, 학교와 일, 에너지 등에 대해서 「지구가 100명의 마을이라면」을 보며 알아봅시다.

 마음을 열어요

1 우리 나라의 위치를 찾아 ○표 해 봅시다.

2 우리 나라와 이웃하고 있는 나라를 찾아 봅시다.

방 향	나라 이름
동	
서	
북	

3 내가 알고 있는 나라의 이름을 적어 봅시다.

4 뉴스, 책, 주변 어른들의 말씀 등을 통해 다른 나라에서 일어나고 있는 일에 대해 알고 있는 내용을 친구들과 나누어 봅시다.

예) 뉴스에서 미국 대통령에 대해 보도하는 것을 본 적이 있다. 중국이 사드배치에 대한 보복으로 한국 여행 금지시키는 것에 관한 뉴스를 접한 적이 있다. 등

차근차근 맛보기   내용을 이해해요

1 지구마을 사람 100명 가운데 가장 많은 수인 60명을 차지하는 사람은 어느 대륙에서 왔을지 [보기]에서 찾아 쓰시오.

| 보기 | 아시아   아프리카   유럽   아메리카   오세아니아 |

(   )

2 지구 마을 사람은 서로 다른 언어를 사용합니다. 지구 마을에는 약 6,000개의 언어가 있습니다. 절반이 넘는 지구마을 사람들과 말하기 위해서는 대략 8가지 언어를 익히면 되는데, 중국어, 힌디어, 스페인 어, 아랍어, 벵골어, 포르투칼어, 러시아어입니다. 나머지 하나는 무엇일지 [보기]에서 찾아 쓰시오.

| 보기 | 한국어   프랑스어   영어   독일어   아프리카어 |

(   )

3 지구 마을에는 갈수록 나이 많은 어른 수는 늘고, 어린이 수는 점점 줄어들고 있어요. 100년 전에는 65살이 넘는 사람이 8명이었는데, 2050년에는 16명이 넘을 거라고 합니다. 어른 수는 점점 늘고, 아이들 수는 점점 줄어든다면 우리 사회에 어떤 일이 생길 수 있는지 생각해 봅시다.

4 (   )안에 들어갈 알맞은 낱말을 넣으시오.

> 사람들에게는 (   )와 (   )이 꼭 필요합니다. 지구 마을 사람 중 87명은 집 근처에서 이것을 구할 수 있어요. 나머지 13명은 날마다 깨끗한 이것을 얻기 위해 하루 종일 애써야 해요. 63명은 상수도와 하수도 처리가 되어 있는 좋은 환경에서 살지만, 37명은 기생충이 옮거나, 이질, 콜레라, 장티푸스 같은 병에 걸릴 수 있는 지저분한 환경에서 살아요. 68명은 신선한 이것을 마시며 살지만 32명은 공해로 더러워진 이것을 마십니다. 이것은 무엇일까요?

(   )와 (   )

5

> 지구 마을 사람들의 평균 수명은 점점 늘어나고 있습니다. 예전 지구 마을 사람들의 건강을 위협하는 가장 큰 문제 가운데 하나가 말라리아였습니다. 그렇다면 현재 사람들의 건강을 위협하는 가장 큰 문제는 무엇이라고 생각하나요?

6

> 지구 마을에는 부자도 있고 가난한 사람도 있습니다. 100명 중 10명은 전 세계 재산의 85%를 가지고 1년에 엄청나게 많은 돈을 법니다. 그러나 많은 사람은 기본적인 생활을 하기에 필요한 돈조차 없이 힘들게 살아가는 사람들도 많습니다. 여러분이 부자라면 돈을 어떻게 사용하고 싶나요?

 다양한 맛 즐기기 넓고 깊게 생각해요

1. 세계 여러 나라에는 학교를 가야 할 나이에 돈이 없어 학교를 가지 못하고, 부모님이 아프거나 일할 수 없어 부모님 대신 공장에 나가서 일하는 어린이들이 있습니다. 학교를 가고 싶어도 가지 못하는 친구들에게 용기를 주는 편지를 적어 보세요.

2 1 과 같은 상황의 친구들을 도울 수 있는 아이디어를 떠올려 볼까요?

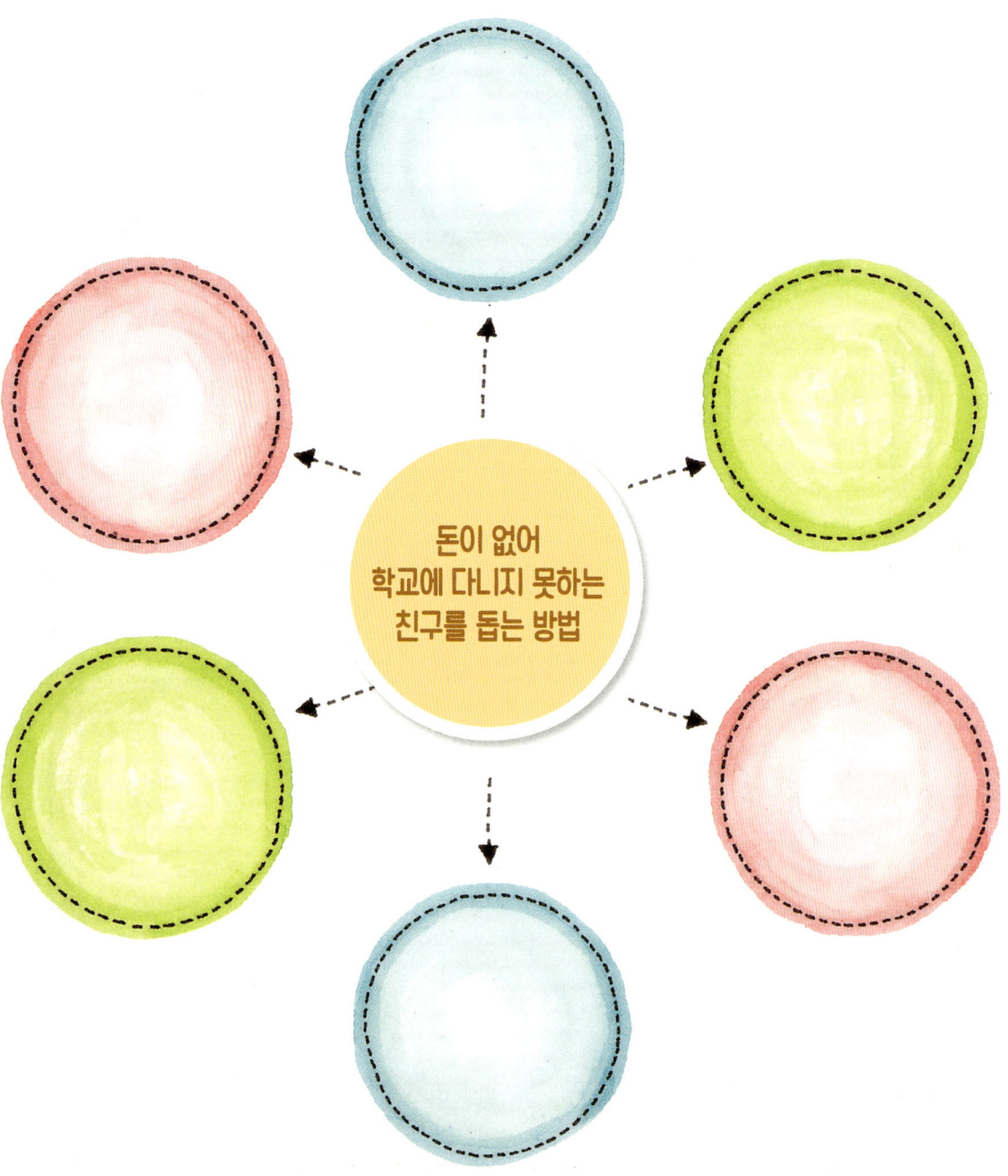

3. 지구상의 물은 점점 부족해지고 있습니다. 먹을 물조차 없어 매일 물을 구하기 위해 어려움을 겪고 있는 사람들이 많습니다. 평소 나의 물 사용 태도를 점검해 보세요.

※ 나의 물 사용 태도에 해당되는 칸에 ○표 해 보세요.

구 분	잘함	보통	노력 필요
세수할 때 물을 대야에 받아서 세수 한다.			
양치할 때 물을 컵에 받아서 쓴다.			
손을 씻을 때 물을 틀어놓지 않고 받아서 씻는다.			
샤워를 할 때 욕조에 물을 받지 않고 샤워기를 사용한다.			
물총 놀이를 하지 않는다.			
음식을 남기지 않고 먹고 난 후 그릇을 깨끗하게 정리하여 반납한다.			

4 지구상의 모든 사람들이 함께 물을 아껴야 부족한 물의 문제를 해결할 수 있습니다. 물 절약의 중요성을 알리는 내용을 글이나 그림으로 표현해 보세요.

 **함께 맛 나누기**   독서 토론을 해요

1 세계 여러 나라에는 돈이 없어 학교에 가지 못하는 어린이들이 많습니다. 한 가난한 국가의 대통령이 학교에 다니지 못하는 어린이도 배우고 공부할 수 있도록, 부자들에게 세금을 많이 거두고, 그 돈으로 가난한 어린이들이 학교에서 배울 수 있게 지원 해 주려는 계획을 세웠습니다. 그런데 부자들은 이 계획을 반대합니다. 내가 가난한 나라의 대통령이라면 어떻게 할까요?

나의 생각	그렇게 생각한 까닭

다른 친구의 생각	그렇게 생각한 까닭

최종 나의 결정

2 해마다 12월이 되면 크리스마스를 앞두고 거리에 아름답게 장식된 크리스마스 조명 장식을 볼 수 있습니다. 그런데 일부 나라에서는 크리스마스 조명 장식에 사용하는 전기 사용량이 가난한 나라에서 1년 사용하는 전기량보다 훨씬 많은 양을 사용하기도 합니다. 거리를 화려하고 멋지게 수놓는 크리스마스 조명 장식에 대해 친구들과 함께 생각해 볼까요?

크리스마스 조명 장식	
P(좋은 점)	
M(나쁜 점)	
I(재미있는 점)	
최종 결정	

3. 전쟁, 정치적 생각 등의 갈등으로 인해 발생한 전쟁, 테러를 피하기 위해, 혹은 지진, 태풍, 가난, 질병의 어려움 때문에 다른 나라나 다른 지방으로 가는 사람들을 '난민'이라고 합니다. 많은 수의 난민이 우리나라로 들어오려 한다면 난민을 받아들여야 할까요? 거부해야 할까요?

나의 생각	그렇게 생각한 까닭

다른 친구의 생각	그렇게 생각한 까닭

최종 나의 결정

세계시민 • 243

 **쓱싹 쓱싹 요리하기** 재미있는 독서 글을 써요

지구온난화 원인, '충격' 앙상하게 마른 북극곰

지구온난화의 원인이 화제인 가운데, 앙상하게 마른 북극곰의 모습에도 관심이 모인다. 최근 한 독일 사진작가가 찍은 한 장의 사진이 공개돼 큰 충격을 전했다.

사진 속에는 북극곰의 모습이 담겨있다. 북극곰은 보기에도 안쓰러울 정도로 앙상하게 마른 모습으로 보는 이들을 충격에 빠뜨렸다.

뼈만 앙상하게 남아 얼음 위를 힘겹게 걷는 북극곰과 마찬가지로 북극해 바다얼음 역시 10년 마다 평균 2.7%씩 줄면서 북극 생태계도 파괴됐다고 알려졌다.

이탈리아 북부 돌로미테 산맥의 최고봉인 마르몰라다는 해발 3300m에 빙하와 만년설이 녹아내리면서 민둥산처럼 변했다고 전해져 안타까움을 자아냈다.

한편, 지구온난화는 산업혁명 이후 화석에너지의 과다한 사용량의 증가로 지구 밖으로 방출되는 복사열이 감소해 일어난 현상으로 원인으로는 메탄가스가 주범으로 꼽힌다.

〈출처 : 한국경제TV, 2015. 09. 15〉

1 기사를 읽고 어떤 생각이 들었나요?

지구가 너무 더워요!

지구의 기후에 큰 변화가 생겼습니다.

온실 가스가 과다 배출되어 지구 온난화 현상이 발생하고, 기후 변화가 생겼습니다. 기후변화를 일으키는 온실가스 과다 배출의 원인 중 중요한 부분은 다음과 같습니다.

- 화석 연료의 사용 : 석탄, 석유, 가스 등과 같은 화석연료의 사용이 온실가스 배출의 가장 큰 원인입니다. 화석연료를 많이 사용하게 된 산업혁명 이후 대기 중 온실가스 농도는 산업화 이전의 280ppm에서 2005년 기준 379ppm으로 30% 증가했습니다. 더불어 1960년~2005년 평균 이산화탄소 농도 증가율은 연간 1.4ppm으로 나타나고 있습니다.
- 쓰레기의 증가 : 쓰레기 배출도 기후변화의 원인입니다. 쓰레기를 분해하는 과정에서 이산화탄소 온실 효과의 더 강력한 주범인 메탄이 다량 발생합니다.
- 무분별한 벌목 : '지구의 허파'라고 할 수 있는 아마존 산림의 무분별한 벌목 등으로 산림이 크게 줄어들고 있습니다. 산림이 감소하면 온실가스를 흡수하는 자연의 능력이 줄어들어 지구의 기온이 더 상승하게 됩니다.

〈출처 : 그래픽 송윤혜 기자(블로그) bookart.chosun.com〉

지구온난화(기후변화)는 우리 생활뿐만 아니라 지구, 생태계 등에 광범위하게 영향을 미칩니다. 지구의 기온이 상승하여 극지방과 고지대의 빙하, 설원이 녹고, 이로 인해 물속에 잠기는 국가들도 많아지고 있습니다. 또한 지구의 온도변화로 얼음 위에서 살던 생물들이 살 곳을 잃어가고 있습니다. 지구의 온도가 1도씩만 올라도 생태계가 30% 멸종하는 것으로 알려지고 있습니다. 또한 산불 등 발생증가로 자연생태계 영향도 받게 됩니다. 지구 온난화를 이대로 방치하면 어떻게 될까요?

〈온난화로 변하게 될 2050년의 지구〉

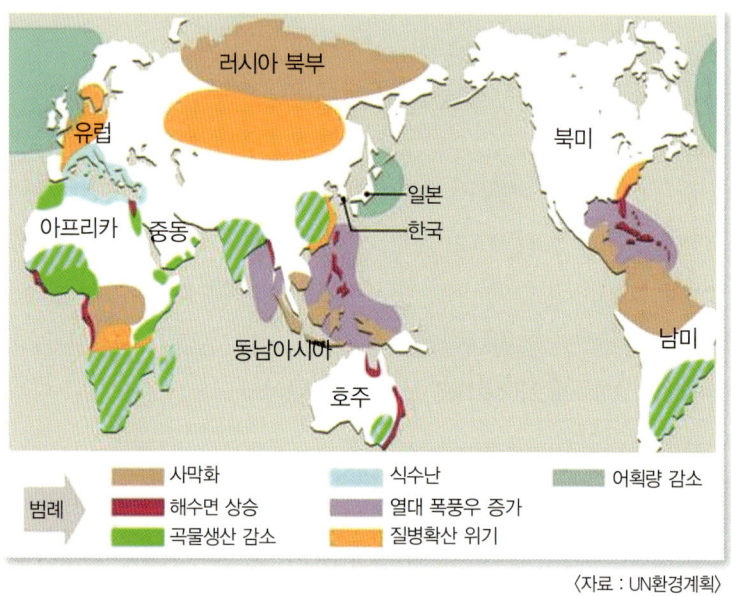

〈자료 : UN환경계획〉

2 지구 온난화가 심각해지면 우리 생활에 어떤 변화가 생길 수 있을까요?

3 지구 환경을 살리기 위해 생활 속에서 실천할 수 있는 방법을 생각해 볼까요?

4 '지구 환경을 살리자' 라는 주제로 글을 적어봅시다.

2. '세계시민'을 위한 두 번째 책을 만나요

관련 핵심역량

심미적 감성 역량, 공동체 역량, 의사소통 역량

하세가와 요시후미 글·그림 / 고래이야기

어떻게 읽을까요?

1. 내 주변을 비롯한 다른 나라에 관심을 가지며 읽어요.
2. 다른 나라의 문제는 나와 어떤 관계가 있을지 생각하며 읽어요.
3. 지구에 사는 모든 나라와 사람들은 이웃이라는 마음으로 읽어요.
4. 모두가 협동해야 지구촌의 문제를 해결할 수 있다는 마음으로 읽어요.

어떤 내용일까요?

내가 밥을 먹을 때, 텔레비전을 볼 때, 학교에서 공부를 할 때, 친구들과 즐겁게 놀 때, 이웃 사람들, 다른 나라 어린이는 무엇을 하고 있을까요?

「내가 라면을 먹을 때」는 지금 이 순간, 전 세계 어린이들은 무엇을 하고 있을지 생각해 보게 해 줍니다.

내가 라면을 먹을 때 옆에서 방울이는 하품을 합니다. 방울이가 하품을 할 때 이웃집 미미는 텔레비전 채널을 돌립니다. 이웃집 미미가 채널을 돌릴 때 미미의 이웃집 디디는 비데 단추를 누릅니다. 디디가 비데 단추를 누를 때 이웃 마을 소년, 그 이웃 나라 어린이는 무엇을 하고 있을까요?

「내가 라면을 먹을 때」를 읽으며 이웃집 친구, 이웃 마을 친구, 다른 나라 어린이들이 무엇을 하고 있을지 생각해 보고, 또 지구에는 어떤 일이 일어나고 있는지에 관심을 가져 보도록 해요.

 **미리 맛보기**   마음을 열어요

〈출처 : 케빈 카터, 퓰리처상 수상작〉

1 사진 속에 무엇이 보이나요?

2 사진 속 아이는 왜 엎드려 있을까요?

세계시민 • 249

3 지금 아이에게 가장 필요한 것은 무엇이라고 생각하나요?

- 가장 필요한 것 :

- 그렇게 생각한 까닭 :

4 내가 사진 작가라면 이 사진 다음에는 어떤 장면을 담고 싶은지를 생각해 보고, 글이나 그림으로 표현해 보세요.

 **차근차근 맛보기**   내용을 이해해요

1 「내가 라면을 먹을 때」 주변에서 어떤 일이 일어나고 있었는지 [보기]를 보며 답하여 보세요.

```
옆에 방울이가                    (        )
이웃집 미미는                    (        )
이웃집의 이웃집 디디는            (        )
디디의 이웃집 유미는              (        )
이웃마을 남자아이는               (        )
그 이웃마을 여자아이는            (        )
이웃나라 남자 아이는              (        )
이웃나라 이웃나라 여자아이는      (        )
그 이웃나라 여자아이는            (        )
그 이웃나라 이웃나라 남자아이는   (        )
그 맞은편 나라 여자아이는         (        )
그 맞은편 나라의 산 너머 나라 남자아이는 쓰러져 있다.
```

[보기]
① 빵을 판다.   ② 자전거를 탄다.
③ 아기를 돌본다.   ④ 달걀을 깬다.
⑤ 소를 몬다.   ⑥ 야구를 한다.
⑦ 바이올린을 켠다.   ⑧ 비데 버튼을 누른다.
⑨ 물을 긷는다.   ⑩ 텔레비전 채널을 돌린다.
⑪ 하품을 한다.

세계시민 • 251

2 내가 라면을 먹을 때, 맞은편 나라 산 너머 사는 남자 아이는 왜 쓰러져 있었을까요?

3 내가 라면을 먹을 때를 읽고, 떠오르는 생각과 느낌을 적어 봅시다.

 다양한 맛 즐기기　넓고 깊게 생각해요

1 평소 나의 식사 습관을 반성해 보고, 해당 칸에 ○표 해 보세요.

태도	잘함	보통	노력 필요
음식을 흘리지 않고 잘 씹어 먹는다.			
좋아하는 음식도 욕심내지 않고 나누어 먹는다.			
싫어하는 음식도 남기지 않고 먹는다.			
감사한 마음으로 먹는다.			

2 나의 식사 습관 중 좋은 점과 앞으로 노력해야 할 점을 생각해 볼까요?

좋은 점	노력해야 할 점

3 배가 고프지만 먹을 것이 없어 굶주리는 사람들도 많습니다. 굶주리고 있는 사람들을 위해 내가 할 수 있는 일을 생각해 볼까요?

4 우리 주변에는 어려운 이웃을 돕는 좋은 사람들이 많습니다. 뉴스나 책에서 어려운 사람들을 돕는 내용을 찾아서 친구들에게 소개해 보세요.

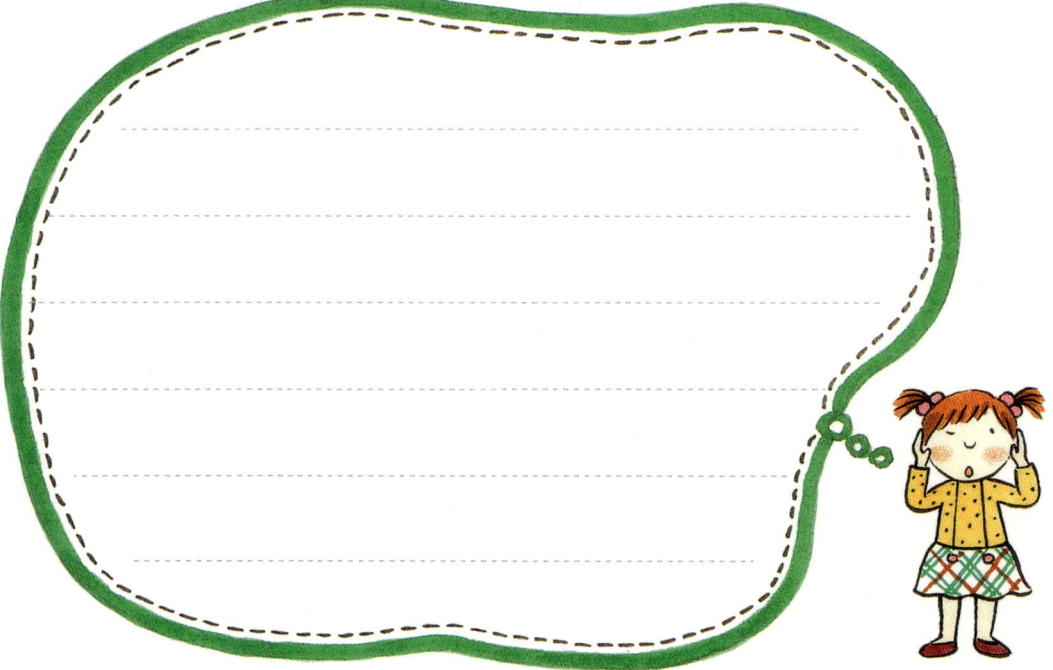

5 봄이 되면 중국에서 불어오는 황사 때문에 우리나라 사람들은 마스크를 쓰고 다니고, 외출하는 데 불편을 겪습니다. 다른 나라에서 일어나는 일이지만 우리가 살고 있는 세계는 모두 연결되어 있습니다.

지구상의 모든 사람들이 행복해 지기 위해 [보기]의 문제들 중 한 가지를 선택하고, 문제를 해결하기 위해 떠오르는 아이디어를 적어 보세요.

① 에너지 문제　　② 기후, 환경 문제　　③ 기아(굶주림) 문제
④ 인종, 성 차별 문제　　⑤ 종교 분쟁　　⑥ 질병 문제
⑦ 기타

6 지구상의 여러 가지 문제를 해결하기 위해 우리 모두가 함께 노력해야 합니다. 학급 친구들과 함께 해결하고 싶은 주제를 정하고, 친구와 함께 실천해야 할 학급 규칙을 정해 보세요.

> **보기**
> ① 에너지 문제　　② 기후, 환경 문제　　③ 기아(굶주림) 문제
> ④ 인종, 성 차별 문제　　⑤ 종교 분쟁　　⑥ 질병 문제
> ⑦ 기타

주제 :

우리가 지켜야 할 학급 규칙을 정해 봅시다.

 **함께 맛 나누기** 독서 토론을 해요

1 급식 시간에 배식 받은 음식은 꼭 다 먹어야 할까요? 먹기 싫은 음식을 먹지 않아도 괜찮을까요? 내 의견을 정리해 보고, 다른 사람의 의견도 듣고 정리해 보세요.

나의 생각	그렇게 생각한 까닭

다른 친구의 생각	그렇게 생각한 까닭

최종 나의 결정

세계시민 • 257

2 프랑스에 부모를 다 잃은 어린 조카를 돌보고 있는 장발장이라는 사람이 있었습니다. 장발장은 직장을 잃고 집에 돌아오던 길에 빵집에 있는 먹음직스러운 빵을 보고 굶주리고 있는 어린 조카들이 생각이 났습니다. 장발장은 배가 고픈 어린 조카들을 위해 빵을 훔쳤고, 감옥에 가게 되었습니다. 빵을 살 돈이 없었지만 굶주리고 있던 어린 조카를 위해 빵을 훔쳤던 장발장의 행동에 대해 어떻게 생각하나요? 친구들과 역할극을 해 보고, 재판관이 되어 판결을 내려 보세요.

검사의 입장에서 말하기

장발장의 입장에서 말하기

판사의 입장에서 최종 판결하기

3 가난한 남편이 아내의 병을 낫게 하려고 약국의 약을 몰래 훔쳤습니다. 약국의 형편이 어려웠던 약사는, 약값을 내지 않은 가난한 남편을 경찰서에 신고해야 할지, 말지를 고민하였습니다. 내가 만일 약사라면, 어떻게 할지 생각해 보고, 다른 사람의 의견도 듣고 정리해 볼까요?

나의 생각	그렇게 생각한 까닭

다른 친구의 생각	그렇게 생각한 까닭

최종 나의 결정

쓱싹 쓱싹 요리하기 재미있는 독서 글을 써요

매년 발생하는 중국 음식물 쓰레기, 5000만 명이 1년 먹을 양식

중국에서 연간 버려지는 음식물의 양이 단순히 무게로 따지면 5000만 명이 1년 동안 먹을 수 있는 규모에 이르는 것으로 나타났다.

29일 중국 현지 언론에 따르면 중국과학원 지리과학 및 자원연구소는 중국에서 매년 낭비되는 음식물과 음료 양이 연간 1700만~1800t만에 이르는 것으로 나타났다.

이는 양으로 따지면 3000만~5000만 명이 1년 동안 먹을 수 있는 식량의 양에 해당한다.

연구소는 2013~2015년 사이 베이징과 상하이 등지 4개 도시의 음식물 낭비 실태를 조사한 결과 초중고교 식당에서 버려지는 1인당 음식물 낭비량도 89.94g에 달한다고 지적했다.

앞서 2010년 중국요식업협회는 중국 음식점에서 버려지는 음식물이 2100억 위안(35조5000억 원) 수준에 이른다는 추정치를 내놓기도 했다.

연구소는 전 세계 인구의 9분의 1이 여전히 충분한 음식을 섭취자히 못하는 상황에서, 이 같은 과다한 음식물쓰레기 배출은 엄청난 처리 비용과 더불어 온실가스를 발생시킨다고 지적했다.

특히 중국인들의 잦은 외식은 물론 푸짐하게 대접하고 대접받은 것을 남기는 것을 미덕으로 여기는 풍습은 이런 문제를 더욱 부추긴다는 분석이다.

중국 과기부 국제합작사(司) 쉬제 부사장은 "전 세계에서 13억t의 식량이 음식물 공급 과정에서 낭비된다. 이는 매년 농업생산에 투입되는 토지 14억ha와 물 2500억m^3가 헛되이 버려지는 것과 같은 양"이라고 말했다.

〈출처 : 국제신문, 2016. 11. 30〉

1 기사를 읽고 느낀 점을 한 문장으로 적어 봅시다.

음식물쓰레기 줄이기 작은 실천과 생각

환경부는 음식물쓰레기를 획기적으로 줄이고, 아름다운 음식문화를 정착하기 위해 지난해 전 국민을 대상으로 개최한 '음식물쓰레기 줄이기 실천사례 및 아이디어 공모전' 결과, 대구 경진초등학교를 대상으로 선정했다고 밝혔다.

이번 공모전은 집단급식소, 공동주택 등 실천분야와 청소년(초·중·고), 대학생, 일반 부문의 아이디어분야로 나눠 진행했으며, 총 523건이 접수되어 56건이 우수 수상작으로 선정되었다.

실천 분야에서 대상을 차지한 경진초등학교는 어릴 때부터 음식물쓰레기 줄이기 생활습관이 몸에 배이도록 밥상머리 교육을 '마음을 먹는다-가꾸다-잇다' 등 체계적으로 운영한 결과, 대상의 영예를 안았다.

대웅제약과 ㈜후니드는 음식물쓰레기도 줄이고 처리비용을 최대 70%까지 절감한 점을 평가받아 집단급식소 부문에서 최우수상으로 선정되었다. 이들 업체는 정확한 예측으로 먹을 만큼 식자재 주문하기, 기존 식판의 밥과 샐러드 위치를 바꾸는 '거꾸로 식사' 등 편하고 재미있는 작은 실천으로 성과를 거뒀다.

음식물쓰레기를 최대 32%까지 감량한 구미시 파라디아아파트는 공동주택 부문에서 최우수상을 수상했다. 이 아파트는 음식물쓰레기 개별계량 종량제 시행, 수분감량용기 세대별 보급, 수요일은 잔반없는 날 운영 등이 높은 평가를 받았다.

아이디어 분야에서 최우수상을 차지한 가온고등학교는 그린존/레드존 운영, 학생 농장 텃밭 가꾸기 등 '음식물쓰레기 제로 활동으로 아프리카 기아 아동 돕자'는 착한 아이디어로 높은 평가를 받았다.

환경부는 이번 공모전을 통해 선정된 각 분야별 수상작에 대해 '음식물쓰레기 줄이기 누리집에 공개할 예정이다.

〈출처 : 2016. 1. 13. 환경부 뉴스공지, http://www.me.go.kr/〉

2 기사를 읽고 느낀 점을 적어 보세요.

3 음식물 쓰레기가 줄면 어떤 점이 좋을까요?

_____

_____

_____

_____

4 음식물 쓰레기를 줄이기 위해 가정, 학교, 사회가 함께 실천할 수 있는 일을 생각해 보세요.

장소	실천 내용
가정	
학교	
사회	

5 '음식물 쓰레기를 줄이자'라는 주제로 여러분의 생각을 글로 써 보세요.

제목:

후식을 즐겨요

1 '세계시민' 이야기를 더 알아보아요.

〈이야기 하나〉 쓰레기 줍는 어린 형제들

필리핀 마닐라 근처의 마을에 사는 형제는 매일 쓰레기를 주우러 다닙니다. 두 형제는 쓰레기를 줍느라 학교에도 가지 못합니다. 몇 일을 꼬박 모은 자기 키보다 큰 쓰레기 더미를 고물상에 들고 가면 우리 돈으로 3,000원 정도를 받을 수 있습니다. 이 돈으로 형제는 몸이 아픈 할머니, 고모, 어린 동생들과 겨우 겨우 살아갑니다.

이들은 집도 없이 밤에는 거리에 이불을 몇 장 깔고 온 가족이 모여 잠자리를 청하곤 합니다. 어린 동생들은 배고픔에 시달리기도 하지만, 피부병을 앓고 있습니다.

〈이야기 둘〉 국수 파는 13살 소년

네팔에 사는 13살 소년은 오늘도 국수를 팝니다. 하루도 일하지 않으면 억울하게 감옥에 간 아버지와 동생을 먹여 살릴 수 없기 때문입니다. 1년 반 전 아버지는 협박을 받아 법정에서 거짓 증언을 했다는 이유로 감옥에 가게 되었고, 소년과 동생은 새 엄마와 함께 살다 새 엄마가 돌보아 주지 않아 집을 나오게 되었습니다.

이후 동생은 외삼촌 집에 보냈고, 13살 소년은 시장에서 국수를 팔며 하루에 500원씩을 법니다. 열심히 일해 5,000원이 모아지면 감옥에 있는 아버지께 드립니다. 그래야 아버지가 음식을 먹을 수 있기 때문입니다. 학교에 가지도 못하고 하루 종일 서서 국수를 팔면 힘이 들지만 아버지를 위해, 동생을 위해 13살 소년은 오늘도 일을 합니다.

〈출처 : 글로벌 프로젝트 나눔 http://home.ebs.co.kr/globalnanoom〉

맛있는 나눔, 푸드뱅크 콘서트

MBC와 한국사회복지협의회 전국푸드뱅크, FAO한국협회가 공동으로 주최하는 [2016 세계 식량의 날 기념 MBC 맛있는 나눔 푸드뱅크 페스티벌](이하 푸드뱅크 페스티벌)이 오는 16일(일)부터 4일간 상암문화광장에서 개최된다.

이번 페스티벌에서는 16일(일)부터 19일(수)까지 나흘 동안 '푸드뱅크 나눔마켓·바자회', '푸드뱅크 나눔콘서트', '푸드뱅크 맛있는 나눔 시식회' 등 다채로운 행사를 통해 참가자들에게 풍성한 볼거리와 재미, 그리고 나눔의 뜻깊은 감동을 선사할 것으로 기대된다.

소외계층 지원을 위해 마련된 '푸드뱅크 나눔마켓·바자회'는 행사 전체 기간 동안 매일 오전 10시부터 오후 5시까지 푸드뱅크 기부기업 제품을 최대 80%까지 할인판매하며 수익금은 전액 소외계층에게 기부된다.

(중략) 19일 오전 10시에 진행되는 기념식은 MBC 이성배 아나운서가 사회를 맡았으며, 푸드뱅크의 주요 식품기부기업 감사패 증정식과 식품나눔 꾸러미 1만여 개 제작 행사 등이 진행된다.

또한, 세계 식량의 날을 맞아 결식가정 및 소외이웃에 대한 관심을 촉구하고 식품기부 방법 및 푸드뱅크 사업을 알리는 VCR을 제작하여 상영할 예정이다.

MBC는 지난 2009년 7월 MBC 특별생방송 〈맛있는 나눔, 사랑의 푸드뱅크〉 제작 이후 식품 기부 활성화 및 국민인식 개선을 위해 2015년까지 총 12회의 푸드뱅크 관련 특집 프로그램을 제작해왔다. 〈푸드뱅크 맛있는 나눔 콘서트〉는 특집 프로그램으로 제작되어 오는 27일(목) 낮 12시 20분부터 MBC에서 방송될 예정이다.

〈출처 : iMBC, 2016. 10. 14. http://enews.imbc.com/News〉

* 푸드뱅크(food bank)란 포장의 손상 등으로 품질에 문제가 없음에도 불구하고 시장에서 유통할 수 없게 된 식품을 기업에서 기부를 받아 빈곤자들에게 배급하는 활동 및 그 활동을 실시하는 단체이다.

2 다양한 매체를 더 만나 보아요.

100일 동안 1,268명의 목숨을 지켜 낸 한 남자의 감동 실화!

호텔 르완다 Hotel Rwanda, 2004

개요 전쟁 / 드라마 / 12세 이상 관람가 / 121분 / 2006.09.07 개봉
감독 테리 조지
주연 돈 치들, 호아킨 피닉스, 닉 놀테, 소피 오코네도

기적과도 같은 용기가 시작된 곳
"투치족은 바퀴벌레다. 후투족이여, 일어나라!"
1994년 르완다 수도 키갈리.
후투족 출신 대통령이 두 부족의 공존을 위해 평화 협정에 동의하면서 수십 년간 이어진 후투족과 투치족의 대립은 일단락되는 듯 했다. 평화 협정의 진행을 돕기 위해 UN군이 파견되었고, 수많은 외신 기자들이 이 역사적인 사건을 취재하기 위해 르완다로 몰려들었다.

르완다의 최고급 호텔 '밀 콜린스'의 호텔 지배인인 폴 루세사바기나(돈 치들)는 평화 협정과 관련하여 밀려드는 취재 기자와 외교관들 때문에 바쁜 나날을 보내고 있다. 사랑 받는 가장이자 지배인으로서 행복한 삶을 살아가는 폴은 하루빨리 협정이 체결돼 르완다가 안정되기를 바란다. 그러나…

"대통령이 살해당했다. 큰 나무를 베라. 투치족을 쓸어버리자!"
르완다의 대통령이 암살당하면서, 르완다의 상황은 악화된다. 후투족 자치군은 대통령 살해의 책임을 빌미로 아이들까지 투치족을 닥치는 대로 살해하고, 온건파 후투족까지 곱지 않은 시선으로 바라본다. 위협을 느낀 폴은 투치족 아내와 가족들의 안전을 위해 호텔로 피신한다. 이후 그곳으로 수천명의 피난민들이 모여드는데…

"차마 그들을 버릴 수 없었습니다."
전세계도 외면한 잔혹한 학살 속에서 가족과 차마 버릴 수 없었던 1,268명의 이웃을 지키기 위해 홀로 힘겨운 싸움을 하는 폴. 불가능해 보이는 그의 도전이 뜨거운 감동으로 당신을 적신다…

작은 용기가 만들어낸 아름다운 기적!

뷰티풀 라이 The Good Lie

개요 드라마 / 12세 이상 관람가
2015 개봉 / 110분 / 미국
감독 필립 팔라르도
주연 리즈 위더스푼, 아놀드 오셍, 게르 두아니, 엠마뉴엘 잘

**수단의 '잃어버린 아이들' 영화화!
전 세계를 사로잡은 위대한 감동 실화!**

1987년 수단, 내전으로 부모를 잃은 '테오', '마메르', '예레미아', '폴,' '아비탈'은 반군들을 피해 수 천 마일 떨어진 케냐의 난민촌으로 향한다. 난민들을 뒤쫓던 반군들에게 아이들이 발각될 위험에 처하자, 형 '테오'는 기지를 발휘해 본인만 반군들에게 붙잡히고, 나머지 아이들은 형의 희생으로 무사히 난민촌에 도착한다.

13년 뒤, 네 형제는 난민촌에서 벗어나 미국에 정착할 기회를 얻어 비행기에 오르게 된다. 하지만 미국 공항에서 여동생 '아비탈'이 다른 도시로 떠나며 이별을 하게 된다. 슬픔에 잠긴 세 사람 앞에 픽업 나온 직업 상담사 '캐리'가 나타나고, 셋은 그녀의 도움을 받아 낯선 미국 환경에 적응해 나간다. 그러던 어느날 '마메르'는 케냐의 난민촌에서 온 한 통의 편지를 받게 되는데……

영화 '뷰티풀 라이'의 전반부는 부모를 잃은 아이들이 안전한 장소를 찾아 케냐 난민촌으로 향하는 여정을 보여준다. 아이들은 어리지만 삶의 강한 의지로 묵묵히 걷는 것을 멈추지 않고, 친구를 잃어도 그 슬픔에 주저앉지 않는다. 형 테오는 동생들을 위해 기꺼이 자신을 희생한다.

'뷰티풀 라이'의 후반부는 난민촌에서 미국으로 갈 날을 꿈꾸는 동안 어느덧 어른이 된 아이들의 이야기를 보여준다. 힘들게 미국에 도착하지만 그들이 생각했던 미래와는 다르다. 혼란을 느끼는 이들은 조국 수단의 척박한 땅이 그리워진다. 방황과 갈등을 겪는 아이들이 제자리를 찾을 수 있도록 돕는 것은 주변 사람들이 보여주는 동료애와 혈연보다 강한 형제애이다.

실화를 바탕으로 이루어진 '뷰티풀 라이'는 작은 용기가 만들어 낸 기적같은 스토리로 진한 감동과 여운을 전해 준다.

3 이런 책들도 함께 읽으면 좋아요.

　어린이의 가장 순수한 소망을 유화풍의 매력적인 그림으로 그린 책
　이 책에서 '나'는 세상의 모든 어린이를 대신하여 자신이 누구인지, 무엇을 원하는지 이야기합니다.
　어린이는 자라면서 소망과는 다른 현실에 부딪히고 좌절할지도 모릅니다.
　이 책의 지은이 안드레아는 폭력, 편견, 전쟁, 굶주림, 슬픔, 외로움이 없고 사랑과 기쁨으로 가득한 세상을 만드는 데 도움이 되고 싶어 그림을 그리기 시작했다고 합니다.
　따뜻하고 아름다운 마음을 나누는 세상을 꿈꾸며 책을 읽어 보아요.

러브 / 안드레아 페트릭 글·그림 / 정인출판사

　어린이들이 꼭 배워야 하는 것은 무엇일까요?
　국어, 영어, 산수, 음악, 미술, 체육을 배우는 것이 제일 중요할까요?
　사회란 무엇인지, 이 사회에서 어떻게 살아 나가야 하는지를 깨우칠 수 있게 하는 것이 더욱 중요할 것입니다.
　이 책은 어린이 스스로가 '나'로부터 이야기를 풀어 나가며, 내가 누구인지, 얼마나 소중한지 깨닫고, 그렇게 소중한 사람들이 모여 사는 '사회'에 대한 관심을 가지게 합니다. 이 책에서 이야기하는 '권리'는 세상에 하나뿐인 소중한 '나'를 지키는 '내 목소리'입니다.

우리에겐 권리가 있어! / 알랭 시셰 글·그림 / 유니세프한국위원회 감수

　"이 땅은 우리의 소유가 아니다. 우리가 이 땅의 일부일 뿐." 입니다.
　이 책은 백인들이 인디언들의 땅을 무력으로 점령하던 그 시절에 한 인디언 추장이 남긴 명연설입니다. 그의 말에 감동한 백인 대표가 그 지역을 추장의 이름을 따서 '시애틀'이라고 지었다고 합니다. 인간과 자연이 원래 한 몸이라는 인디언의 오랜 믿음을 담은 감동의 서사시로, 깊은 깨우침을 주는 작품입니다.
　섬세하고도 강렬한 느낌을 주는 수잔 제퍼슨의 그림과 지금 당장 자연 파괴를 그만둬야 한다는 시애틀 추장의 말은 자연에 대한 인간의 태도를 한번 더 반성하게 해 줍니다.

시애틀 추장 / 수잔 제퍼슨 글·그림 / 한마당

아이티 어린이의 꿈을 지켜 주세요!

세계에서 가장 가난한 나라, 아이티에 사는 주인공 시엘은 의사가 되고 싶다는 간절한 꿈이 있습니다. 의사가 되어 두 다리를 잘 쓰지 못하는 엄마를 치료해 주려고 하는 것입니다. 지진 후 돈을 벌기 위해 진흙과 버터를 섞어 만든 진흙 쿠키를 팔게 되었지만 씨엘은 꿈을 잃지 않습니다.

『진흙 쿠키, 꿈과 희망을 구워요!』 통해 우리나라 어린이들이 이런 환경에 처한 나와 같은 또래의 아이들이 지구의 다른 한편에서 살고 있다는 것을 알게 되는 계기가 될 것입니다. 아울러 어떠한 환경 속에서도 꿈을 잃지 않고 희망을 안고 살아갈 수 있게 될 것입니다.

진흙쿠키, 꿈과 희망을 구워요! / 노경실 글 / 담푸스

대서양이 직접 들려주는 쉽고 재미있는 바다 이야기!

대서양이 직접 어린이들의 친구가 되어 자신을 소개합니다.

대서양은 어디에서 시작했고 어디에 있으며, 어떻게 모양이 변하며, 태양에 의해서 구름과 비가 되고, 달에 의해서 밀물과 썰물이 되는 것 등등 자신의 모든 것을 이야기해줍니다.

어린이들은 이 책을 통해 대서양은 물론 '바다'라는 단어를 쉽게 이해할 수 있을 뿐 아니라, 환경오염과 자연의 소중함을 배우게 될 것입니다.

내 이름은 대서양 / G. 브라이언 카라스 저 / 느림보

아프리카의 배고픔을 도운 아름다운 인물 이야기!

사람이 최초로 두 발로 디디고, 처음으로 하늘을 섬긴 땅, 아프리카. 그러나 오랜 세월 굶주림과 질병에 신음하며 모두로부터 외면당했던 땅, 아프리카. 이제 이 땅은 더 이상 가난하지도, 외롭지도 않을 것입니다.

이 책 〈까만 나라 노란 추장〉은 아프리카의 한국인 추장 한상기 박사의 감동적인 이야기를 들려줍니다. 타인을 향한 헌신으로 일생을 살았던 박사의 삶 속에서 특별히 그가 개량한 카사바 밭에 닥친 재앙을 어떻게 극복했는가를 다루고 있습니다. 한상기 박사의 아름다운 이야기를 함께 느껴 봅시다.

까만 나라 노란 추장 / 강무홍 글 / 웅진 주니어

교사지도안 및 예시답안

인권

무엇을 먹을까요? 18쪽

1. 다문화 속 인권에 대해 알아보아요. 19쪽

1-1. 벼 타작을 하는 장면

1-2. 주인 대신 소작인과 땅을 관리해 주는 마름은 긴 곰방대를 들고 다리를 꼰 채 일하는 사람들을 내려다보고 있다. 젊은 사람부터 나이든 아저씨까지 나이대가 다양해 보이는 사람들은 벼 타작에 여념이 없다.

1-3. 자신의 능력이나 노력과는 전혀 관계없이 타고난 신분 때문에 하고 싶은 일도 배우고 싶은 일도 제대로 할 수 없었기 때문에 사람답지 못한 생활을 했을 것이다.

1-4. '인권'은 사람이 사람답게 살 수 있는 권리를 말합니다.

　　인권이 보장되면 국가나 타인이 지나치게 개인을 간섭하지 않을 권리가 있습니다. 사생활이 보호되며 의견, 종교, 사는 곳, 어울리는 사람 등을 자유롭게 선택할 수 있습니다.

　　또한 단순히 국가 권력의 침해가 아닌 국가가 적극적으로 나서서 인간의 권리를 보호해 주어야 하기도 합니다. 일을 할 수 있도록 해 주고, 건강하고 행복할 수 있도록 하며 교육을 받을 수 있는 권리를 누릴 수 있도록 해 주어야 합니다.

　　최근에는 인간답게 살기 어려운 집단의 권리를 강조하고 있습니다. 차별받는 여성과 인종 문제, 환경문제, 빈부 문제 등 함께 사는 인간으로서 풀어가야 할 문제의 해결을 위해 요구하는 권리로 발전된 것입니다.

1-5. 그렇지 않다. 주변이나 텔레비전을 봐도 몸이 불편하거나 생각이 다르거나 생김새가 다르다는 이유로 고통을 받는 사람이 많은 것 같기 때문이다.

1. 인권 : 국경을 넘어야 하나요?

맛있게 읽어요 22쪽

● **미리 맛보기 : 마음을 열어요** 23쪽

1. • 밤길을 혼자 걸어 심부름을 한 적이 있다.
　　• 부모님과 떨어져서 3박 4일 캠프를 다녀와야 했는데 용기를 내어 다녀왔다.

2-1. 무섭고 끔찍할 것 같다. 불안한 나날을 보낼 것 같다. 등

2-2. • 부모님이나 나를 아껴주는 어른, 음식, 안정적인 집
　　• 나이에 맞게 놀 수 있는 환경 등

● **차근차근 맛보기 : 내용을 이해해요** 25쪽

1. 적군이 할아버지네 마을로 오고 있으므로 빨리 도망을 쳐야 하는데 부모님도 없이 쌍둥이끼리만 국경을 넘어 난민촌까지 가야 하므로

2. 목숨을 건지기 위해 자기가 살고 있던 마을과 도시에서 도망 나온 사람들이 모여 있는 곳. 물과 음식과 잠자리를 마련해주어 그 곳에서 삼촌과 연락을 할 수 있다고 하였다.

3. • 큰 텐트 안으로 들어가 자신들이 오게 된 이유를 어떤 여자에게 설명했다.
　　• 부모님과 할아버지의 안부를 물었다.
　　• 죽을 먹었고 그 안에 있는 학교에 가서 그 나라 말을 배웠다.

4-2. 실제로 사용했을 경우 효과가 없다고 생각한다. 아이들끼리 위험한 길을 가야 하는 절박한 상황에서 무언가 든든한 용기를 주는 역할을 한 것이었다고 생각한다. 모든 물건을 한 번만 쓸 수 있다고 한 이유도 수시로 의존하지 않고 매우 신중

하게 사용하게 하기 위함일 것이다.

5. 차가이가 은이 가득 든 할아버지 지갑을 잃어버려서 찾는다고 거짓말을 했다. 그 지갑을 갖고 싶은 군인은 꺼지라고 말하고 가버렸다.

● 다양한 맛 즐기기 : 넓고 깊게 생각해요   27쪽

2. 열 명이나 되는 아이들이 있는데 거기에 차가이와 물루까지 더해져 삼촌과 숙모가 많이 힘들어하여 눈치를 볼 수 밖에 없었을 것이다. 차가이와 물루는 열심히 집안일과 심부름을 도왔지만 부모님에 대한 그리움은 더해가고 힘든 시간을 보내게 되었을 것 같다.

● 함께 맛 나누기 : 톡서 토론을 해요   31쪽

1.
찬성 : 울면 제대로 생각할 수가 없다.
 눈물을 흘리고 울게 되면 제대로 말을 하기도 힘들고 우는 그 순간은 본인도 상대방도 어떤 조치를 하기 힘들다. 물루와 차가이같이 위급하고 위험한 순간에 우는 것은 어리석은 행동일 것이다. 눈물이 날 것 같아도 참고, 차분히 자신이 할 수 있는 말과 행동을 생각해야 한다.

반대 : 울면서도 생각할 수 있다.
 눈물이 날 것처럼 무섭고 힘든 상황에서는 차라리 실컷 울고 나서 마음을 풀고 다시 생각하는 것이 낫다고 생각한다. 눈물이 나고 무서운데 꾹 참고 있으면 그 자체가 더 힘들다. 더군다나 물루와 차가이는 10살짜리 아직은 어린아이이다. 눈물을 흘리면 스트레스가 해소된다는 연구결과도 있다. 잠시 울고 차분히 다시 생각하고 행동하는 것이 좋다고 생각한다.

2.
찬성 : 물루와 차가이 어머니의 행동은 옳다.
 아이들을 탈출시킬 수 있는 가장 안전한 방법이 아이들끼리 가는 것이라고 생각했을 것이다. 같이 따라가고 싶은 마음이야 굴뚝 같았겠지만 그 상황에서 아이들을 따라갔을 경우 오히려 눈에 띄어 국경에서 총살 당하기 쉬웠을 것이다.

반대 : 물루와 차가이 어머니의 행동은 옳지 않다.
 물루와 차가이의 어머니는 아이들 곁을 지켜야 했다. 설사 국경을 빠져나가 아이들이 살았다 하더라도 부모 없이 아이들이 온전하게 살아가기는 분명 쉽지 않을 것이다. 연로하신 할아버지 한 분보다 아직 나이 어린 쌍둥이 두 명의 곁을 지키는 것이 더 현명한 선택이었을 것이라 생각된다.

● 쓱싹 쓱싹 요리하기 : 재미있는 독서 글을 써요   34쪽

2-1. 종교의 차이를 이해하지 못함, 계속되는 전쟁으로 인한 감정 악화, 정부의 폭력적인 탄압에 항거 등

2-2. 가족이나 아이들이 총에 맞거나 폭격으로 죽는다, 같은 편이 아니라는 이유로 잡혀가서 온갖 신체적 폭력과 고통, 죽음을 당할 수 있다. 집, 식량이 없어 기본적으로 살아갈 안전한 환경을 제공받을 수 없다. 등

2-3. 뭐라고 위로의 말씀을 드려야 할지 모르겠어요. 너무 막막하시고 힘드시며 사는 게 죽는 것보다 나은 것 같지 않다는 생각 드시겠지만 용기를 잃지 마세요. 당신들도 인간의 따스함을 믿으며 살아갈 수 있도록 저도 열심히 노력할게요.

2. 인권 : 천사들의 행진

● 미리 맛보기 : 마음을 열어요   39쪽

1-1. 다른 사람을 잘 배려하는 사람, 순진한 사람, 어린 아이같이 해맑은 사람 등

1-2. 내 친구 은주가 천사같다. 그 친구는 나쁜 말을 하지 않고, 모든 친구들에게 친절하며 예의바르기 때문이다. 등

교사지도안 및 예시답안

2. 외로움, 가엾음, 슬픔, 거침, 가난, 반항, 폭력 등

4. 나치가 12년(1933~45) 동안 자행한 대학살. 주요 대상은 유대인이었다. 독일과 제2차 세계대전 때 점령 지역의 유대인들을 대상으로 사회적 권리를 박탈하고, 재산을 몰수했으며, 강제수용소에 몰아넣고 강제노역에 동원하거나 가스로 죽였다. 대표적인 대량학살 수용소는 아우슈비츠였다. 이 때 사망한 유대인만 575만여 명이며, 전쟁 후 많은 유대인들이 미국과 러시아, 중동 등으로 이주했고, 중동에 이스라엘을 건국하는 계기가 되었다.

● **차근차근 맛보기 : 내용을 이해해요** 41쪽

1-1. 아무리 유능한 의사도 가난을 치료할 수는 없기 때문이다. 병원에서 아픈 사람을 치료하는 것보다 거리의 굶어 죽어가는 아이들을 돌봐주는 것이 더 가치있다고 생각했기 때문일 것이다.

1-2.
- 야누슈 코르착과 같이 하는 것이 어려운 아이를 도울 수 있는 가장 실제적인 방법이므로 그와 같이 했을 것 같다.
- 살기 어렵고 내가 행복하게 살아가는 것도 중요하므로 그냥 의사생활을 할 것 같다.
- 의사생활을 하면서 돈을 많이 벌어 가난한 아이들에게 도움을 줄 것 같다.

2.
- 집을 마련하게 살 수 있게 해 주고 끼니를 꼬박꼬박 먹을 수 있게 해 주었다.
- 아이들 속에 믿음을 심어 스스로가 얼마나 소중한 존재인지 깨우쳐 주었다.
- 어린이 공화국을 세워 스스로 규칙을 지켜나가게 하였다.

3. 고아원 안에서 문제가 생겼을 경우 아이들이 스스로 조정하는 기구이다. 아이들이 모여 스스로 규칙을 정하고 잘잘못을 가리고 벌을 주는 사람도 아이들 자신이다. 아이들이 '법정'에서 스스로 정한 규칙에 따라 벌을 준다. 등

4. 자신들이 처해진 상황을 이해할 수 없는 아이들이 놀라거나 겁에 질리지 않도록 하기 위해 일부러 휴가를 가는 것처럼 기차를 타게 했을 것이다. 사실상 죽으러 가는 것이나 다름없으므로 마지막으로 가장 좋은 옷과 가장 좋은 물건을 가지고 외출할 수 있도록 해 주고 싶었을 것이다. 그리고 아이들에게 죽음을 안겨 준 나치들에게 평화적인 저항을 보여줄 수 있는 방법이기도 하다.

● **다양한 맛 즐기기 : 넓고 깊게 생각해요** 43쪽

1. 주변에서 본 경험을 자유롭게 이야기하게 한다.

2. 보스니아 내전, 르완다 종족분쟁, 일제 강점기 일본의 조선인 학살, 캄보디아 내전 등 대량학살은 계속 발생한다. 같은 인간으로서 인식하기보다 나와 다른 존재나 집단으로 이해하여 구분짓고 차별하는 태도가 광적인 학살에까지 이르게 하는 것 같다. 자주 만나고 마음을 열고 이해하려는 태도가 중요한 것 같다.

3.

우리 교실 인권 대헌장
제1조 : 자신의 상황에서 필요한 내용을 5개 골라 적게 하거나, 새로운 내용을 추가하도록 해도 된다. 적어본 후 서로 나누며 인권 감수성을 심어주도록 한다.

4.
- 내가 찾은 인물 : 마더테레사
- 그 인물이 실천한 사랑의 내용 : 45년간 사랑의 선교회를 통해 인도의 캘거타에서 빈민, 병자, 고아, 죽어가는 이들을 위해 헌신하였다.
- 상장 이름 : 이웃사랑상

5-1. 아이들이 옳지 않은 행동을 하는 것은 단지 그 아이가 나쁘기 때문이라고 볼 수 없다. 온전히 교육받지 못하고 자신의 존재에 대해 깊이 생각한 아이들은 모두 자신의 몫을 하며 온전하게 자랄

수 있다.
　잘못을 저지른 아이에게 큰 벌을 계속해서 주는 것은 더욱 자신을 보지 못하게 만들고 그 행동을 바꾸지 못하여 더욱 잘못된 길로 이끄는 것이다. 따라서 비행소년의 나쁜 행동은 그 아이를 올바르게 이끌지 못하는 사회에 있는 것이다.

● 함께 맛 나누기 : 톡서 토론을 해요　　47쪽

1.
찬성 : 아이들과 함께 죽음을 택한 코르착의 선택이 옳다.
　코르착이 아이들과 죽으러 가는 것은 너무 당연하다. 긴 세월을 그만 믿고 따라 온 아이들이 죽음을 맞는 순간에 그가 사라져 버린다면 그간 진심이 헛된 것이 될 것이다. 그의 말처럼 진심으로 그 아이를 사랑했다면 불행에 처한 그들을 버리고 혼자 살러 갈 수는 없을 것이다. 또한 그의 행동이 미쳐 있는 나치들에게 항거하는 가장 강력한 방법이었을 것이다.

반대 : 아이들과 함께 죽음을 택한 코르착의 선택이 옳지 않다.
　그간 함께 해 온 아이들은 너무 안타깝지만 이 땅에 부모 없이 사랑받지 못하고 떠도는 더 많은 아이들을 생각한다면 함부로 목숨을 버려서는 안 된다. 그는 이미 많은 경험을 통해 아이들과 함께 하는 방법을 잘 알고 있다. 어려운 시대 상황에 자신이 할 수 있는 일이 큼을 인식하고 기운을 내어 살아 남아 선한 영향력을 미치는 것이 현명했다고 생각한다.

2.
찬성 : 먹을 것이 없어도 다른 고아들을 데리고 와야 한다.
　비록 남아 있는 아이들이 배고프다고 해도 같은 처지에 있는 아이들을 도와 서로 나누어야 한다. 실제 책에서처럼 그 아이들은 그 상황을 잘 이해하고 있으며 모두가 공평하게 사랑받을 귀한 존재라는 것을 이해한다. 그 자체가 배를 채우는 것보다 더 귀하다고 생각한다. 서로 나누면서 따스함과 안정감을 느끼는 것이 빵 조금 더 먹는 것보다 아이들의 성장에 유익하다.

반대 : 먹을 것이 없어도 다른 고아들을 데려오면 안된다.
　끼니를 제대로 채우기 어려운 심각한 상황에서 자꾸 아이들을 늘리는 것을 결국 모두 함께 위태로워지는 길이라고 생각한다. 집의 크기도 한정되어 있어 자꾸 아이가 늘어 삶의 질이 떨어지면 아이들이 순수하게 반기기 어려울 것이고, 그는 갈등의 원인이 될 것이다. 먹고 사는 자체도 힘든 상황에서 이런저런 갈등의 요소를 만드는 것은 모두에게 이롭지 않다. 아이들을 더 받기보다 고아원 안의 아이들이 온전하게 먹고 교육받는 데 집중하는 것이 좋을 것이다.

3.

어린이 공화국이 생긴다면 우리 교실에 긍정적인 영향을 미칠 것이다.	어린이 공화국이 생긴다면 혼란스러운 점이 더 많을 것이다.
아이들이 스스로 규칙을 정하면 자발적으로 더 잘 지키게 될 것이다. 윗사람이 권위적으로 결정하는 것이 아니므로 아이들끼리 모든 구성원을 공평하게 배려하고 인정하려는 노력을 하게 될 것이다.	모든 아이들이 올바르게 판단하고 행동하려고 하지 않는다. 분명 규칙을 지키지 않고 마음대로 하는 사람이 있을 것이며 서로 영향을 미쳐 공부도 생활도 질서 있게 이루어지기 어렵다. 바르게 생각할 수 있는 어른이 어느 정도 통제를 해 주는 것이 아이들을 바르게 성장하게 한다.

● 쓱싹 쓱싹 요리하기 : 재미있는 독서 글을 써요　50쪽

1-3.

〈내가 바꾼 노래〉
제목:(　　난민은 그만　　)

난민은 그만　안 돼 안 돼　전쟁은 그만　안 돼 안 돼
눈을 열고서　자세히 봐요　우리는 귀한　가 족 친 구

2. 베트남 처녀는 돈을 주고 사는 물건이 아니다. 그런데 이 현수막은 사람을 마치 돈을 주고 사는 물건 취

교사지도안 및 예시답안

급을 한다. 초혼, 재혼, 장애인이라는 것이 가격을 매길 수 있는 조건이 되는 것 같고, 결혼할 사람을 두고 100% 후불제라는 말을 쓰는 것은 심각한 인권 유린이다.

사람이 만나서 결혼하는 것은 사람 대 사람이 진심으로 마음으로 나누고 시간을 보내며 인정하고 사랑하는 과정이 되어야 한다. 마치 사람을 사서 즐기거나 아이를 낳아주는 기계인 양 취급하는 이런 현수막을 만들어서는 안된다고 생각한다.

3. 각자의 입장을 정한 뒤 근거를 써 보게 한다.

후식을 즐겨요　　　　　　　　　　54쪽

1-1. 쉴 때도 악마들의 허락을 받아야 했고, 맛있는 음식이 있어도 마음대로 먹지 못하고 먼저 악마에게 보여줘야 했다. 해마다 거둬들인 양보다 더 많은 양의 곡식을 악마들에게 바쳐야 하므로 굶주리고 생명의 위협을 받았다.

1-2. • 진심으로 자신이 다스리는 사람들을 존중하는 마음이 있어야 한다.
• 다스리는 사람들의 이야기를 듣고 늘 소통할 수 있어야 한다.
• 늘 공부하고 넓게 보아 빠르고 정확한 판단을 할 수 있어야 한다. 등

1-3. 매년 음력 설날 축제가 열리면 악마가 땅으로 돌아오므로 가까이 오지 못하게 하기 위해 새해맞이 장대를 높이 세운다.

1-4. • 중국의 춘절 풍습 : 폭죽을 터뜨린다.
• 한국의 동지 팥죽 : 붉은 색이 악귀를 쫓아내므로 팥죽을 먹어 몰아낸다.
• 한국의 부족 : 새해에 악귀를 쫓는 부적을 붙인다. 등

평화

무엇을 먹을까요?　　　　　　　　　60쪽

1. 다문화 속 '평화'에 대해 알아보아요.　　61쪽

1-1. 서로 손 잡고 의지했기 때문에, 셋이서 함께 무서움을 이기고 희망을 나누어 마음이 든든했기 때문에

1-2. 평화로움과 아름다움

1. 평화 : 다문화 친구 민이가 뿔났다

맛있게 읽어요　　　　　　　　　　64쪽

● **미리 맛보기 : 마음을 열어요**　　65쪽

1. 우리반에 민준이라는 친구가 아토피가 심한 선필이를 놀리고 핵잼이라고 약 올리는 장면을 목격했다.

2. 놀리는 민준이가 너무 미웠고, 당하는 선필이가 불쌍했다.

3. 영어를 잘 못하더라도 함께 놀아주었으면 좋겠다. 내가 길을 잘 모르면 친절하게 가르쳐 주면 좋겠다. 나를 황인종이라고 차별하지 않았으면 좋겠다.

4. 미국은 나에게 낯설고 친구가 없기 때문이고 백인이 아니라는 이유로 차별할 것 같은 생각이 들기 때문이다.

5. 그 친구가 너무 고마울 것이다. 그 친구에게 나도 잘해 주기 위해 최선을 다할 것 같다.

6. 괴롭고 슬퍼서 하루하루가 고통스러울 것이다.

7. 주변의 따뜻한 사랑과 배려

8.
- 주변 사람들 배려하기
- 차별하지 않기
- 편견 갖지 않기
- 다양성을 인정해 주기
- 주변 사람들에게 관심 갖기 등

● **차근차근 맛보기 : 내용을 이해해요** 67쪽

1. 열한 살, 베트남인 엄마와 한국인 아빠, 친구들의 차별을 잘 견디어 낸다. 놀림을 당하는 준호를 도와주는 멋진 친구

2.
- 나와 엄마는 한국 사람이다.
- 엄마는 귀화하여 한국의 국적을 갖게 되었고 아빠는 한국에 태어나셨기 때문에 나도 한국 사람이다.

3. 현우 아빠가 다른 나라 사람들이 자꾸 한국에 몰려와서 우리나라 사람들이 일자리를 뺏기고 있다고 말했기 때문에 언제가는 우리나라를 외국 사람들이 차지할지도 모른다는 생각을 하게 되어서

4. 엄마와의 대화에서 다르다는 것은 나쁘거나 틀린 것이 아닐뿐만 아니라 기분 나쁜 낱말이 아니라는 것을 깨닫게 되어서

5.
- 우리의 상황을 인정해야 한다. 피부색이나 생김새가 남들과 다르다는 것과 다문화 가정이라는 것을 인정해야 한다.
- 차별을 당연하게 받아들이거나 거기에 익숙해지지 않도록 해야 한다. 왜냐하면 잘못된 말도 자꾸 듣다 보면 당연하게 느끼지기 때문이고, 잘못은 바로 잡아야 한다. 특히 다른 친구들을 차별하도록 친구를 내버려두는 것은 잘못하는 일이다.

6. 서로 다른 나라 사이에서 시간이 흐르면 교류가 활발해져서 낯선 문화를 만나게 된다. 그 낯선 문화로 오해가 생기기도 하지만 그것으로 인하여 문화가 더욱 풍성해지고 발전한다.

7. 평화로워진다. 행복해진다. 친구들과 사이가 좋아진다.

● **다양한 맛 즐기기 : 넓고 깊게 생각해요** 69쪽

1.
틀리다	맞다
나쁘다	좋다
다르다	같다

2. 이건 6이야, 아니야 9야.

3. 그건, 보는 위치에 따라 6이 될 수도 있고 9가 될 수도 있어.

4.
- 같은 점 : 동성이다. 안경을 썼다. 같은 반이다.
- 다른 점 : 얼굴 생김새, 습관, 사는 집, 엄마아빠 등

5. 친구는 축구를 좋아하고 나는 농구를 좋아하여 친구들과 놀이터에서 만나면 무엇을 할지 결정을 못하고 싸우기만 합니다.

6. 다르다는 것은 서로 개성이 있다는 것이다.

7.
- 합창 시간에 서로 부르는 파트가 달라서 더 아름다운 소리가 났다.
- 우리들이 만드는 알뜰 장터에서 서로 다른 물건을 가져 왔기 때문에 다양한 상품을 준비할 수 있었다.

8. 원인 : 피부색이 다르다. 우리말이 서툴다. 얼굴 생김새가 다르다.
어려운 점 : 친구들이 놀린다.
결과 : 학교에 다니기를 싫어한다. 친구들과 어울리지 못한다. 학교 생활이 행복하지 못하다.

9-1. 다문화 가족이라고 놀리는 것은 시대에 알맞지 않은 행위다.

9-2. 현우파 친구들 안녕?

교사지도안 및 예시답안

외국인이 우리나라에 많이 오는 것은 그만큼 우리나라가 발전하고 있다는 뜻이야.

민이네 파 친구들이나 준호를 놀리지 않았으면 해. 겉모습을 가지고 놀리는 것은 어리석은 일이야. 서로 모습이 다르듯이 잘 하는 것도 다른 사람들이 한데 어울려 협력하고 살아간다면 이 세상은 더 아름답고 평화로워질거야.

민이파 친구들을 잘 부탁해.

● **함께 맛 나누기 : 톡서 토론을 해요** 73쪽

1.

찬성 : 옳은 생각이다.

현재 우리 사회는 다문화 사회로 접어들고 있다. 외국인들이 많이 몰려오면 단일 민족이라는 우리의 자랑거리는 없어지게 되고, 우리나라 고유의 미풍양속도 사라지게 된다. 뿐만 아니라 다문화 가족이 점점 늘어나게 되면 현재에도 일자리가 부족한데 더 부족해질 것이다.

반대 : 옳지 않은 생각이다.

지금은 지구촌이 하나인 시대이다. 단일 민족을 운운하는 것은 시대에 알맞지 않은 생각이다. 다양한 인종이 서로 어울려 보다 행복하고 평화로운 세상을 만들어 가는 것이 더 값진 것이다.

2.

찬성 : 인정해야한다.

다문화 가정의 친구들의 겉모습이나 피부색은 한민족과는 다른 것은 사실이다. 그 다름은 인정해야 한다. 인정하지 않는다고 혹은 지적 당하지 않는다고 상황이 바뀌는 것은 아니다. 다만 다름으로 인하여 차별을 받을 경우에는 자신의 인권을 위해 맞설 수 있도록 해야 한다.

반대 : 인정하면 안 된다.

한번 인정하게 되면 상대방이 계속 놀리거나 차별하게 된다. 다문화가 죄를 지은 것도 아니고 내가 선택한 것도 아니므로 인정하면 안된다. 아무리 내 상황이 그러하더라도 절대로 인정하면 안 된다.

3.

불법체류 중인 가족들이 함께 할 수 있고 시민권을 취득할 수 있는 방법을 만들겠다.	불법체류자들을 추방하고 불법체류자들의 자녀들이 국내에서 출생해 취득한 시민권을 박탈하겠다.
우리나라는 이미 다문화 사회이다. 외국인들이 우리 사회에 공헌하는 바가 크다고 봐야 한다. 불법체류를 하면서 공장이나 공사장에서 힘든 일을 하면서 우리나라의 발전에 기여하고 있다. 그러므로 우리 국민이 될 수 있도록 시민권을 취득할 수 있도록 해주겠다.	우리나라에 점점 다문화 가족 수가 늘어나고 있다. 단일 민족 국가가 이렇게 되면 우리나라의 순수 혈통이 없어질 수 있다. 그러므로 지금이라도 우리 민족의 고유성을 찾기 위해 시민권을 박탈하고 모두 내 쫓을 것이다.

● **쓱싹 쓱싹 요리하기 : 재미있는 독서 글을 써요** 76쪽

1-1. 미얀마

1-2.
- 일주일에 다섯 번 사 먹는 간식을 세 번으로 줄이고 그 돈을 모아 남을 돕는다.
- 많이 걸을수록 포인트가 쌓여 어려운 이웃에게 후원할 수 있는 애플리케이션을 휴대전화에 내려받아 매일 산책한다.
- 매달 일정한 후원금을 낸다.

2-1. 태풍 차바로 인해 쓰레기가 넘쳐나는 부산 광안리행수욕장을 스스로 4시간 동안 청소를 하여서 모범이 되었기 때문에

2-2. 태풍 차바로 인해 쓰레기가 넘쳐나는 부산 광안리행수욕장을 스스로 4시간 동안 청소를 하여서 모범이 되었기 때문에

3. 나만 잘 먹고 편리하게 사는게 아니라 환경과 이웃을 생각하며 더불어 살아가는 삶을 추구하는 아름

다운 사람들이다. 나눔은 여유가 있어야 할 수 있다고 생각했고 넓은 해수욕장 청소나 자원 봉사는 내가 할 수 없는 일이라고 생각했다. 나의 잘못된 생각을 고쳐서 생활속에서 기부와 자원봉사를 할 수 있는 일들을 적극 찾아 보겠다. 등

4-1.

주제문	더불어 살아가는 행복한 삶
서론	1. 미얀마 2. 아시아에서 가장 가난한 나라 중 하나로 군부독재가 50년 넘게 계속돼 경제가 발전하지 못했음에도 불구하고, 처음 보는 사람에게도 선뜻 도움을 주고 어려운 이를 위해 지갑을 열기도 한다. 3. 나눔
본론	1. 국민 각자가 사회적인 책임을 다해야 하며 모두 힘을 합쳐 해결해야 한다. 2. 나눔을 생활화해야 하며 나보다 힘들거나 어려운 사람에게 언제나 나눔을 베풀어야 한다. 3. 지구에 대한 주인의식을 가져야 한다. 그리고 지구 환경을 지키기 위해 노력해야 한다.
결론	1. 작은것도 함께 나누려는 마음이 필요하다. 2. • 아무리 힘들어도 사람들이 행복하게 살아갈 수 있다. • 평화로운 세상을 만들 수 있다.

4-2.

[서론] 국제 자선재단인 영국 자선지원재단(CAF)의 세계 140개 나라를 조사한 '2016 세계 기부지수' 보고서에 따르면 세계에서 가장 '가진 것을 잘 나누는 나라'는 동남아시아의 나라 미얀마라고 한다. 미얀마는 아시아에서 가장 가난한 나라 중 하나로 군부독재가 50년 넘게 계속돼 경제가 발전하지 못했음에도 불구하고, 처음 보는 사람에게도 선뜻 도움을 주고 어려운 이를 위해 지갑을 열기도 한다. 나눔은 여유가 있어서 하는 것이 아니다. 나보다 더 어려운 사람을 위해, 나보다 더 필요한 사람을 위해 언제든지 나눌 수 있어야 진정한 나눔이고 그런 나눔으로 우리 더불어 살아 갈 수 있게 된다.

[본론] 더불어 살아가는 삶을 위해 노력할 점을 알아보자.

먼저, 사회적인 책임을 다해야 한다. 사람들이 모여 살아가면 여러 가지 지켜야 할 책임이 있다. 환경문제, 에너지문제 그리고 질병 및 재해 등 여러 가지 문제가 발생한다. 이러한 문제들은 누구 한 사람의 노력으로 해결 될 수 없으므로 각자가 책임 의식을 가지고 함께 해결하고자 노력해야 한다.

다음으로, 나눔을 생활화해야 한다. 누구나 다 똑같이 산다면 서로 나누지 않아도 될 것이다. 그러나 주어진 환경과 여건이 다르기 때문에 공평하게 무엇인가를 한다고 해도 힘든 사람은 있기 마련이다. 다문화 가족이 안고 있는 어려운 점이나 북한을 탈출한 새터민 가족들이 겪는 힘든 점 그리고 독거 노인이나 난치병에 걸려 어려운 환경 속에서 애타게 도움을 기다리는 사람들이 많다. 나눔과 기부는 거창한 것이 아니라 미얀마 국민처럼 생활화되어야 할 덕목이다. 개개인의 작은 마음들이 모이면 어려운 사람들을 행복하게 해 줄 수 있다. 그러므로 작은 것부터 나눌 수 있는 마음가짐을 가져 나눔이 생활이 될 수 있도록 습관을 들이도록 하자.

마지막으로 하나뿐인 지구 환경을 잘 보호해야 한다. 우리가 사는 지구는 하나뿐이다. 하나뿐인 지구를 함부로 사용하면 환경이 오염될 수밖에 없다. 우리 모두 지구의 주인이라는 의식을 갖고 자연환경을 보호해야 한다. 외국인 피오나는 광안리해수욕장을 갔다가 태풍 '차바'로 인해 쓰레기로 뒤덮인 모래사장을 4시간동안 청소하였다. 외국인임에도 불구하고 초등학교 2학년 수업시간에 배운 해양 환경오염의 심각성이 생각나서 광안리해수욕장 청소를 어머니에게 제안했다. 세계인 모두가 지금 내가 살고 있는 우리 지역부터 잘 가꾸어 나간다면 우리 지구는 건강한 생태계를 유지할 수 있어 우리에게 보다 건강하고 행복한 터전을 제공해 줄 것이다.

[결론] 나눔은 어렵지 않다. 작은 것부터 나누고자 하

교사지도안 및 예시답안

는 마음만 갖는다면 생활이 될 수 있다. 나눔은 나누어서 기분이 좋고, 도움을 받는 사람은 힘들고 어려운 상황에서 벗어나서 좋다. 미얀마 국민처럼 나눔이 생활이 되면 이 세상은 평화로운 세상이 될 것이다. 평화가 깨지는 것은 더 많이 가지려고 더 많이 욕심을 내기 때문이다. 그러므로 행복한 삶을 위해 평화를 지키기 위한 생활 속 나눔을 실천하는데 앞장 서자.

2. 평화 : 싸움 대장

● **미리 맛보기 : 마음을 열어요** 81쪽

1. 욕설, 상처주는 말, 심술, 짜증, 혼남

2. • 나의 말을 못 들은척 무시한다.
   • 나에게 눈을 흘긴다.
   • 다른 친구들에게 내 흉을 본다.
   • 그럴 때 기분은 속상하고 화가 난다.

3. • 심심할 것이다.
   • 학교가 재미가 없을 것이다.
   • 학교 다니기 싫을 것이다.
   • 외로울 것이다.
   • 생활에 의욕이 없어질 것이다.

4. • 나에게는 남의 생각을 존중해주고 내 말에 귀를 잘 기울여주는 서영이가 있습니다.
   • 서영이는 화를 내는 적이 없고 항상 무엇인가를 골똘히 생각하며 친구들의 의견을 존중해줍니다. 그리고 잘못한 일이 있으면 그 자리에서 분명하게 말하기 때문에 오해가 생기지 않게 합니다.

5. • 다문화 친구가 2명 있습니다. 가끔 우리 말이 서툴러서 대화가 안 될 때 내가 화를 낸 적이 있습니다. 아마도 이다음에 나를 퉁명스러운 아이로 기억할 것 같습니다.

● **차근차근 맛보기 : 내용을 이해해요** 83쪽

2. 장민이에게

장민아, 동수의 장난이 너무 괴롭지?

그렇게 괴롭힘을 당할 때는 가만히 있으면 안 되는거 알지?

가만히 있으면 괴롭히는 아이들은 더 신이 나서 괴롭힐 수 있기 때문이야.

만만하게 보지 못하도록 자신의 생각을 분명하게 말해. 화가 나면 화난 표정을 짓고 싫으면 그 이유를 또박또박 정확하게 말해서 거절해야 해.

장민아, 털보 선생님도 괴롭힘을 당할 때는 가만히 있으면 안된다고 하셨잖아. 그러면 괴롭히는 아이들이 더 신이 나서 괴롭힌다고. '아, 이 아이는 나한테 꼼짝도 못하는 구나. 내 말을 아주 잘 듣는구나.' 이러면서 아주 만만하게 보게 된대.

그러니까 장민아

'흥! 네가 그러면 나는 가만히 당하고 있지 않을 거야.' 이런 마음가짐으로 자신의 생각을 분명하게 말해. "싫어! 하지 마!" 이렇게 말이야. 화난 표정을 짓고 또박또박 정확하게 말해.

오장민! 장민이는 강한 어린이야. 나는 스스로 할 수 있다라고 자신감을 가져.

장민아, 너는 할 수 있어. 화이팅!

3.

신고를 해야 한다	신고를 하지 않아도 된다
신고를 하지 않으면 폭력을 당하는 친구가 앞으로 계속 당하게 될 확률이 높다. 그러면 그 친구는 삶이 너무 힘들고 괴로울 것이다. 신고를 해 주면 그 친구에게 평화와 행복을 선물하는 것이 되니까 꼭 신고를 해 주어야 한다.	내 일이 아니기 때문에 끼어들면 안된다. 잘못 끼어들면 보복을 당할 수 있다. 그러면 나도 그 친구처럼 폭력의 대상이 되어 삶이 힘들어질 것이다. 그러므로 함부로 끼어들면 안된다.

4. 용기를 내어 순정이가 보람이를 놀리고 괴롭힌다는

278

것을 선생님께 말씀 드린다. 왜냐하면 순정이의 괴롭힘으로 보람이는 학교 생활이 괴롭고 주눅이 들어 친구들의 눈치만 보고 지내기 때문이다. 선생님 없을 때 일어나는 일은 선생님께 알려서 순정이도 바른 생각을 가질 수 있도록 해야 하고, 보람이도 당당하게 한국인으로 학교에 다닐 수 있도록 해 주는 것이 같은 반 친구의 도리라고 생각한다.

● **다양한 맛 즐기기 : 넓고 깊게 생각해요**   85쪽

1-1. 당했을때에는 처음에는 너무 억울하고 화가났지만 시간이 갈수록 우울해지고 외로워졌다.
목격을 했을 때에는 선생님이나 어른께 일러주고 싶은 생각도 들었지만 보복이 두려워서 망설였다.

1-2. 처음에는 다행이라고 생각했다. 그리고 친구를 도와주어야 한다고 생각했지만 용기가 나지 않았다.

1-3. 억울하고 괴롭고 슬플 것 같다.

1-4. 경찰, 학교선생님, 어른들게 알려서 친구의 고통을 덜어주어야 한다고 생각한다.

1-5. 폭력을 하지 않는다.
폭력을 목격하면 곧바로 신고한다.

2-1. 한국인이라고 생각한다. 왜냐하면 부모 중 한 분이 한국인이고 우리나라 국적을 취득했으므로 당연히 한국인이다.

2-2. 얼굴모습이나 피부색등 눈에 보이는 것으로 판단하기 때문이다. 그리고 우리나라는 그동안 단일민족을 자랑처럼 생각해왔기 때문에 더욱 더 그렇게 생각하는 것 같다. 하지만 깊이 생각해보면 잘못된 생각이라는 것을 알게 될 것이다.

2-3. 우리나라에 대한 문화나 미풍양속 등에 대한 배경지식이 약하여 적응에서 어려움이 있을 것이다. 그래서 의사소통이 잘 안되고, 어눌한 한국말과 겉모습으로 차별이나 놀림을 당하게 되는 것을 힘들어 할 것 같다.

3. 얼굴 생김새나 피부색이 서로 다르다는 것이 잘못되거나 틀린 것이 아니라는 사실을 기억하고 서로의 다양함을 인정해 줄 수 있어야 한다.

4. • 다문화 학생들의 학업 중단율이 전체 학생들과 비교했을 때 매우 높다. 다시 말하면 학업 중단을 하는 학생들 중에는 다문화 가정의 학생들이 많다.
• 다문화 학생들이 학업을 중단하는 가장 큰 이유는 친구나 선생님과의 관계, 가정 형편, 학교 공부가 어려워서 포기하는 것으로 나타났다.

5. • 다문화 자녀인 친구에게 맞춤법이나 수업 내용을 이해하기 쉽게 설명해준다. 그러다보면 자신도 다시 한 번 공부하게 되기 때문에 수업내용을 익히는 데에도 도움이 되고 친구에게도 도움이 될 수 있다.
• 그 나라의 문화를 공유해준다. 친구의 나라에 대해 이야기를 듣고 배우면서 공감대를 형성할 수도 있고, 자신이 잘 아는 이야기를 하면서 다문화 자녀들은 스스로 자부심과 자신감을 갖게 된다고 한다.
• 외모로 차별하지 않는다. 서로 다른 외모를 비하하는 발언을 하지 않고, 그런 발언을 하는 친구가 있다면 그렇게 하지 못하도록 막아주어야 한다.

6. • 가난할 것이라는 생각
• 무엇이든지 잘 못할거라는 생각
• 지저분하다라는 생각
• 나보다 못할 것이라는 생각

7. 먼저 웃으며 말을 꺼낸다.
나는 ○○야. 너랑 짝꿍이 되어서 기뻐.

교사지도안 및 예시답안

엄마 고향은 어디니? 아빠 고향은 어디니? 아, 그럼 엄마가 베트남인이시구나. 너는 베트남에 대하여 잘 알겠구나. 베트남 가봤니? 그곳 사람들의 생활에 대해서 알려줘. 앞으로 너에게 베트남에 대해서 많이 배우게 되겠네. 잘 가르쳐 줄 거지? 대신 내가 한국에 대해서 네가 궁금한 것 다 가르쳐 줄게. 우리 사이좋게 잘 지내자.

● 함께 맛 나누기 : 독서 토론을 해요   89쪽

1.
찬성 : 하나의 민족으로만 나라를 구성하는 시대는 지났다.
　왜냐하면 하나의 민족으로 나라를 구성한다는 것은 결국 다른 나라와 교류를 하지 않겠다는 것이다. 그러나 지금은 국제화 세계화 시대이다. 인터넷의 발달로 세계의 소식을 실시간으로 알 수 있다. 그런데 문호를 개방하지 않고는 국제화 시장에서 살아남을 수 없기 때문에 하나의 민족으로만 나라를 구성하면 살아남을 수 없다.

반대 : 하나의 민족으로만 나라를 구성할 수 있다.
　나라를 구성하는 것은 시대의 영향을 받기는 하지만 아무리 국제화 세계화 시대라도 정치, 경제 면에서 다른 나라와 교류를 하고, 이민이나 국제 결혼을 허락하지 않는다면 가능한 일이다. 나라의 법을 어떻게 정하느냐에 따라 달라질 수 있는 문제라고 생각한다.

2.
찬성 : 잘못한 일이다.
　아무리 순정이가 "너는 우리나라 말도 잘 못하잖아. 우리나라 숲 속 동물 역할극을 할 건데 너는 외국 사람이라 안 돼."라고 말을 했지만, 순정이나 보람이나 누구에게나 역할극에 참여할 권한이나 의무가 있다. 보람이는 순정이 말에 주눅이 들어 참여하지 않은 것은 자기 역할을 다 하지 못한 잘못된 행동이다.

반대 : 잘못한 일이 아니다.
　보람이가 역할극을 하기 싫어서 안 한 것이 아니기 때문에 보람이가 잘못한 일은 아니다. 보람이도 분명히 참여하고 싶었을 것이다. 왜냐하면 아이들은 역할극을 모두 좋아하기 때문이다. 그런 보람이를 막은 것은 순정이다.

3.

다문화 학생을 위한 문화체험행사는 특혜이다 (　　)	다문화 학생을 위한 문화체험행사는 특혜가 아니다 (　　)
다문화 학생들만 참여할 수 있게 하는 것은 다문화 학생들을 특별 대접을 해 주는 것이다. 다른 사람들은 수업을 하는데 다문화 학생만 참여하게 하는 것은 비다문화 학생에 대한 차별이며 다문화 학생에 대한 특혜이다.	다문화 학생을 특별히 대접해 주어서 만든 행사는 아니다. 왜냐하면 다문화 학생을 사회적 약자로 혹은 소수자로 보기 때문에 이런 행사가 열리고 있다. 이것은 특혜가 아니라 보이지 않는 차별이다.

● 쓱싹 쓱싹 요리하기 : 재미있는 독서 글을 써요   92쪽

1-1.

부산지역	밀양지역
가덕도에 공항이 지어져야 한다	경남 밀양에 신공항이 지어져야 한다

1-2. 자기 지역에 신공항이 들어서면 일자리가 생기고 지역경제가 발전하는 등 긍정적인 효과들이 예상되기 때문

2. 최소 44명이 다쳤으며 2명이 중태(위험한 상태)에 빠짐

3. 승부에 연연하지 않고 최선을 다한 선수들을 응원해 줘야 한다.

4.

주제문	더불어 살아가는 평화로운 세상을 만들자
서론	1. 지역 이기주의 2. 최근 외국인에 대한 영국인들의 적대적인 감정이 거세지면서 다른 나라 팬들을 자극한 탓 3. 나보다 우리를 생각하는 마음
본론	1. 1) 지역이기주의 현상을 지칭하는 말(핌피, 님비) 2) 지역이기주의에서 벗어나기 위해 노력할 점 2. 1) 차별의 예(인종차별, 유럽축구연맹(UEFA) 유로 2016 팬끼리의 싸움 등) 2) 소외계층이나 사회적 약자에 대한 배려 3. 1) 자연 환경의 소중함(우리의 삶의 터전) 2) 자연 환경 보호를 위해 노력할 점(동식물 사랑하기, 자연 환경 보호하기)
결론	1. 안전하고 행복한 삶을 누릴 수 있다. -자신의 꿈을 마음껏 펼칠 수 있다. 2. 나보다 우리를 생각하는 마음

5.

[서론] 최근 영남권 신공항 위치를 두고 지역간의 갈등이 고조되는가 하면 프랑스에서 열리는 유럽축구선수권대회인 '유럽축구연맹(UEFA) 유로 2016' 경기에서 영국과 러시아의 팬들이 난투극을 벌이는 등 지역이나 인종간의 이기주의적이거나 적대적인 감정이 거세어지는 것을 볼 수 있다. 더불어 살아가는 행복한 세상을 만들기 위해서는 '나' 보다는 '우리'를 생각할 줄 알아야 한다. 영남권 신공항도 우리 지역의 이익만 생각할 것이 아니라 국가적인 차원이나 그것을 이용하는 사람들의 입장을 생각한다면 지역간의 갈등을 일으키기보다 모두에게 좋은 최선의 방법을 선택하게 될 것이며 '유럽축구연맹(UEFA) 유로 2016' 또한 전 세계 축구를 좋아하는 사람들의 축제의 장이 될 수 있을 것이다.

[본론] '나' 보다는 '우리'를 먼저 생각하며 더불어 살아가는 평화로운 세상을 만들기 위해 노력해야 할 점을 알아보자.

먼저, 지역 이기주의에서 벗어나야 한다. 지역이기주의에 대한 현상을 지칭하는 말로 '핌피'와 '님비'가 있다. '핌피'는 영남권 신공항 위치를 두고 지역간의 갈등을 빚는 것이고, '님비'는 자기 지역을 빼달라며 거부하는 일로 쓰레기 소각장, 핵폐기물 처리장, 화장장처럼 사람들이 꺼리는 공공시설이 자신의 집 주변에 들어서는 것을 반대하는 현상을 말한다. 내가 사는 지역만 좋은 시설을 설치할 수는 없다. 지나친 지역 이기주의로 갈등이 생기면 결국 국가적으로 시간과 비용이 낭비된다. 내가 조금 손해를 보더라도 모두가 잘 살 수 있는 방법을 찾기 위해서는 지역 이기주의에서 벗어나야 한다.

다음으로, 차별을 하지 말아야 한다. 유로 2016에서 폭력사태를 벌인 것과 관련해 전문가들은 "최근 외국인에 대한 영국인들의 적대적인 감정이 거세지면서 다른 나라 팬들을 자극한 탓"이라고 분석하기도 한다. 진정한 축구 팬이라면 축구를 좋아하는 마음은 인종이나 국적과 상관없이 같다. 인종이 달라도 국적이 달라도 좋아하는 것이 달라도 다 같은 사람이다. 온 세계가 더불어 살아가기 위해서는 차별을 하지 말고 소외계층과 사회적 약자에 대해서도 따뜻한 배려를 할 줄 알아야 한다.

마지막으로 지구의 자연 환경을 보호해야 한다. 더불어 살아간다는 것은 인간끼리만 살아가는 것이 아니라 우리의 삶의 터전인 자연 환경과 함께 살아가는 것이다. 그러므로 지구 자연환경을 잘 보호할 수 있도록 노력해야 하고, 동식물에 대해서도 사랑을 베풀어야 한다.

[결론] 인간은 사회적 동물이다. 단순하게 모여서 사회를 형성한다고 하여 잘 살아갈 수 있는 것은 아니다. 진정한 의미에서 더불어 살아가기 위해서는 인간 뿐만 아니라 자연환경까지도 함께 공존하며 잘 살아갈 수 있도록 해야 한다. 그렇게 될 때 '더불어 살아가는 세상'을 만들 수 있고 그 안에서 행복한 삶을 누릴 수 있다. 그러므로 우리 모두 보다 큰 차원에서 '나' 보다는 '우리'를 생각할 수 있는 사람이 되자.

교사지도안 및 예시답안

후식을 즐겨요 96쪽

1-1.
- 자신을 낳아준 엄마가 생각나서
- 아빠를 수 아줌마에게 빼앗길 것 같아서
- 수 아줌마가 엄마의 자리를 차지하게 될 것 같아서

1-2.

한국인이 아니야	공통점	우리 엄마가 아니야
이미 한국인이다. 관심을 갖지 않는다.	무조건 인정하고 싶지 않다. 현실을 받아들이기 싫다. 이유 없이 차별하고 싶어한다. 무엇인가 피해를 볼 것 같다. 많은 도움을 받고 있다.	수 아줌가 좋다. 수 아줌마가 들어오면 낳아준 엄마에게 미안하다.

1-3. 친구야,
네가 한국인라는 것을 알면서도 피부색이나 얼굴생김새가 익숙하지 않아서 나도 모르게 자꾸 차별하는 것 같아. 마음은 꼭 선을 긋고 싶지는 않은데 나도 몰래 그렇게 행동하나봐. 우리에게도 시간이 필요한 것 같아. 오랫동안 같은 피부색, 같은 얼굴 생김새만 보다가 너의 모습이 익숙하지 않아서 그런 것 같아. 나도 노력하고 있으니 조금만 기다려줘. 다른 사람들도 나와 같은 마음일거야. 결코 너를 싫어하거나 너를 멀리하고 싶은 생각은 없단다. 미안해, 더욱 노력할게. 내 마음이 얼른 활짝 열려 너를 받아들이면 우리 교실, 우리 학교, 우리 지역, 우리나라가 보다 평화로워질거야. 친구야. 기다려 줘.

2-1. 다문화 가족을 외국인으로 보는 시선, 다름을 틀리다로 보는 시선, 무시하는 시선, 차별하는 시선, 낮게 보는 시선

2-2. 다문화 사회이기 때문에 다양한 능력들이 한데 어울려 보다 강력한 힘을 발휘하게 될 것이다.
1. 나와 다름을 인정하고 다양성을 존중한다.
2. 그들이 가진 장점이나 강점을 배우려고 노력한다.
3. 내가 먼저 손 내밀고 다가간다.
4. 다 같은 한국인이라는 것을 적극 알려줄 것이다.

관용

무엇을 먹을까요? 102쪽

2. 다문화 사회에서 '관용'은 왜 중요할까요? 105쪽

최선을 다한다는 것은 서로에 대해 대화와 삶 속에서 알아가고 상대를 인정해야 하는 것이다. 그 자체를 인정하고 이해한 뒤 소를 위해 풀을 주고, 사자를 위해 고기를 주었다면 헤어지는 일은 없었을 것이다.

1. 관용 : 젓가락 달인

맛있게 읽어요 106쪽

● **미리 맛보기 : 마음을 열어요** 107쪽

1.
- 우리반에 엄마가 베트남 사람인 친구가 있다. 친하지는 않지만 발음이 좀 이상하다는 생각을 해 본 적이 있다.
- 우리 학교 원어민 팀과 자주 이야기를 나눈다. 호주에서 왔는데 우리나라 음식을 뭐든 잘 먹고, 정말 좋으신 분이다. 등

2.
- 세 번째 황인에게 말을 건네고 싶다. 나랑 제일 비슷하게 생겨 친근하기 때문이다.
- 두 번째 백인에게 말을 건네고 싶다. 내가 영어를

282

　　좋아하는데 영어를 잘 할 것 같아서이다. 등

3. 느낀 점 : 노인이 되면 할 일이 별로 없을 것 같아 적기가 어려웠다. 정말 내가 노인이 된 모습을 상상하며 좀 두려운 마음이 들었다. 등

● 차근차근 맛보기 : 내용을 이해해요　　109쪽

1. • 불편하거나 말이 통하지 않을 때 : 내 말을 잘 못 알아들을 때, 잘 알지도 못하고 길게 잔소리 하실 때, 잘 못 돌아다니셔서 어디 같이 다니기 힘들 때
　• 나의 반응 : '네'라고 대답하고 맞추어 드린다, 피하거나 혼자 논다, 신경질 낸다.

2. • 젓가락질을 잘 하지 못했던 우봉이는 할아버지의 능숙한 젓가락질을 보고 배우면서 친해지게 되었다.
　• 난 할아버지에게 한자를 배우면서 친해졌다.

3. 숟가락으로 밥을 먹는 우리 문화에서는 음식을 손으로 주물거리다가 먹는다는 것이 지저분하고 이상하게 느껴졌을 것이다. 사람들이 많은 시장에서 자신의 엄마가 그렇게 손으로 주물거리고 먹는다는 것이 창피했을 것이다.
　　나라면 좀 이상하더라도 다른 나라에서 온 사람이니 그럴 수 있다고 생각할 것 같다.(자신의 솔직한 생각을 표현하도록 합니다.)

● 다양한 맛 즐기기 : 넓고 깊게 생각해요　　111쪽

1. 노인들은 이미 앞서 살아간 사람으로서 경험이 많고 지혜가 있기에 그들의 말을 들으면 삶에 도움이 된다. 다만 신체적으로 노쇠하고 빠른 변화에 적응이 더디기에 그들의 지혜와 젊은이들의 행동이 합해지면 더 좋은 결과를 얻을 수 있겠다.

2. 민족이나 신분, 나이에 대한 편견을 가지지 않고 능력을 검증하여 인재를 뽑는 정책이다. 이렇게 완전히 열어 놓고 인재를 뽑는 일은 누구에게나 기회를 주고 노력할 수 있게 하여 우수한 인재가 나라를 다스릴 수 있을 것이다.
　　널리 품고 관용하는 마음은 모두 하나 되게 하여 전체에게 이로움을 가져다준다.

3-1. 큰 글씨는 한국에서의 성씨이고 작은 글씨와 함께 읽는 것은 외국인의 이름이다. 외모나 출생지는 외국인이지만 한국 국적을 얻고 살면 한국인으로 인정해야 한다는 의미이다.

3-2. 외모가 다르고 문화가 다르더라도 다문화 가정을 따뜻한 시선으로 바라보고 같은 한국인으로 포용하자.

4. 할아버지는 이기고 지는 데 집착하지 말고 그 분야에서 최선을 다해 그 일을 통해 선한 영향력을 미치라고 하신 것 같다.
　　진정한 달인은 단순히 능력이나 기술이 뛰어난 사람만을 의미하지는 않는다.
　　능력에 더하여 그 분야에 자신만의 철학과 사명, 즐거움을 가지고 주변에 선한 영향력을 미칠 수 있는 사람이 진정한 달인이라고 생각한다.

5. 우봉이는 머리를 긁적이다가 또다시 주은이를 바라본다. 미끄러지는 바둑돌을 기를 쓰고 집으려 하고 있다. 그 짧은 순간 할아버지 말씀이 자꾸 떠오른다. 우봉이는 그냥 손가락에 힘을 빼버렸다. 우봉이를 응원하던 친구들이 서두르라고 다그쳤지만 더 힘이 들어가지 않았다.
　　"자, 우리반 젓가락 달인 결승전의 승자는 김주은입니다. 축하합니다."
　　우봉이는 진심으로 주은이에게 박수를 쳐 주었다. 조금 아쉬웠지만 내 자신이 대견했다.
　　쉬는 시간 선생님께서 우봉이를 부르셨다. 선생님은 빙글빙글 웃으시며 물으셨다.
　　"우봉아, 너 혹시 일부러 주은이 이기라고 봐준 거 아니니? 자꾸 그런 생각이 들어서."
　　"아니에요."

교사지도안 및 예시답안

"그래? 사실 선생님에게 상품권이 하나 더 남아 있는데. 그동안 열심히 노력해 이렇게 실력이 상승한 우봉이에게 주고 싶은걸. 우봉이나 주은이처럼 열심히 노력한 사람이 진정한 달인이지. 친구들에게는 비밀이야."

우봉이는 뜻밖의 선물을 받고 흥분해서 집으로 달려갔다. 할아버지와 통화하고 싶어졌다.

● **함께 맛 나누기 : 독서 토론을 해요** 115쪽

1.

찬성 : 이해할 수 있다.

서로 끊임없이 소통하고 한 걸음씩 물러난다면 이해할 수 있다고 생각한다. 약자가 당하여 정의롭지 않거나 큰 피해자가 발생하는 경우가 아니라면 내가 조금 불편하다는 이유로 상대방의 문화를 이해하지 못할 것이 없다. 문화가 다르지 않더라도 가족이나 친구들과 서로 진심으로 이해하려는 노력을 기울이는 것과 같다고 생각한다.

반대 : 이해할 수 없다.

사람은 상대방의 입장이 되어보지 않으면 진심으로 이해할 수 없다고 생각한다. 굳이 문화가 다르지 않더라도 남자, 여자, 나이가 달라도 서로 이해해 나가는 게 너무나 어려운데 심지어 전혀 다른 세계에 살고 있는 사람을 진심으로 이해한다는 것을 거의 불가능에 가깝다고 생각한다.

2.

찬성 : 실버타운을 늘리는 것을 바람직하다.

실버타운을 늘리는 것은 바람직하다. 노인 인구가 점점 늘어나는데 예전처럼 대가족이 아닌 상황에서 노인의 삶의 질은 떨어질 수밖에 없다. 비슷한 연령끼리 함께 소통하고, 다양한 시설과 프로그램이 있는 실버타운을 늘리는 것을 좋은 일이라고 생각한다.

반대 : 실버타운을 늘리는 것은 바람직하지 않다.

실버타운을 늘리는 것은 바람직하지 않다. 가뜩이나 노인과의 소통이 문제시 되고 있는 이 때에 노인들만의 장소를 따로 만들어 놓는 것은 가족, 젊은이들과 소통을 막음으로써 노인의 지혜와 젊은이의 행동을 합하기 힘들게 만든다. 그리고 입주자가 스스로 돈을 내는 곳이며 비교적 고가이므로 일반 서민이 들어가기에 부담이 있어 위화감 조성 등에도 문제가 있다고 생각한다.

3-2.

찬성·반대	이유
찬성	• 하루 세 끼 밥을 먹는데 사용하는 도구를 제대로 사용하지 못한다는 것은 기본이 되어 있지 않다는 의미이므로 다른 어떤 일도 못할 수 있다.
반대	• 단순히 젓가락질만으로 그 사람의 열정과 능력을 평가한다는 것은 지나친 것 같다. 젓가락질을 못해도 충분히 능력 있고 열정적으로 사는 경우가 있을 수 있다.

● **쓱싹 쓱싹 요리하기 : 재미있는 독서 글을 써요** 118쪽

1-1. 개울 건너 개미굴이 물에 잠겼기 때문에 개울 건너 사는 친구에게 먹이를 가져다 주기 위해서

1-2. 서로 같은데 같다는 생각을 하지 못하고 자기 편이라고만 생각하려고 하기 때문에

1-3. 서로 매우 사이가 안 좋은 집단인데도 불구하고 친구이기 때문에 도와주려는 개미의 행동에 감동을 받아서

1-4. 뒷 이야기를 생각하여 각 칸의 내용을 정리한 후 자유롭게 그려본다.

2. 관용 : 다를 뿐이지 이상한 게 아니야

● **차근차근 맛보기 : 내용을 이해해요** 125쪽

1-1. 기업이 값싼 임금으로 노동자를 쓸 수가 없을 것이다, 결혼하기가 어려운 농촌 총각들은 평생 혼자 살거나 가정을 꾸리기 힘들 것이다, 원어민 교사가 들어올 수 없을 것이다, 다른 나라와 무역 등이 어려워 경제에 타격을 입을 것이다. 등

1-2. • 배우는 이유가 실천하기 위해서라고 생각한다. 그래서 나는 배운 내용은 현실에서 실천하고 적용하려고 늘 노력하는 편이다
• 일회용품 안 쓰기, 물 아끼기 등 배울 때는 이해하지만 배운 내용이랑 내 생활은 따로따로인 것 같다. 잘 실천하지 못하는 편이다. 등

2-1. 피부색이 달라 친구들이 놀려 속상한 일이 많을 것이라는 것을 짐작했기 때문에

2-2. 선생님 말씀을 잘 들으라고 하신다, 학교는 공부하는 곳이기 때문에 수업 태도가 중요하다고 생각하신 것 같다. 등

3. • 세종 : 정국화, 아살라마 리꿈
• 아즈마 : 나마스떼, 친구나라 인도

● **다양한 맛 즐기기 : 넓고 깊게 생각해요** 127쪽

1. 매우 멋있는 옷을 입고 나갔기 때문에

3. 부모님과 바닷가에 놀러갔을 때, 내 생일 파티를 할 때, 주변 사람들에게 칭찬을 받았을 때 등의 얼굴을 자유롭게 그려봅니다.

4. 다문화 이주민은 비록 우리와 생김새도 다르고 같은 민족은 아니지만, 우리 땅에서 나는 식물을 우리와 함께 농사지어 먹고, 우리나라에서 나는 예쁜 꽃으로 이름을 지어 살아간다. 시와 동화책을 통해 저들이 한국인임을 인정하고 마음을 열어 함께 하는 태도를 가져야 함을 이야기하고 있다.

5-1. • 부모님이나 선생님께 정확히 말씀 드린다.
• 주눅들거나 피하지 않고 당당하게 자신의 의견을 밝힌다. 등

5-2. 책 속의 상처를 준 여러 사례들을 이야기해 본 후, 성의 있게 사과하는 글을 쓰게 한다.

● **함께 맛 나누기 : 독서 토론을 해요** 131쪽

1.
찬성 : 세종의 엄마가 직접 나선 것은 바람직하다.
　세종의 경우는 세종이 특별히 잘못하거나 나쁜 행동을 하지 않았는데 외모가 다르다는 이유로 어려움을 당하는 경우이다. 세종 스스로 문제를 해결하기 어렵기 때문에 엄마가 직접 나서서 도와주는 건 바람직하다. 게다가 세종의 반 친구들을 영어공부까지 덤으로 할 수 있으니 더 좋은 일이다.

반대 : 세종의 엄마가 직접 나선 것은 바람직하지 않다.
　결과적으로는 세종의 엄마가 도와주어 모두 잘 되었지만 학교에서 친구 관계문제에 엄마가 직접적으로 나서는 건 좋지 않다고 생각한다. 결국 친구 관계 문제는 스스로 헤쳐나가야 할 일이고 세종이 올바른 아이라면 시간이 지나 친구들도 인정하게 될 것이라고 생각한다. 만약 세종의 엄마가 영어를 잘 하지 못했다면 이런 방식으로 해결하기도 어려웠을 것이고 오히려 직접적으로 해결하려다가 일을 그르칠 수도 있을 것이다.

2.
찬성 : 불법체류자를 합법화해야 한다.
　수많은 불법체류자를 합법화해주면 많은 이주민이 몰려들 것이고, 그 과정에서 사회적 경제적으로 많은 문제가 발생할 수 있다. 범죄가 늘어날 수도 있고, 많은 이주민이 경제활동을 함으로써 실업문제가 더 심각해질 수도 있다.

반대 : 불법체류자를 합법화해서는 안 된다.
　불법체류자는 신분이 확실하지 않기 때문에 이를 악용할 경우 임금을 받기 어렵거나 심각한 인권을 침해받는 사례가 발생할 수 있다. 안정적으로 우리나라에 정착하고 생활할 수 있도록 그들의 신분을 보장해줄 필요

교사지도안 및 예시답안

가 있다.

3.

화내지 말아야 할까요?	
힘들면 화내거나 울 수 있다.	힘들어도 화내거나 울어서는 안된다.
누구나 억울하고 속상하면 화내거나 울 수도 있다. 특히 나이 어린 아이같은 경우는 자신의 감정을 드러내지 않는 것이 오히려 병이 될 수 있다.	힘든 일이 많을텐데 그럴 때마다 화내거나 울면 문제해결이 되지 않는다. 마음을 다스리며 침착하고 이성적으로 대처할 필요가 있다.

● **쏙싹 쏙싹 요리하기 : 재미있는 독서 글을 써요** 134쪽

1-1.

그림 1	그림 2
너무 긴 젓가락을 사용하여 자신이 식사를 하려고 애쓰자 상이 엉망이 되고 제대로 먹을 수 없다.	지나치게 긴 젓가락으로 식사를 해야 하므로 서로 상대방을 먹여주는 용도로 활용하여 평화롭고 따뜻한 분위기로 식사를 할 수 있다.
느낀 점	
자신의 이익이나 욕심보다 상대를 배려할 때 결국 자신을 포함한 모두에게 더 큰 이로움을 가져다줄 수 있다.	

1-2. 결국 함께 잘 살아가기 위해서는 서로 다르더라도 배려해주고 이해해주어야 한다.

2-2. 서로 다른 것은 사람이 가진 외모, 성격, 능력, 재산, 취향, 신체조건 등이 다른 것을 의미한다. 이것을 서로 존중하고 감싸안아야 하는 것이다. 그에 비해 틀린 것은 사람이 하기에 옳지 않은 말이나 행동, 태도 등을 말하는 것이다. 다른 이의 몸에 해를 입힌다든지, 약한 사람을 무시하거나 괴롭히는 행동은 틀린 것이다.

3. 공장 지역에는 네팔, 몽골, 우즈베키스탄, 중국 아저씨들이 있고, 시골에는 베트남, 필리핀 아가씨들이 살고 있어요. 우리 반에는 엄마가 일본인, 아빠가 독일인인 친구도 있습니다. 비빔밥의 여러 재료가 모여 훌륭한 맛을 내듯 우리들도 잘 어우러지면 더 깊고 훌륭한 맛을 낼 겁니다.

4-1. 우리는 단일민족이고 농경생활을 해 왔기 때문에 공동체 의식이 강하다. 따라서 자신들과 다른 것을 받아들이기 어려워한다는 것을 알았다. 등

4-2. • 별로 놀고 싶지 않다. 친한 친구와 노는 것이 편하기 때문이다.
  • 같이 놀려고 한다. 친구들이 더 많으면 재미있기 때문이다.

후식을 즐겨요 138쪽

1-2. 결국 서로 다르고 불편한 점이 있더라도 그들을 받아들이고 그들과 함께 생활해야 한다. 수염이 할아버지 생활에 많은 역할을 해 주었듯이 다문화 이주민들도 우리와 함께 하며 도움을 줄 수 있는 부분이 있다. 할아버지가 불필요하게 긴 듯한 수염을 그대로 인정해 주었듯이, 그들의 문화와 그들 자체를 인정해주는 태도로 함께 한다면 모두에게 좋은 일이 될 것이다.

2-1.

프랑스와 우리나라 시골의 비슷한 점	가족의 가장 높은 사람으로 아버지를 존중하는 분위기가 비슷하다, 아이들이 자연에서 뛰노는 모습이 비슷하다, 강의식 학교 수업 장면이 비슷하다. 등
프랑스와 우리나라 시골의 차이점	우리 기와집이나 초가집과는 다른 가옥구조이다, 자연환경이 다르다, 사람들의 옷이나 모자, 생활도구, 먹는 음식, 사냥과 같은 생활방식이 우리와 많이 다르다 등

2-2. '영광'이라는 말은 대단한 일에 쓰이는 말인데 오히려 작게 보이는 아버지에게 영광이라는 말을 쓰면서 아버지에 대한 진정한 사랑을 깨달은 것처럼 느껴진다. 신처럼 여겼던 아버지였는데 함께 사냥을 하고 마르셀이 성장하면서 부족한 모습을 보게 되고, 마침내 인간적인 아버지를 인정하며 붙여진 제목이다.

2-3. 규칙을 지키는 것을 중요시 여겼던 엄마가 교통 규칙을 어기는 모습을 보았을 때, 자기는 텔레비전을 즐겨 보면서 내가 볼 때는 화를 낼 때 실망스럽거나 화가 났다. 어른도 우리도 부족한 인간임을 느끼고 노력해 나가는 존재라는 것을 깨달았다.

1. 상호협력 : 너랑 짝꿍하기 싫어!

맛있게 읽어요　　　　　　　　　　148쪽

● **미리 맛보기 : 마음을 열어요**　　　149쪽

1. 내 앞에서 직접 "너와 짝꿍하기 싫어!" 하고 말한다면, 나를 무시하는 것 같아 불쾌한 기분이 들 것이다.

2. 다른 나라의 문화와 말을 배울 수 있다.

3. 선생님이 하시는 말씀이 무슨 뜻인지 모른다고 할 때 친절하게 알려준다.

4. "입장 바꿔 생각해 봐. 이 친구 기분이 어떨 것 같니?"하고 말해 준다.

● **차근차근 맛보기 : 내용을 이해해요**　　151쪽

1. ③, ④

2.
> 대식이에게 하는 충고
>
> 누군가 너와 짝이 되기 싫어서 이런 작전을 펼쳤다고 생각해봐. 대식이 너라면 기분이 어떨 것 같니? 입장 바꿔 생각해봐.

3. 한국말도 잘 못하고, 노래 부르는 것도 어려운데 짝꿍이 계속 짜증을 내니 속상해서 울고 싶을 것이다.

4. 대식아, 산다라는 영어를 못하는 너희 엄마와 너를 무시하지 않고 도와주었어. 그러니까 너도 산다라가 우리나라 말을 못한다고 무시하지 말고, 더 잘할 수 있도록 도움을 주면 좋겠어.

5. 대식아, 산다라가 아니면 어쩔 뻔 했어. 대사를 했다가 큰 일 날 뻔 했잖아. '아까 배가 아파서 힘들었는데, 대신 대사를 해 줘서 고마워. 너 덕분에 창피당하지 않았어.'하고 말해. 산다라가 기뻐할 거야.

● **다양한 맛 즐기기 : 넓고 깊게 생각해요**　153쪽

1. 6.25전쟁이 끝난 지 얼마 되지 않은 때여서 인구도 크게 줄고, 산업도 발달하지 않아 일할 곳이 없어 돈을 벌기 위해

2. ③

3. 돈 많이 벌어서 빨리 집에 돌아가고 싶다.

4. 인권, 무시

5. 공장들이 직원을 구하지 못해 운영이 힘들 것이다.

6. 외국인이 지나가면 신기하게 쳐다보거나 어렵게 사는 나라에서 온 외국인을 무시하는 것은 나쁜 행동이니 고쳐야 한다.

● **함께 맛 나누기 : 독서 토론을 해요**　　158쪽

1.
찬성 : 사과해야 한다.

교사지도안 및 예시답안

근거 1) 약속을 지키지 않은 것은 사과해야 한다.
근거 2) 산다라의 시간을 빼앗은 거나 마찬가지기 때문에 사과해야 한다.
근거 3) 잘못을 해 놓고 사과하지 않으면 친구를 잃을 수도 있다.

반대 : 사과하지 않아도 된다.
근거 1) 일부러 잘못한 것이 아니기 때문에 사과하지 않아도 된다.
근거 2) 산다라가 화를 내지 않았기 때문에 사과할 필요는 없다.
근거 3) 친구 사이에 그 정도는 이해해 줄 수 있는 문제이기 때문이다.

2.
찬성 : 우리나라 노동자보다 월급을 적게 주어도 된다.
근거 1) 우리나라 사람들보다 적은 돈을 받아도 그들의 나라에서는 큰돈이기 때문에 괜찮다.
근거 2) 우리나라 사람이 아니기 때문에 우리나라 사람들이 받는 만큼 줄 필요는 없다.
근거 3) 일을 하기 전에 월급을 정했을 텐데 그들이 그만큼의 돈을 받고도 일하겠다고 한 것이기에 월급을 속인 것이 아니라면 괜찮다.

반대 : 우리나라 노동자보다 월급을 적게 주면 안 된다.
근거 1) 외국인이라고 해서 차별하면 안 된다.
근거 2) 우리나라 사람들이 하기 싫어하는 힘들고 위험한 일을 하는 사람들이다. 그만큼 대우를 해줘야 한다.
근거 3) 차별을 계속 하면 우리나라 이미지가 나빠진다.

● **쓱싹 쓱싹 요리하기 : 재미있는 독서 글을 써요** 160쪽

1. ①, ②

2. • 반말을 하지 않는다.
   • 상대방의 문화를 잘못됐다고 말하지 않는다.

3. 다툼이 벌어질 수 있는데, 이렇게 되면 나라간의 사이도 나빠질 수 있다.

4. 상처받고 기분이 나빠지게 돼. 또 우리나라에 대해 나쁜 느낌을 갖게 돼 다시는 오고 싶지 않을 거야.

5. 그들도 똑같은 사람이다! 우리에게는 누구도 무시할 자격이 없다.

2 상호협력 : 찬다 삼촌

● **미리 맛보기 : 마음을 열어요** 165쪽

2. 필리핀이나 베트남, 방글라데시 등 가난한 나라에서 살 경우 아무리 일을 해도 가난에서 벗어날 만큼의 돈을 벌기 어렵다. 하지만 우리나라에서는 그 나라들보다 더 많은 돈을 벌 수 있다. 여기서 번 돈을 자기 나라로 부치면 가난에서 쉽게 벗어날 수 있기 때문이다.

3. 가족이 보고 싶을 때, 아플 때

4. 가족과 함께 살게 될 날을 꿈꿀 것이다.

● **차근차근 맛보기 : 내용을 이해해요** 167쪽

1. 솥을 만드는 일을 하고 있다.

2. 찬다 삼촌은 네팔 사람인데, 네팔 사람은 음식을 먹을 때 손으로 먹기 때문이다.

3. 고양이가 손으로 밥을 먹는 모습이 찬다 삼촌과 닮았다는 생각이 들어서

4. 엄마처럼 머리를 감겨주었다. / 텔레비전도 같이 보았다.

5. 찬다 삼촌이 아이 곁을 떠나지 않았으면 해서

6. 엄마가 없는 아이가 안쓰러워서

● **다양한 맛 즐기기 : 넓고 깊게 생각해요**　169쪽

1. 실직 당했거나, 산업재해를 입고 체류 중이거나, 임금을 못 받았거나, 회사에서 나와 갈 데 없는 외국인 노동자들.

2. 우리나라 사람들이 함부로 대해서.

3. 용돈을 아껴서 적은 돈이라도 후원하기.

4. 외국인 이주노동자를 차별하는 사업장의 사장은 벌금 등 처벌을 받게 해야 한다.

● **함께 맛 나누기 : 톡서 토론을 해요**　173쪽

1.
찬성 : 친구가 될 수 있다.
근거 1) 어울리다 보면 상대방이 원하는 것이 무엇인지 알 수 있기 때문이다.
근거 2) 말이 통한다고 친하게 지낼 수 있는 것은 아니기 때문이다.
근거 3) 서로 모르는 것을 배워가며 친하게 지낼 수 있기 때문이다.

반대 : 친구가 될 수 없다.
근거 1) 언어가 통하지 않으면 깊은 대화가 어렵기 때문이다.
근거 2) 문화가 다르면 오해를 하기 쉽기 때문이다.
근거 3) 나이가 다르면 상대방이 원하는 대로 해 주기 어려워 불편하기 때문이다.

2.
찬성 : 외국인 노동자들의 자녀 교육, 우리나라가 책임져야 한다.
근거 1) 우리나라에 살고 있기 때문에 우리나라가 책임져야 한다.
근거 2) 언젠가 그들이 자기 나라로 돌아가면 우리나라를 좋은 나라로 생각하는 것이 좋기 때문이다.
근거 3) 우리나라가 다른 나라 사람들을 도울 수준이 되었기 때문이다.

반대 : 외국인 노동자들의 자녀 교육, 우리나라가 책임질 필요는 없다.
근거 1) 그들은 우리나라 국민이 아니기 때문에 책임지지 않아도 된다.
근거 2) 우리나라 국민의 복지도 좋은 상태는 아니기 때문에 세금을 함부로 쓰면 안 된다.
근거 3) 한국 학교에서 적응하기 어렵기 때문이다.

3.

나라	나라 소개
미국	남자는 악수하고 여자는 얼싸안으며 반가움을 표시한다. 우리나라처럼 허리를 굽히지 않는다.

● **쓱싹 쓱싹 요리하기 : 재미있는 독서 글을 써요**　176쪽

1. 외국인이 우리나라에 왔으면 우리나라 문화를 배워야만 한다고 생각했는데, 그들을 존중한다면 그들의 문화를 배우도록 노력해야한다는 것을 알게 되었다. 다른 나라 문화를 알아봐야겠다.

3.

나	• 주변에 다문화 가정 친구가 있으면 같이 놀자고 한다. • 준비물을 가져오지 못했으면 빌려준다.
학교	• 다문화 가정 친구들이 학교생활에 적응을 잘 할 수 있도록 교육을 한다.
정부	• 한국 사람과 결혼한 결혼이주민들에게 한국어와 문화교육을 받을 수 있는 기관을 많이 만든다.

교사지도안 및 예시답안

1. 문화교류 : 우리 동네 마릴리 아줌마

맛있게 읽어요 190쪽

● 미리 맛보기 : 마음을 열어요 191쪽

1. 외국인의 수는 점점 늘어나고 있어요.

2. 일하러 왔어요(근로자), 결혼하러 왔어요, 공부하러 왔어요(유학생), 동포로 우리나라에 살러왔어요, 다양한 이유로 우리나라에서 살고 있어요 등

3. 앞으로 더 늘어날 것 같아요. 왜냐하면 교통이나 통신이 발달하여 외국인들이 더 쉽게 우리나라에 오고 외국과의 문화교류가 많아질 것이기 때문이에요.

4. 더 많은 외국인들과 같이 살기 위해서는 그들의 문화와 개성을 이해하고 존중하며 이해하는 관계를 가져야 할 것 같아요.

● 차근차근 맛보기 : 내용을 이해해요 193쪽

1. 진짜 한국아줌마가 되고 싶은데 방법을 몰라서 걱정하고 있어요.

2. 예지가 진짜 한국아줌마는 시장에 가면 콩나물값도 깎고, 과일도 덤으로 얻어오는 것이 한국 아줌마의 특징이라고 설명해줘서 상황을 고려하지 않고 무조건 그대로 했기 때문이에요.

3. 필리핀에 있는 마릴리 아줌마의 가족들이 보고 싶어서 보고 싶은 마음을 달래기 위해서요.

4.

투계	닭싸움 놀이
필리핀에서 설날에 하는 일	불꽃놀이
바롱	필리핀 전통의상

5. 민속박물관에서 우리나라 전통문화에 대한 강의를 등록하고 배우고 있어요.

6. 결혼식을 해주기로 했어요.

7. 마릴리 아줌마의 결혼식을 축하는 마음과 어렸을 때 헤어진 한국 아버지를 만나기를 바라는 마음을 담아 선물하기로 했어요.

8. 우리나라의 문화를 이해하고 배우려고 노력하였어요.

● 다양한 맛 즐기기 : 넓고 깊게 생각해요 195쪽

1. 자신이 여행해봤던 나라나 앞으로 여행하고 싶은 나라에 대해서 찾아보고 써 보세요.

2. 파스타-이탈리아, 쌀국수-베트남, 수블라키-그리스, 초밥-일본, 타코-멕시코

3-2. 각 문화의 개성을 존중하는 입장에서 자신의 느낌을 자유롭게 써 본다.

4-1. 학원이나 학교의 영어선생님들, 부모님이 다니시는 회사의 외국인 근로자들, 친척들과 결혼한 외국인, 우리나라에 이민 온 친구들 등

4-2. 아무것도 모르는 낯선 곳에 처음 간다면 매우 당황스럽고 무엇을 어떻게 해야할지 몰라 힘들 것 같아요.

4-3.

우리(나)	외국인
• 우리나라에 대해서 잘 모르는 외국인이 있다면 모르는 것을 잘 알려주고 안내해 줘요. • 외모가 조금 다르다고 놀리거나 왕따를 시키지 않아요.	• 외국인도 우리나라에 와서 잘 모른다고 위축되어 있기보다는 적극적으로 우리들(한국인)들과 어울리고 같이 지내려고 노력해야 해요.

- **함께 맛 나누기 : 톡서 토론을 해요** 199쪽

1.

의견	까닭
문화들이 비슷해지는 것에 찬성한다.	비슷해지면 서로 문화를 이해하지 못해서 싸우지 않을 것 같아요.
	서로 문화가 비슷해서 세계 어디에서나 생활하기 편해질 것 같아요.
문화들이 비슷해지는 것에 반대한다.	문화가 어디나 비슷해지면 지루해질 것 같아요.
	새로운 문화가 없다면 더 나은 새로운 문화로 발전하지 못할 것 같아요.

2.
찬성 : 불법체류자를 인정해주어야 한다.
근거 1) 불법체류자라도 인권을 존중해야하므로 무조건적으로 내쫓으면 안된다.
근거 2) 불법체류를 하게 되는 이유중 하나는 나쁜 한국 사장들 때문이다.
근거 3) 불법체류자들은 대부분 우리나라의 힘든일들을 하는 사람인데 추방하면 우리나라 산업에 문제가 생길 수 있다. 등

반대 : 불법체류자는 인정해주면 안 된다.
근거 1) 불법체류자는 법을 어긴 것이므로 인정하면 안 된다.
근거 2) 불법체류자로 인해서 우리나라 세금등이 쓰이면 우리가 피해를 입는다.
근거 3) 불법체류자로 인한 범죄, 사건, 사고의 위험성이 커진다. 등

3.
찬성 : 개고기를 먹는 문화에 찬성한다.
근거 1) 개고기를 먹는 것은 우리나라 전통중에 하나이다.
근거 2) 개고기는 다른 음식과는 다른 효능과 영양소 등이 있다. 등

반대 : 개고기를 먹는 문화에 반대한다.
근거 1) 개고기가 아니어도 먹을 수 있는 음식이 많다.
근거 2) 요즘 개를 반려견(애완견)으로 키우는 경우가 많은데 개고기를 먹는 것은 동물 학대이다. 등

- **쓱싹 쓱싹 요리하기 : 재미있는 독서 글을 써요** 202쪽

1. 모든 사람들은 각자의 개성과 문화를 가지고 있어요. 그러므로 서로 이해하고 도와주어야 해요. 다문화 친구가 있으면 놀리거나 왕따를 시키지 않고 어려운 일이 있으면 도와주도록 노력할 거예요.

2. 당연하지 않다고 생각해요. 사람마다 피부색을 선택해서 태어날 수 없는데 그것을 가지고 차별하는 것은 옳지 않아요.

3. 자신의 생각과 느낌을 자유롭게 적어요.

2. 문화교류 : 너는 들창코 나는 발딱코

- **미리 맛보기 : 마음을 열어요** 207쪽

1-1. 전쟁 때문에 서로 나누어졌어요.

1-2. 북한이 살기 어려워지면서 가장 가까운 우리나라로 탈출하는 거에요.

1-3. 새로운 곳에 터를 잡고 사는 사람이라는 뜻이에요.

2. 한국 드라마, 영화, 우리나라 화장품

- **차근차근 맛보기 : 내용을 이해해요** 209쪽

1. 두만강을 건너 중국과 라오스, 태국을 거쳐 남한으로 오게 되었어요.

2. 태구네는 부자가 아닌데 밥과 반찬을 돈을 내고 사 먹어야 하는 줄 알고 밥과 반찬을 받지 않았어요.

교사지도안 및 예시답안

3. 민호. 민호가 자기네 시골에서는 할아버지 할머니가 생선을 고기라고 하기 때문에 어묵도 생선으로 만든거라 고기떡이 맞다고 해주었어요.

4. 라면-꼬부랑 국수, 도시락-곽밥, 젤리-단묵, 스타킹-긴양말, 세탁소-빨래집, 거짓말-꽝포, 휴대폰-손전화, 잔돈-부스럭돈, 어묵-고기떡, 들창코-발딱코

● **다양한 맛 즐기기 : 넓고 깊게 생각해요**   211쪽

1-1.
- 갈수록 태산이다-갈수록 심산이다
- 달걀로 바위치기-바위에 닭 알 부딪히기
- 작은 고추가 맵다-고추는 작아도 더 맵다
- 부뚜막의 소금도 집어넣어야 짜다-가마목의 소금도 집어넣어야 짜다
- 똥싼 놈이 방귀 낀 놈 나무란다-가랑잎이 솔잎더러 바스락거린다고 한다
- 종로에서 뺨맞고 한강 가서 돌 던진다-시어머니 역정에 개배떼기 찬다
- 우물에 가서 숭늉 찾는다-돼지꼬리 잡고 순대먹자 한다

1-2. 오랫동안 교류하지 않아서 말이 바뀌거나 새로 생겨도 서로 섞이지 못하였기 때문이에요.

2-1. 서로 말도 통하지 않고 서로의 문화를 이해하지 못해서 오해가 생기거나 다툼이 생길 수도 있어요.

2-2. 나라간의 교류를 확대하고 서로의 나라로 여행하거나 서로의 문화와 언어 등을 배우도록 노력해요.

3. 세 가지 관점 중에서 한 가지를 선택하여 자신의 생각을 자유롭게 설명해보아요.

4. 자신이 상상하는 지구촌의 모습을 자유롭게 써 보아요.

● **함께 맛 나누기 : 독서 토론을 해요**   215쪽

1.

의견	까닭
말하지 않는 것을 이해할 수 있다.	태구의 사촌형의 말대로 북한말을 하면 친구들이 놀릴 것이기 때문에 이해할 수 있어요.
말하지 않는 것을 이해할 수 없다.	친구들이 놀린 것을 본것도 아니고 경험한 것도 아닌데 꼭 필요할 때도 말하지 않는 것은 옳지 않아요. 나라면 용기내서 말할 거예요.

2.
찬성 : 새터민은 다문화 가정이다.
근거 1) 오랫동안 떨어져 있어 문화가 많이 달라 다문화 가정이다.
근거 2) 같은 민족이라도 나라는 다르므로 다문화가정이 맞다. 등

반대 : 새터민은 다문화 가정이 아니다.
근거 1) 남북으로 나누어 졌지만 한 민족이었으므로 다문화 가정이 아니다.
근거 2) 같은 언어를 쓰고 의사소통도 되므로 다문화 가정이 아니다. 등

3.
찬성 : 남북통일에 찬성한다.
근거 1) 통일된다면 전쟁의 위험이 사라진다.
근거 2) 나라가 커지면서 경제적, 문화적 발전이 이루어진다. 등

반대 : 남북통일에 반대한다.
근거 1) 경제적으로 어려운 북한과 통일에 남한의 돈이 너무 많이 든다.
근거 2) 문화차이가 너무 커서 통일되면 큰 혼란이 생긴다. 등

● **쓱싹 쓱싹 요리하기 : 재미있는 독서 글을 써요**   218쪽

1. 뒷이야기를 자유롭게 꾸며 써보아요.

2. 자신만의 문구 써보아요.

1. 세계시민 : 지구가 100명의 마을이라면

맛있게 읽어요 232쪽

● 미리 맛보기 : 마음을 열어요 233쪽

2.

방향	나라 이름
동	일본
서	중국
북	러시아

3. 미국, 영국, 프랑스, 독일, 이탈리아 등

● 차근차근 맛보기 : 내용을 이해해요 235쪽

1. (아시아)

2. (영어)

3. 일하는 사람이 줄어들 것이다.

4. (공기)와 (물)

● 쓱싹 쓱싹 요리하기 : 재미있는 독서 글을 써요 244쪽

2. 점점 더 더워질 것이다. 살기가 힘들 것이다 등

3. 지구 환경을 보호하기 생활 속에서 실천할 내용

2. 세계시민 : 내가 라면을 먹을 때

● 차근차근 맛보기 : 내용을 이해해요 251쪽

1.

옆에 방울이가	(⑪)
이웃집 미미는	(⑩)
이웃집의 이웃집 디디는	(⑧)
디디의 이웃집 유미는	(⑦)
이웃마을 남자아이는	(⑥)
그 이웃마을 여자아이는	(④)
이웃나라 남자 아이는	(②)
이웃나라 이웃나라 여자아이는	(③)
그 이웃나라 여자아이는	(⑨)
그 이웃나라 이웃나라 남자아이는	(⑤)
그 맞은편 나라 여자아이는	(①)
그 맞은편 나라의 산 너머 나라 남자아이는 쓰러져 있다.	

2. 먹을 것이 없어서 힘들어서, 너무 먹지 못해 목숨이 위태로운 상태여서

● 쓱싹 쓱싹 요리하기 : 재미있는 독서 글을 써요 260쪽

1. 음식물 쓰레기를 만들지 않겠다 등

메모장

메모장

메모장